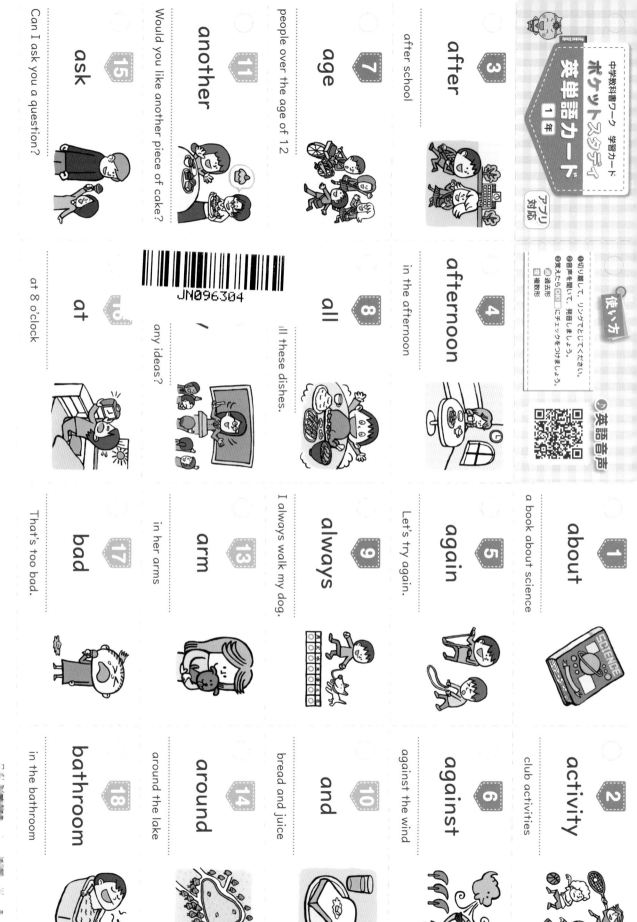

中学教科書ワーク　学習カード
ポケットスタディ
英単語カード
1 年
アプリ対応
使い方
❶切り離して，リングでとじてください。
❷音声を聞いて，発音しましょう。
❸覚えたら OK! にチェックをつけましょう。
過 過去形
複 複数形
英語音声
SCIENCE
1 about
a book about science
2 activity
club activities
3 after
after school
4 afternoon
in the afternoon
5 again
Let's try again.
6 against
against the wind
7 age
people over the age of 12
8 all
ll these dishes.
9 always
I always walk my dog.
10 and
bread and juice
11 another
Would you like another piece of cake?
any ideas?
13 arm
in her arms
14 around
around the lake
15 ask
Can I ask you a question?
at
at 8 o'clock
17 bad
That's too bad.
18 bathroom
in the bathroom
JN096304

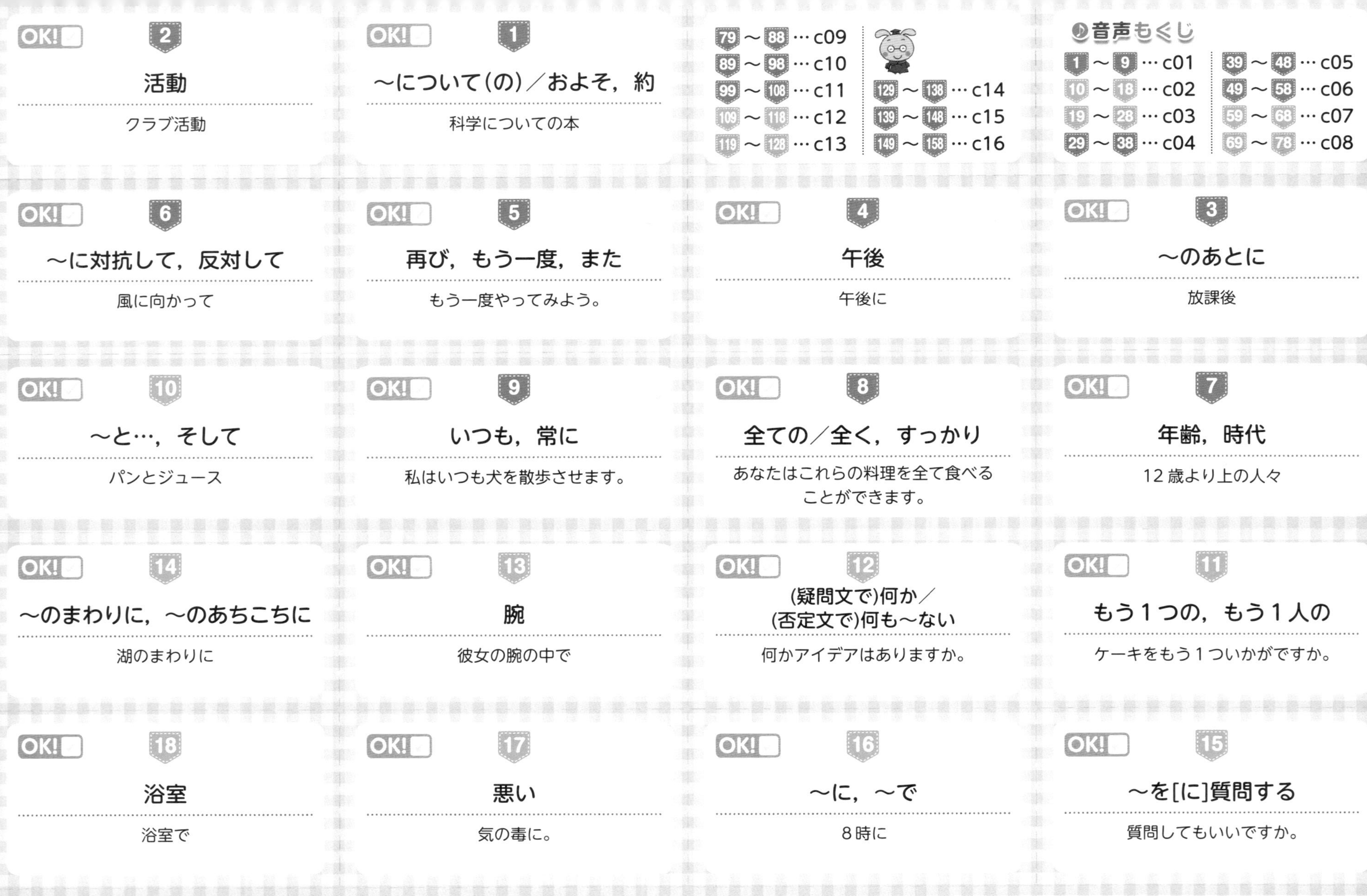

OK!

2

活動

クラブ活動

OK!

1

～について(の)／およそ，約

科学についての本

79～88…c09
89～98…c10
99～108…c11
109～118…c12
119～128…c13
129～138…c14
139～148…c15
149～158…c16

音声もくじ

1～9…c01
10～18…c02
19～28…c03
29～38…c04
39～48…c05
49～58…c06
59～68…c07
69～78…c08

OK!

6

～に対抗して，反対して

風に向かって

OK!

5

再び，もう一度，また

もう一度やってみよう。

OK!

4

午後

午後に

OK!

3

～のあとに

放課後

OK!

10

～と…，そして

パンとジュース

OK!

9

いつも，常に

私はいつも犬を散歩させます。

OK!

8

全ての／全く，すっかり

あなたはこれらの料理を全て食べることができます。

OK!

7

年齢，時代

12 歳より上の人々

OK!

14

～のまわりに，～のあちこちに

湖のまわりに

OK!

13

腕

彼女の腕の中で

OK!

12

(疑問文で)何か／(否定文で)何も～ない

何かアイデアはありますか。

OK!

11

もう１つの，もう１人の

ケーキをもう１ついかがですか。

OK!

18

浴室

浴室で

OK!

17

悪い

気の毒に。

OK!

16

～に，～で

8 時に

OK!

15

～を[に]質問する

質問してもいいですか。

19 **beautiful**
a beautiful picture

20 **before**
before bedtime

21 **birthday**
Happy birthday!

22 **brain**
the human brain

23 **breakfast**
have breakfast

24 **bring**
bring a newspaper

25 **brush**
brush my teeth

26 **busy**
I'm busy with my work.

27 **but**
It's sunny but cold.

28 **by**
by the desk

29 **camera**
buy a new camera

30 **child**
a little child

31 **class**
math class

32 **classmate**
talk with my classmates

33 **classroom**
clean the classroom

34 **climb**
climb a mountain

35 **come**
come from India

36 **concert**
a school concert

37 **cousin**
my cousin

38 **different**
different colors

OK! 19
美しい
美しい絵画
OK! 20
～の前に[の]／～する前に
就寝前に
OK! 21
誕生日
誕生日おめでとう！
OK! 22
脳，頭脳
人間の脳
OK! 23
朝食
朝食を食べる
OK! 24
(物)を持ってくる，
(人)を連れてくる
新聞を持ってくる
過 brought
OK! 25
～をみがく
歯をみがく
OK! 26
忙しい
私は仕事で忙しいです。
OK! 27
しかし，けれども
晴れているけれど寒いです。
OK! 28
～のそばに／～によって／
～までに
机のそばに
OK! 29
カメラ
新しいカメラを買う
OK! 30
こども
小さなこども
複 children
OK! 31
授業，クラス
数学の授業
OK! 32
クラスメート，同級生
クラスメートと話す
OK! 33
教室
教室をそうじする
OK! 34
～に[を]のぼる
山をのぼる
OK! 35
来る
インドから来る
過 came
OK! 36
演奏会，コンサート
学校の演奏会
OK! 37
いとこ
私のいとこ
OK! 38
ちがう，異なる
ちがう色

39
difficult
a difficult problem

40
dinner
enjoy dinner

41
dish
wash the dishes

42
dollar
I have 60 dollars.

43
door
open the door

44
dream
my dream

45
during
during the summer vacation

46
easily
He won the race easily.

47
English
an English dictionary

48
event
a big event

49
every
I play the piano every day.

50
excited
I'm excited at the show.

51
favorite
my favorite music

52
feel
I feel happy.

53
fire
make a fire

54
for
a present for you

55
free
Are you free tomorrow?

56
from
I'm from Italy.

57
full
full of love

58
funny
a funny face

39 OK!
難しい，困難な
難しい問題

40 OK!
夕食
夕食を楽しむ

41 OK!
皿，料理
皿を洗う
複 dishes

42 OK!
ドル
私は 60 ドル持っています。

43 OK!
ドア
ドアを開ける

44 OK!
夢
私の夢

45 OK!
〜の間に
夏休みの間に

46 OK!
簡単に，たやすく
彼は簡単にレースに勝ちました。

47 OK!
英語／英語の
英語の辞書

48 OK!
出来事，行事，イベント
大きなイベント

49 OK!
毎〜，〜ごとに
私は毎日ピアノを弾きます。

50 OK!
わくわくした
私はショーにわくわくしています。

51 OK!
大好きな，お気に入りの
私のお気に入りの音楽

52 OK!
〜を感じる，〜と感じる
私はうれしいです。
過 felt

53 OK!
火，火事
火をおこす

54 OK!
〜への，〜のための[に]
あなたへのプレゼント

55 OK!
自由な，ひまな
明日あなたはひまですか。

56 OK!
〜から，〜出身の
私はイタリア出身です。

57 OK!
いっぱいの
いっぱいの愛

58 OK!
おもしろい，おかしい
おもしろい顔

59 **future**
in the future

60 **get**
get a new bike

61 **give**
give a present

62 **glass**
a glass of juice

63 **go**
go to school

64 **hair**
long hair

65 **here**
Here you are.

66 **home**
I'm at home.

67 **homework**
do my homework

68 **hotel**
stay at a hotel

69 **hour**
about an hour

70 **how**
How is the weather?

71 **in**
in the bag

72 **interested**
I'm interested in math.

73 **kitchen**
in the kitchen

74 **know**
know each other

75 **language**
a foreign language

76 **later**
five years later

77 **left**
Turn left.

78 **letter**
a letter from my grandmother

OK! 62
コップ，グラス
1 杯のジュース
複 glasses

OK! 61
～を与える，
(人)に(もの)を与える
プレゼントをあげる
過 gave

OK! 60
～を得る，手に入れる
新しい自転車を手に入れる
過 got

OK! 59
将来，未来
将来に

OK! 66
家，家庭／家へ，家に
私は家にいます。

OK! 65
ここに[で，へ]
はい，どうぞ。

OK! 64
髪
長い髪

OK! 63
行く
学校へ行く
過 went

OK! 70
どんなふうで，どうやって，
どれくらい
天気はどうですか。

OK! 69
時間，１時間
約１時間

OK! 68
ホテル
ホテルに宿泊する

OK! 67
宿題
宿題をする

OK! 74
(～を)知っている，わかる
互いを知っている
過 knew

OK! 73
台所，キッチン
台所で

OK! 72
興味を持っている
私は数学に興味があります。

OK! 71
～の中に[で，の]
かばんの中に

OK! 78
手紙，文字
祖母からの手紙

OK! 77
左／左に
左に曲がりなさい。

OK! 76
(～より)もっと遅く，あとで
５年後

OK! 75
言語，言葉
外国の言葉

79
life 
school life

80
listen 
listen to music

81
live 
live in Tokyo

82
look 
look around

83
lot 
a lot of coins

84
lunch 
lunch time

85
many 
many birds

86
mean 
What does it mean?

87
member 
members of the chorus

88
message 
leave a message

89
minute 
in three minutes

90
morning 
in the morning

91
movie 
an action movie

92
next 
Next, please.

93
night 
at night

94
noon 
at noon

95
now 
What are you doing now?

96
often 
I often take out the garbage.

97
on 
on the bed

98
open 
open the box

OK! 82
見る，目を向ける
まわりを見る

OK! 81
住む，暮らす
東京に住む

OK! 80
聞く
音楽を聞く

OK! 79
生命，生活，人生
学校生活

OK! 86
～を意味する
どういう意味ですか。
過 meant

OK! 85
たくさんの
たくさんの鳥

OK! 84
昼食
お昼の時間

OK! 83
[a lot ofまたはlots ofで]
たくさんの
たくさんのコイン

OK! 90
朝，午前
午前に

OK! 89
(時間の単位の)分
3分で

OK! 88
伝言，メッセージ
伝言を残す

OK! 87
一員，メンバー
合唱団のメンバー

OK! 94
正午
正午に

OK! 93
夜
夜に

OK! 92
次の
次の方どうぞ。

OK! 91
映画
アクション映画

OK! 98
～を開ける，開く／開いている
箱を開ける

OK! 97
～(の上)に
ベッドの上に

OK! 96
よく，しばしば
私はよくごみを出します。

OK! 95
今，現在
あなたは今，何をしているのですか。

99
or
Which do you want, A or B?

100
other
One is yellow, and the other is pink.

101
out
come out of the lamp

102
paper
a sheet of paper

103
parent
my parents

104
people
Many people are standing in a line.

105
place
a good place for camping

106
practice
practice hard

107
put
Put the coin into this box.

108
question
I have a question.

109
remember
Do you remember my brother?

110
rest
take a rest

111
right
Turn right.

112
say
Say goodbye.

113
some
There are some apples.

114
sometimes
I sometimes cook dinner.

115
song
sing a song

116
sorry
I'm sorry.

117
sound
Sounds nice.

118
special
a special menu

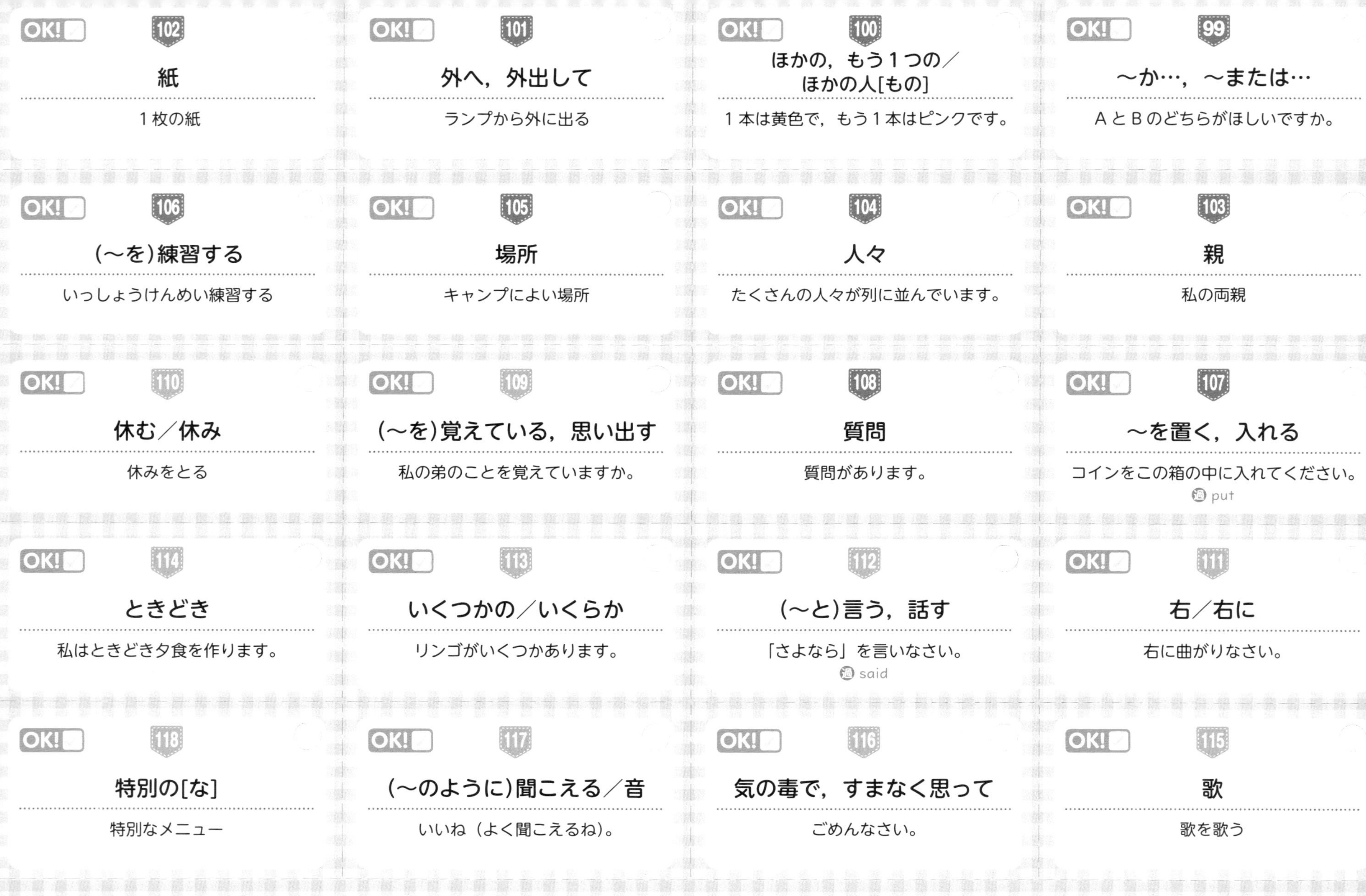

OK! 99
〜か…，〜または…
AとBのどちらがほしいですか。

OK! 100
ほかの，もう1つの／ほかの人[もの]
1本は黄色で，もう1本はピンクです。

OK! 101
外へ，外出して
ランプから外に出る

OK! 102
紙
1枚の紙

OK! 103
親
私の両親

OK! 104
人々
たくさんの人々が列に並んでいます。

OK! 105
場所
キャンプによい場所

OK! 106
(〜を)練習する
いっしょうけんめい練習する

OK! 107
〜を置く，入れる
コインをこの箱の中に入れてください。
過 put

OK! 108
質問
質問があります。

OK! 109
(〜を)覚えている，思い出す
私の弟のことを覚えていますか。

OK! 110
休む／休み
休みをとる

OK! 111
右／右に
右に曲がりなさい。

OK! 112
(〜と)言う，話す
「さよなら」を言いなさい。
過 said

OK! 113
いくつかの／いくらか
リンゴがいくつかあります。

OK! 114
ときどき
私はときどき夕食を作ります。

OK! 115
歌
歌を歌う

OK! 116
気の毒で，すまなく思って
ごめんなさい。

OK! 117
(〜のように)聞こえる／音
いいね（よく聞こえるね）。

OK! 118
特別の[な]
特別なメニュー

119
speech
make a speech

120
stay
Please stay here.

121
straight
Go straight.

122
street
across the street

123
sure
Can I use this eraser? — Sure.

124
swim
swim fast

125
take
take a picture

126
thank
Thank you.

127
there
Look at the star over there.

128
think
I think so.

129
thousand
two thousand yen

130
time
What time is it?

131
today
It's cloudy today.

132
together
play baseball together

133
tomorrow
See you tomorrow.

134
trip
a school trip

135
turn
Turn left at the corner.

136
under
under the chair

137
use
use a computer

138
usually
I usually clean my room.

OK! 119
スピーチ，演説
スピーチをする

OK! 120
とどまる，滞在する／滞在
ここにいてください。

OK! 121
まっすぐに
まっすぐ進みなさい。

OK! 122
通り
通りを横切って

OK! 123
確信して／もちろん
この消しゴムを使ってもいいですか。
—もちろん。

OK! 124
泳ぐ
速く泳ぐ
過 swam

OK! 125
～を持って行く，
(乗り物など)に乗る，(写真)を撮る
写真を撮る
過 took

OK! 126
～に感謝する／感謝
ありがとうございます。

OK! 127
そこに[で，へ]
向こうの星を見てください。

OK! 128
(～だと)思う，考える
私はそう思います。
過 thought

OK! 129
1000
2000円

OK! 130
時間，時刻
何時ですか。

OK! 131
今日(は)
今日はくもりです。

OK! 132
いっしょに
いっしょに野球をする

OK! 133
明日(は)
また明日。

OK! 134
旅行
修学旅行

OK! 135
～の向きを変える，曲がる
その角を左に曲がってください。

OK! 136
～の下に[で]
イスの下に

OK! 137
～を使う
コンピュータを使う

OK! 138
たいてい，ふつう
私はたいてい自分の部屋をそうじします。

139
vacation
summer vacation

140
wait
I can't wait.

141
wall
on the wall

142
wash
wash my car

143
watch
watch TV

144
water
drink water

145
what
What do you want?

146
when
When is your birthday?

147
where
Where is the library?

148
who
Who is that?

149
whose
Whose bag is this?

150
why
Why do you think so?

151
win
win the game

152
wish
make a wish

153
with
play soccer with my brother

154
world
a world map

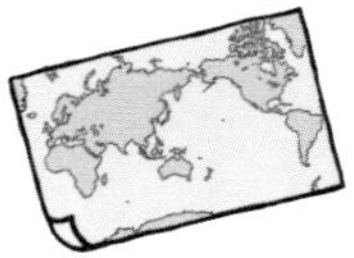

155
write
write a letter

156
year
I'm four years old.

157
yesterday
I was at home yesterday.

158
young
a young man

OK! 139
休暇，休日
夏休み

OK! 140
待つ
私は待てません。

OK! 141
かべ
かべに

OK! 142
(～を)洗う
自分の車を洗う

OK! 143
～を見る
テレビを見る

OK! 144
水
水を飲む

OK! 145
何，どんなもの，何の
あなたは何が欲しいですか。

OK! 146
いつ
あなたの誕生日はいつですか。

OK! 147
どこに，どこで，どこへ
図書館はどこですか。

OK! 148
だれ
あれはだれですか。

OK! 149
だれの，だれのもの
これはだれのカバンですか。

OK! 150
なぜ，どうして
あなたはなぜそう考えるのですか。

OK! 151
(～に)勝つ
試合に勝つ
過 won

OK! 152
願い，祈り／～を願う，望む
願い事をする

OK! 153
～といっしょに，～について
兄［弟］とサッカーをする

OK! 154
世界
世界地図

OK! 155
(～を)書く
手紙を書く
過 wrote

OK! 156
年，歳，学年
私は4歳です。

OK! 157
昨日(は)
昨日私は家にいました。

OK! 158
若い，幼い
若い男性

教育出版版
英語1年 もくじ

英語音声

この本の特長と使い方

3ステップと予想問題で実力をつける！

- 文法や表現，重要語句を学習します。
- 基本的な問題を解いて確認します。
- 基本文には音声がついています。

- ステージ１で学習したことを，さらに問題を解くことで定着させます。
- ヒントがついているので学習しやすいです。
- リスニング問題もあります。

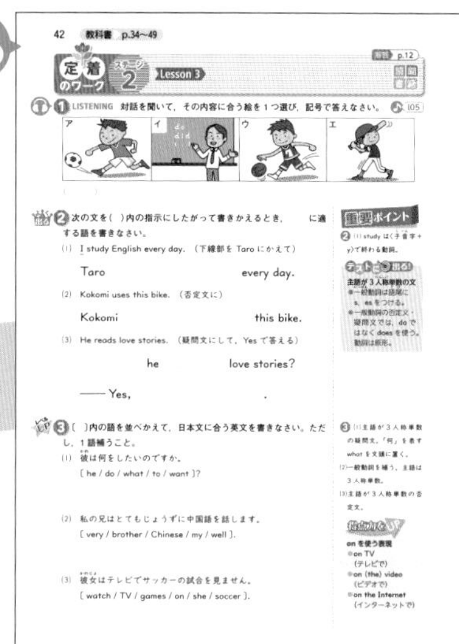

文法のまとめ

- ここまでに学習した文法をまとめて学習します。

Try! READING

- 教科書の長めの文章に対応するページです。読解力をつけます。

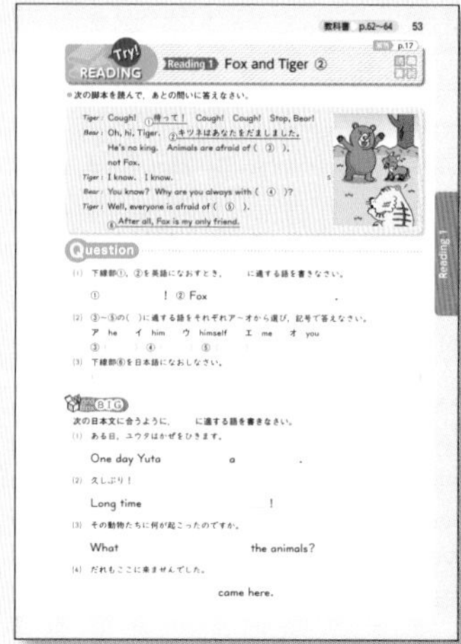

- ステージ1で学習したことが身についたかをテスト形式で確認します。
- リスニング問題もあります。

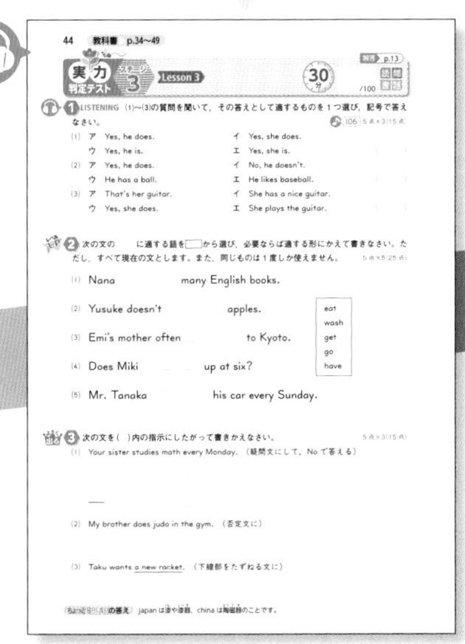

ホームページテスト

- 文理のウェブサイトからテストをダウンロード。たくさん問題を解いて，実力アップ！　リスニング問題もあります。　くわしくは巻末へ➡

アクセスコード　A064323

定期テスト対策 予想問題

- 定期テスト前に解いて，実力を確かめます。
- リスニング問題もあります。

Challenge! SPEAKING

- アプリを使って会話表現の発音練習をします。AIが採点！

くわしくはChallenge! SPEAKINGの最初のページへ➡

英語音声について

- 英語音声があるものには a00 がついています。
- 音声はスマートフォン，タブレット，またはパソコンで聞くことができます。
- また文理のウェブサイトから音声ファイルをダウンロードすることもできます。

▶スマホで聞く　[使い方]

▶パソコンで聞く　https://listening.bunri.co.jp/

▶ダウンロードする　[ダウンロード方法]

※この本にはCDはついていません。

音声用アクセスコード　7KGTV

※音声配信サービスおよび「おん達Plus」は無料ですが,別途各通信会社の通信料がかかります。
※お客様のネット環境および端末によりご利用いただけない場合がございます。ご理解,ご了承いただきますよう,お願いいたします。

アルファベット／英語の書き方

教科書の要点 アルファベット／英語の書き方

全ていちばん上の線まで

大文字 A B C D E F G H I J K L M N O P Q R S T U V W X Y Z

いちばん下の線につくものはない

b, d, f, h, k, l がいちばん上の線まで

小文字 a b c d e f g h i j k l m n o p q r s t u v w x y z

g, j, p, q, y がいちばん下の線まで

要点 1

- アルファベットは**大文字**と**小文字**それぞれ 26 文字ある。
- 大文字は全ていちばん上の線から３本目の線の間にある。
- 小文字は１本目と２本目の間の高さのものや，いちばん下の線まで届くものがあるので注意。

単語

〈正しい例〉 pen　〈正しくない例〉 p e n（あけすぎない。）

〈人名〉 Emi　〈地名〉 Tokyo（大文字で始める）

文

My name is Emi. I'm happy.

- 文の最初は大文字
- アポストロフィ
- 小文字１字分くらい
- ピリオド
- 小文字２字分くらい

Is this your pen? — Yes, it is.

- クエスチョン・マーク
- カンマ

要点 2

- 単語は文字の間をあけない。**人名，国名，地名**などは**大文字**で書き始める。
- 英語の文の最初は**大文字**で書き始める。「私は」の意味の **I はいつも大文字**を使う。
- ふつうの文の終わりには**ピリオド(.)**，たずねる文(疑問文)の終わりには**クエスチョン・マーク(?)**をつける。Yes や No などのあとには**カンマ(,)**をつける。
- 単語と単語の間は小文字１字分くらいあける。文と文の間は小文字２文字分くらいあける。
- 単語と単語をくっつけて短くするときは**アポストロフィ(')**をつける。

1 アルファベットの名前を声に出して読みなさい。

(1) A B C D E F G H I J K L M N O P Q R S T U V W X Y Z

(2) a b c d e f g h i j k l m n o p q r s t u v w x y z

ここがポイント

アルファベットの読み方

アルファベットはその文字の「名前」の読み方と，「音」の読み方がある。

例 A a
- 名前読み…[ei] April「4月」
- 音読み…[æ] apple「りんご」

2 アルファベットの大文字を読みながらなぞって書き，もう一度書きなさい。

文字の書体
文字の書き方のデザインを書体という。書体はちがっても文字としては同じ文字。

GIJ GIJ GIJ
agt agt agt

ミス注意
形が似ている大文字
CとG，EとF，
OとQ，UとV，
SとZ，MとN

3 アルファベットの小文字を読みながらなぞって書き，もう一度書きなさい。

形が似ている小文字
aとo，aとd，bとd，
bとh，pとq

4 次の英文をなぞって書きなさい。

Hello. I'm Taku.

How are you?

ここがポイント
- 文の始めは大文字で書き始める。
- 人名・地名などは大文字で書き始める。
- 文の終わりにはピリオドやクエスチョン・マークをつける。

確認のワーク ステージ1 Springboard 4 **Sugoroku**

教科書の要点 さまざまな会話

a01

誕生日	When is your birthday? — My birthday is March 2nd.	あなたの誕生日はいつですか。 私の誕生日は3月2日です。
できること	What can you do? — I can play *kendama*.	あなたは何をすることができますか。 私はけん玉をすることができます。
思い出	What's your best memory? — My best memory is the school trip.	あなたの一番の思い出は何ですか。 私の一番の思い出は修学旅行です。
将来の夢	What do you want to be? — I want to be a doctor.	あなたは何になりたいですか。 私は医者になりたいです。

要点

- 相手の誕生日がいつかをたずねるときは，**When is your birthday?** と言う。when は「いつ」という意味。答えるときは，**My birthday is ～.**（私の誕生日は～です。）と言う。
- 相手ができることをたずねるときは，**What can you do?** と言う。what は「何」という意味。答えるときは，**I can ～.**（私は～することができます。）と言う。
- 相手の一番の思い出は何かをたずねるときは，**What's your best memory?** と言う。答えるときは，**My best memory is ～.**（私の一番の思い出は～です。）と言う。
- 相手の将来の夢をたずねるときは，**What do you want to be?** と言う。答えるときは，**I want to be ～.**（私は～になりたいです。）と言う。

よく出る **1** 次の対話が成り立つように，＿＿に適する語を書きなさい。

(1) *A* : ＿＿ ＿＿ your birthday?
B : My birthday is May 1st.

(2) *A* : ＿＿ ＿＿ you do?
B : I can play tennis.

(3) *A* : ＿＿ ＿＿ best memory?
B : My best memory is the music festival.

(4) *A* : ＿＿ ＿＿ you want to be?
B : I want to be a pianist.

ことばメモ

月と日にち
- January（1月）
- February（2月）
- March（3月）
- April（4月）
- May（5月）
- June（6月）
- July（7月）
- August（8月）
- September（9月）
- October（10月）
- November（11月）
- December（12月）

1st（1日），2nd（2日），3rd（3日），4th（4日），5th（5日）……

When や What で始まる文は，文の終わりを下げて(↘)言うよ。

2 次の日本文に合うように，＿＿に適する語を書きなさい。

(1) 私の誕生日は 1 月 10 日です。

My ＿＿＿＿ is ＿＿＿＿ 10th.

(2) 私は英語を話すことができます。

I ＿＿＿＿ ＿＿＿＿ English.

(3) 私の一番の思い出は運動会です。

My best memory is the ＿＿＿＿ day.

(4) 私は芸術家になりたいです。

I want to be an ＿＿＿＿.

3 〔 〕内の語を並べかえて，日本文に合う英文を書きなさい。

(1) あなたはどんなスポーツが好きですか。

〔 like / do / sports / you / what 〕?

＿＿＿＿＿＿＿＿＿＿＿＿＿＿＿＿

(2) 今日の昼食メニューについて話してください。

〔 lunch / today's / about / menu / talk 〕.

＿＿＿＿＿＿＿＿＿＿＿＿＿＿＿＿

(3) あなたは家で何をしたいですか。

〔 want / you / what / do / to 〕 do at home?

＿＿＿＿＿＿＿＿＿＿＿＿ do at home?

4 次のようなとき，英語でどのように言うか書きなさい。

(1) 相手の誕生日がいつかをたずねるとき。

＿＿＿＿＿＿＿＿＿＿＿＿ your birthday?

(2) 相手に起床(きしょう)時間をたずねるとき。

＿＿＿＿＿＿＿＿＿＿＿＿ get up?

(3) 相手に行きたい場所をたずねるとき。

＿＿＿＿＿＿＿＿＿＿＿＿ to go?

表現メモ

できることを表す表現
- cook（料理する）
- dance（踊(おど)る）
- skate（スケートをする）
- swim（泳ぐ）
- play soccer（サッカーをする）
- play the piano（ピアノを弾(ひ)く）
- speak English（英語を話す）

ことばメモ

学校行事
- field trip（校外見学）
- school trip（修学旅行）
- sports day（運動会）
- chorus contest（合唱コンクール）
- culture festival（文化祭）

ことばメモ

職業
- artist（芸術家）
- comedian（コメディアン）
- cook（料理人）
- doctor（医者）
- nurse（看護師）
- police officer（警察官）
- scientist（科学者）
- singer（歌手）
- soccer player（サッカー選手）
- teacher（先生，教師）
- vet（獣医(じゅうい)）

ここがポイント

質問で使う語
- who（だれ）
- when（いつ）
- where（どこに）
- what（何(の)）
- what sport(s)（何のスポーツ）
- what time（何時に）

解答 p.1

Lesson 1 Hello, New Friends ①

教科書の要点 自己紹介(しょうかい)をする

I'm Ono Ayaka. 私は小野あやかです。
「私は～です」 I'm = I am

Please call me Aya. 私をアヤと呼んでね。
「呼ぶ」「～を」「…と」

要点

- 「私は～です」と自己紹介をしたり，自分について説明したりするときは I'm ～. で表す。I'm は I am の短縮形(短くした形)。I は「私は」，am は「～である，～です」という意味。
- 自己紹介などのあとに「私を～と呼んでね」と言うときは，Please call me ～. で表す。please は「どうぞ(～してください)」という意味で，初対面のときなど，ていねいに言うときに使う。

Wordsチェック 次の英語は日本語に，日本語は英語になおしなさい。

□(1) call ( ) □(2) こんにちは ＿＿＿＿

1 次の日本文を，( )内の語数の英語になおしなさい。
私はボブ(Bob)です。

(1) (2 語) ＿＿＿＿

(2) (3 語) ＿＿＿＿

2 次の日本文に合うように，＿＿に適する語を書きなさい。

(1) すばらしい！ ＿＿＿＿！

(2) それはすてきですね。 That's ＿＿＿＿！

よく出る (3) ぼくはユウタロウです。ユウタと呼んでね。
＿＿＿＿ Yutaro.
＿＿＿＿ ＿＿＿＿ me Yuta.

(4) はじめまして。
Nice to ＿＿＿＿ ＿＿＿＿.

ここがポイント
英文の書き方
- 単語と単語の間は少しあけて書き，文の終わりにはピリオド(.)をつける。
- 人の名前は，文の途中(とちゅう)でも最初の文字を大文字で書く。

表現メモ
名前の言い方
英語ではふつう，Robert West のように〈名前＋姓(せい)〉の順で言うが，日本人の場合は，Ono Ayaka のように日本式に〈姓＋名前〉の順で言ってもよい。

まるごと暗記
初対面のあいさつ
Nice to meet you.
— Nice to meet you, too.

arts and crafts：図工，home economics：家庭科

解答 p.2

Lesson 1 Hello, New Friends ②

Lesson 1

教科書の要点 「好きなこと」「すること」について話す

a03

I like music. 私は音楽が好きです。
「好きである」「音楽が」

I play the piano. 私はピアノを弾きます。
「弾く」「ピアノを」

要点

- 「私は～が好きです」と，好きなものや好きなことを言うときは，I like ～. で表す。
- 楽器やスポーツなど，自分がすることは I play ～. で表す。「(楽器)を演奏する，弾く」と言うときは，楽器名の前に the をつける。

Wordsチェック 次の英語は日本語に，日本語は英語になおしなさい。

□(1) science　(　　　　　　)　□(2) 音楽 ＿＿＿＿

1 絵を見て例にならい，「私は～をします」という文を書きなさい。

例 
piano

(1) 
violin

(2) 
badminton

(3) 
soccer

例 I play the piano.

(1) I ＿＿＿＿ ＿＿＿＿ ＿＿＿＿.

(2) ＿＿＿＿ ＿＿＿＿ badminton.

(3) ＿＿＿＿＿＿＿＿＿＿＿＿

ミス注意

play の使い方
- スポーツをする〈play＋スポーツ名〉
- 楽器を演奏する〈play the＋楽器名〉

2 次の日本文に合うように，＿＿に適する語を書きなさい。

(1) 私は体育が好きです。
＿＿＿＿ ＿＿＿＿ P.E.

(2) 私は数学が好きです。
＿＿＿＿ ＿＿＿＿ ＿＿＿＿.

ことばメモ

教科
- English（英語）
- Japanese（国語）
- math（算数，数学）
- P.E.（体育）
- music（音楽）
- science（理科，科学）
- social studies（社会）

解答 p.2

ステージ1 Lesson 1 Hello, New Friends ③

読 聞 書 話

教科書の要点 「するのが好きなこと」「したいこと」を話す ♪a04

I like playing baseball. 私は野球をすることが好きです。
「〜すること」 動詞の -ing 形

I want to join the baseball team. 私は野球部に入りたいです。
「〜したい」 動詞

要点

- 「私は〜することが好きです」と言うときは，I like 〜ing .... で表す。〜ing は，動作を表す語(動詞)に ing をつけた形で「〜すること」という意味を表す。
- 「私は〜したいです」と言うときは，I want to 〜. で表す。to のあとは，動詞を続ける。

Wordsチェック 次の英語は日本語に，日本語は英語になおしなさい。

□(1) love （　　　　）　□(2) おもしろい ＿＿＿＿

1 絵を見て例にならい，「私は〜することが好きです」という文を書きなさい。

cooking

playing tennis　reading　swimming

例 I like cooking.

(1) I ＿＿＿＿ ＿＿＿＿ tennis.

(2) I ＿＿＿＿＿＿＿＿＿＿.

(3) ＿＿＿＿＿＿＿＿＿＿

ここがポイント

動詞の形

- like 〜ing
  like のあとにくる動詞には ing をつける。
- want to 〜
  to のあとにくる動詞はそのままの形を使う。

よく出る **2** 次の日本文に合うように，＿＿に適する語を書きなさい。

(1) 私はサッカーがしたいです。

I ＿＿＿＿ ＿＿＿＿ play soccer.

(2) 私は美術部に入りたいです。

I want ＿＿＿＿ ＿＿＿＿ the art club.

ことばメモ

部活動の名前

- soccer team（サッカー部）
- tennis team（テニス部）
- art club（美術部）
- newspaper club（新聞部）
- brass band（吹奏(すいそう)楽部）

science club：科学部，track and field team：陸上部

解答 p.2

ステージ1 Lesson 1 Hello, New Friends ④

読 聞 書 話

教科書の要点 「大好きなこと」について話す

a05

My favorite subject is P.E.　　私の大好きな教科は体育です。

（favorite：「大好きな」）

It's exciting.　　それはわくわくします。

（It's：「それは～です」　It's = It is）

要点

- 「私の大好きな～は…です」と言うときは，My favorite ～ is .... で表す。favorite は「大好きな，お気に入りの」という意味。
- 大好きなことについて「それは～です」とつけ加えるときは，It's[It is] ～. で表す。

Wordsチェック 次の英語は日本語に，日本語は英語になおしなさい。

□(1) subject　(　　　　　　)　　□(2) わくわくさせるような ＿＿＿＿

1 〔 〕内の語を並べかえて，「私の大好きな～は…です」という文を書きなさい。

(1) 〔 English / favorite / my / is / subject 〕.

＿＿＿＿＿＿＿＿＿＿＿＿

(2) 〔 sport / is / my / baseball / favorite 〕.

＿＿＿＿＿＿＿＿＿＿＿＿

2 次の日本文に合うように，＿＿に適する語を書きなさい。

(1) ありがとう。

＿＿＿ ＿＿＿.

(2) 何か質問はありますか。

＿＿＿ questions?

(3) 私は動物が大好きです。

I ＿＿＿ animals.

(4) 私の大好きなスポーツはサッカーです。それはおもしろいです。

My favorite sport is soccer.

＿＿＿ ＿＿＿.

ここがポイント

大好きなことを伝える表現

- My favorite ～ is ....（私の大好きな～は…です。）
- I love ～.（私は～が大好きです。）

表現メモ

スピーチで使う表現

- Thank you.（(聞いてくれて)ありがとう。）
- Any questions?（何か質問はありますか。）

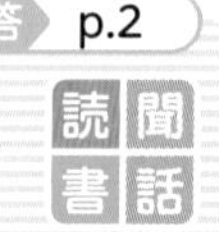

解答 p.2

Lesson 1 Hello, New Friends ⑤

読 聞 書 話

教科書の要点 いろいろな質問をする

a06

何 **What's your favorite** food? あなたの大好きな食べものは何ですか。
What's = What is
— It's curry and rice. カレーライスです。

だれ **Who is your favorite** singer? あなたの大好きな歌手はだれですか。
— I like Suzuki Mina. 私は鈴木美奈が好きです。

何時に **What time do you** go to bed? あなたは何時に寝ますか。
— I go to bed at 10:30. 私は10時30分に寝ます。

要点

- 大好きなもの[こと]をたずねるときは，**What's your favorite 〜?** で表す。what は「何，どんなもの[こと]」の意味で，ものについてたずねるときに使う。
- 大好きな人をたずねるときは，**Who is your favorite 〜?** で表す。who は「だれ，どんな人」の意味で，人についてたずねるときに使う。
- 「あなたは何時に〜しますか」とたずねるときは，**What time do you 〜?** で表す。what time は「何時(に)」の意味で，時刻についてたずねるときに使う。
- 「…時に(〜します)」は〈at＋時刻〉で表す。

よく出る **1** 次の対話が成り立つように，____に適する語を書きなさい。

(1) A: ____ ____ do you get up?
B: I get up at 6:00.

(2) A: ____ your favorite ____?
B: It's basketball.

(3) A: ____ is your favorite tennis player?
B: I ____ Osaka Naomi.

ここがポイント

質問をする文
- もの[こと]をたずねる
  What's 〜?
  (〜は何ですか。)
- 人をたずねる
  Who is 〜?
  (〜はだれですか。)
- 何時にするかをたずねる
  What time do you 〜?
  (あなたは何時に〜しますか。)

2 〔 〕内の語句を並べかえて，日本文に合う英文を書きなさい。
あなたは自由な時間に何をしますか。
〔 do / free time / what / in / you / your / do 〕?

アクセントに注意しよう！ favorite, subject, exciting, question, animal

解答 p.3

ステージ1 Lesson 1 Hello, New Friends ⑥

読 聞 書 話

教科書の要点 「私は〜しません」の文(否定文)

I like fish, but I **don't like** octopus.　私は魚が好きですが，タコは好きではありません。

一般動詞の前　don't = do not

要点

- play(〜をする)や like(〜が好きである)のような，動作・行動や気持ちなどを表す語を**一般動詞**(いっぱん)という。
- 一般動詞の文を「私は〜しません」と否定するときは，一般動詞の前に **don't[do not]** を置く。
- 「私は〜します」のようなふつうの文を**肯定文**(こうていぶん)，「私は〜しません」と否定する文を**否定文**(ひていぶん)という。

Wordsチェック 次の英語は日本語に，日本語は英語になおしなさい。

□(1) dear (　　　　)　□(2) yourself (　　　　)

□(3) しかし，ところが ______　□(4) 人気がある ______

1 次の英文を日本語になおしなさい。

(1) I like surfing.

(　　　　　　　　)

(2) I love playing sports.

(　　　　　　　　)

よく出る 2 次の文を否定文に書きかえなさい。

(1) I like fish.

______

(2) I read manga.

______

3 次の日本文に合うように，____に適する語を書きなさい。

(1) 私は少し日本語を話すことができます。

I can speak Japanese ______ ______.

(2) 私たちの授業で会いましょう。

______ ______ in our class!

ことばメモ

「好き」を表す語

- like (〜を好む，〜が好きである)
- love (〜が大好きである，〜を愛する)

ここがポイント

「私は〜しません」の文
〈I don't[do not]＋一般動詞 〜.〉

表現メモ

see を使った表現

- See you in 〜 class. (〜の授業で会いましょう。)
- See you (later). (また会いましょう。)
- I see. (なるほど[わかりました]。)
- Let me see. (ええと。)

文法のまとめ1 英語の語順 / 疑問文

解答 p.3

まとめ

① 「A は B です」「A は〜します」の文

●英語の文は，大きく２つのタイプに分けられる。「A は B です」と主語(「A は」にあたる語)を説明する文と，「A は〜します」と主語の動作・行動や気持ちなどを表す文である。

●「A は B です」の文に使う「です」を表す語を be 動詞といい，主語に合わせて am，are，is を使い分ける。be 動詞以外のすべての動詞を一般動詞(いっぱん)という。

●英語では，主語のあとに動詞を置き，そのあとにその他の語句を置く。

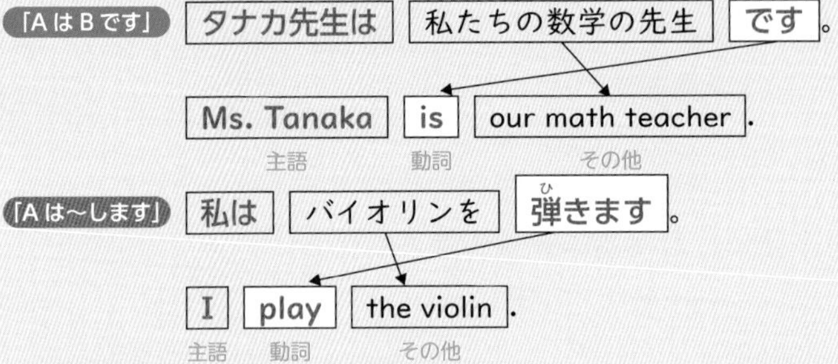

② 「あなたは〜ですか」「あなたは〜しますか」とたずねる文

●たずねる文を疑問文という。

●「あなたは〜ですか」は Are you 〜?，「あなたは〜しますか」は Do you 〜? で表す。

「あなたは〜ですか」 Are you from France? （あなたはフランス出身ですか。）

「あなたは〜しますか」 Do you like P.E.? （あなたは体育が好きですか。）

練習

1 次の日本文に合うように，＿＿に適する語を書きなさい。

(1) 私は大阪出身です。

＿＿ ＿＿ from Osaka.

(2) あなたはオーストラリア出身ですか。

＿＿ ＿＿ from Australia?

(3) サッカーはわくわくします。

Soccer ＿＿ ＿＿.

(4) 私は野球をします。あなたは野球をしますか。

＿＿ ＿＿ baseball.

＿＿ ＿＿ ＿＿ baseball?

疑問詞を使う疑問文 / お願いするとき

解答 p.3

読 聞
書 話

まとめ

① 疑問詞を使う疑問文

- what(何)，who(だれ)，where(どこ)，when(いつ)などの語を疑問詞という。疑問詞は文の最初に置く。
- 「何の[どんな]〜」は〈what＋名詞〉，「何歳(さい)」は how old，「いくつ(数)」は〈how many＋名詞〉でたずねる。
- be 動詞を使う疑問文では，主語の前に be 動詞を置く。
- 一般動詞を使う疑問文では，do を主語の前に置く。

何	What is your favorite sport?（主語: your favorite sport）	（あなたの大好きなスポーツは何ですか。）
だれ	Who is your favorite comedian?	（あなたの大好きなコメディアンはだれですか。）
どこ	Where do you play soccer?	（あなたはどこでサッカーをしますか。）
いつ	When is the chorus contest?	（合唱コンクールはいつですか。）
何の〜	What fruit do you like?	（あなたはどんなくだものが好きですか。）
何歳	How old is your brother?	（あなたの弟は何歳ですか。）
いくつ	How many bags do you have?	（あなたはかばんをいくつ持っていますか。）

② お願いするとき

- 人に何かをお願いするときは，please をつける。

Water, please.　（水をください。）
Please play the piano for me.　（私のためにピアノを演奏してください。）

練習

よく出る **1** 次の対話が成り立つように，＿＿に適する語を書きなさい。

(1) A : ＿＿ ＿＿ you live?
　 B : I live in Yokohama.

(2) A : ＿＿ ＿＿ your favorite color?
　 B : It's yellow.

(3) A : ＿＿ ＿＿ caps ＿＿ you have?
　 B : I have three caps.

2 〔 〕内の語句を並べかえて，日本文に合う英文を書きなさい。
私のためにバイオリンを演奏してください。
〔 me / the violin / please / for / play 〕.

＿＿＿＿＿＿＿＿＿＿＿＿＿＿＿＿＿＿＿＿

定着のワーク ステージ2 Springboard 4 ～ Lesson 1

読 聞 書 話

1 LISTENING 対話を聞いて，その内容に合う絵を１つ選び，記号で答えなさい。 ♪ l01

（　　　）

2 次の日本文に合うように，＿＿に適する語を書きなさい。

(1) 私は神戸出身です。

＿＿＿ ＿＿＿ Kobe.

(2) あなた自身について書いてください。

＿＿＿ ＿＿＿ about yourself.

(3) 私はテレビ・ゲームをするのが好きです。

I ＿＿＿ ＿＿＿ video games.

(4) これは私の大好きな本です。

＿＿＿ ＿＿＿ my favorite book.

よく出る **3** 次の文を（ ）内の指示にしたがって書きかえるとき，＿＿に適する語を書きなさい。

(1) You like math.（疑問文に）

＿＿＿ ＿＿＿ like math?

(2) I speak English.（否定文に）

I ＿＿＿ ＿＿＿ English.

(3) Your birthday is November 4th.（下線部をたずねる文に）

＿＿＿ ＿＿＿ your birthday?

(4) You have dinner at 6:30.（下線部をたずねる文に）

＿＿＿ ＿＿＿ do you have dinner?

重要ポイント

2

テストに出る!

be 動詞の文

- 「私は～です」 I'm [I am] ～.
- 「これは～です」 This is ～.
- 「それは～です」 It's [It is] ～.
- 「あなたは～ですか」 Are you ～?

(2)「～してください」は please を使って表す。

(3)「～するのが好きだ」は like ～ing で表す。

3

テストに出る!

一般動詞の文

- 「私は～します」〈I＋一般動詞 ～.〉
- 「私は～しません」〈I don't [do not]＋一般動詞 ～.〉
- 「あなたは～しますか」〈Do you＋一般動詞 ～?〉

(3)「あなたの誕生日は11月4日です」→「いつ」

(4)「あなたは6時30分に夕食を食べます」→「何時に」

4 次の対話文を読んで，あとの問いに答えなさい。

Aya : ①I'm Ono Ayaka.　Please call me Aya.
I like music.　I play (　②　) piano.
Bob : Oh, Aya, you play (　②　) piano.
That's nice!
I'm Robert West.　③[me / call / please / Bob].
④My [subject / science / favorite / is].

(1)　下線部①の短縮しない形を書きなさい。

(2)　２つある②の(　)に共通して入る適する１語を書きなさい。

(3)　下線部③，④の[　]内の語を並べかえて，意味の通る英文にしなさい。

③

④ My ＿＿＿＿＿＿＿＿＿＿＿＿.

(4)　本文の内容に合うように，(　)に適する日本語を書きなさい。
アヤは(　　　　　)が好きで，(　　　　　)を弾(ひ)きます。

よく出る 5 次の対話が成り立つように，＿＿に適する語を書きなさい。

(1)　A : ＿＿＿＿ ＿＿＿＿ you do?
B : I can speak English.

(2)　A : ＿＿＿＿ ＿＿＿＿ you want to be?
B : I want to be a pilot.

レベルUP 6 次の日本文を(　)内の語句を使って英語になおしなさい。

(1)　私はスポーツをすることが大好きです。　(love)

(2)　私はテニス部に入りたいです。　(the tennis team)

重要ポイント

4

テストに出る!

playの使い方
- 〈play＋スポーツ名〉
- 〈play the＋楽器名〉

(3)③「ぼくをボブと呼んでください」
④「ぼくの大好きな教科は理科です」

5 (1)は「私は英語を話すことができます」，(2)は「私はパイロットになりたいです」と答えている。

得点力をUP

疑問詞の意味
- what（何）
- what＋名詞（何の～，どんな～）
- what time（何時に）
- who（だれ）
- when（いつ）
- where（どこに）
- how many＋名詞（いくつの～）
- how old（何歳(さい)）

6 (1)「～することが大好きだ」は love ～ing で表す。
(2)「～したい」は want to ～で表す。

ちょっとBREAK　ballがつくスポーツ名には何がある？

➡答えは次のページ

解答 p.4

実力判定テスト ステージ3 Springboard 4 ～ Lesson 1

30分 /100 読 聞 書 話

1 LISTENING (1)～(3)の質問を聞いて，その答えとして適するものを１つ選び，記号で答えなさい。 l02 4点×3(12点)

(1) ア I like science. イ It's interesting.
ウ I want to be a scientist. エ I'm a scientist. (　　)

(2) ア I like Kamakura. イ I love winter.
ウ It's Okayama. エ I live in Nagoya. (　　)

(3) ア I like summer. イ I like dogs.
ウ I like badminton. エ I like white. (　　)

2 次の日本文に合うように，＿＿に適する語を書きなさい。 5点×4(20点)

(1) はじめまして。
＿＿ ＿＿ ＿＿ you.

(2) 私たちの英語の授業で会いましょう。
＿＿ ＿＿ ＿＿ our English class.

(3) 私は野球部に入りたいです。
I ＿＿ ＿＿ ＿＿ the baseball team.

レベルUP (4) 私には兄弟はいません。
I have ＿＿ ＿＿.

よく出る **3** 次の対話が成り立つように，＿＿に適する語を書きなさい。 5点×4(20点)

(1) A : ＿＿ ＿＿ cook spaghetti?
B : Yes, I can.

(2) A : ＿＿ your dog's ＿＿?
B : It's Kuro.

(3) A : ＿＿ ＿＿ your favorite singer?
B : I like Ayaka.

(4) A : ＿＿ ＿＿ sisters do you have?
B : I have two sisters.

ちょっとBREAKの答え baseball(野球)，volleyball(バレーボール)，basketball(バスケットボール)などがあるよ。

目標
●自己紹介(しょうかい)ができるようにしましょう。
●自分のことを伝えたり，相手のことをたずねたりできるようになりましょう。

自分の得点まで色をぬろう!
がんばろう! もう一歩 合格!
0 60 80 100点

4 次の英文を読んで，あとの問いに答えなさい。 5点×6(30点)

I'm Ms. Cathy King, your English teacher.
I am from Sydney, Australia.
① I love playing sports.
I like surfing. ② It's really exciting.
I can speak Japanese ③(少し).
My favorite word is "Arigato."
I like sushi. ④ It is very popular in Australia.
I ⑤(ときどき) eat sushi at a Japanese restaurant.
I like fish, but I (⑥) like octopus.

(1) 下線部①を日本語になおしなさい。
( )

よく出る (2) 下線部②，④がさすものを本文中の英語で答えなさい。
② ＿＿＿＿ ④ ＿＿＿＿

(3) ③，⑤の( )内の日本語を英語になおしなさい。
③ ＿＿＿＿ ＿＿＿＿ (2語で) ⑤ ＿＿＿＿ (1語で)

(4) ⑥の( )に適する語を書きなさい。
＿＿＿＿

レベルUP 5 次の文を，下線部をたずねる文に書きかえなさい。 6点×2(12点)

(1) You live in Yokohama.
＿＿＿＿

(2) You read manga in your free time.
＿＿＿＿

レベルUP 6 次の日本文を英語になおしなさい。 (6点)

あなたのお気に入りの本について書いてください。 (Please で始めて)
＿＿＿＿

定期テスト対策 予想問題 第1回 p.122～123

Lesson 2 Talking with Friends ①

読 聞 書 話

教科書の要点 好きなことを伝える・たずねる

♪ a08

肯定文 I like dogs. 私はイヌが好きです。
（like：一般動詞）

疑問文 Do you like dogs? あなたはイヌが好きですか。
（Do：主語の前 / like：一般動詞 / ?：クエスチョン・マーク）

— Yes, I do. / No, I don't. はい，好きです。/ いいえ，好きではありません。
（doを使って答える / don't =do not）

要点

- 「私は〜が好きです」は I like 〜. で表す。一般動詞（いっぱん）は主語のあとに置く。
- 「あなたは〜が好きですか」とたずねるときは，Do you like 〜? で表す。一般動詞の疑問文は，主語の前に do を置く。
- Do you 〜? の文には，do を使って Yes, I do. / No, I don't[do not]. と答える。

Wordsチェック 次の英語は日本語に，日本語は英語になおしなさい。

□(1) family （　　　　　）　□(2) 早く ＿＿＿＿

1 次の日本文に合うように，＿＿に適する語を書きなさい。

(1) 私はスポーツが好きです。
＿＿ ＿＿ sports.

(2) あなたはサッカーをします。
＿＿ ＿＿ soccer.

よく出る 2 次の文を，(1)疑問文に書きかえ，(2) Yes と(3) No で答えなさい。

You get up early.

(1) ＿＿＿＿＿＿＿＿

(2) Yes, ＿＿＿＿＿＿＿＿.

(3) No, ＿＿＿＿＿＿＿＿.

3 次の英文を日本語になおしなさい。

I'm on the tennis team.

（　　　　　　　　　　　　）

ことばメモ

一般動詞の意味

- like（〜が好きである）
- play（(楽器)を弾（ひ）く，(スポーツ・ゲーム)をする）
- have（〜を持っている）
- read（〜を読む）
- watch（〜を見る）
- use（〜を使う）
- cook（料理する）
- swim（泳ぐ）
- ski（スキーをする）
- get up（起きる）
- listen to 〜（〜を聞く）

ここがポイント

「あなたは〜しますか」の文と答え方

たずねるときも，答えるときも do を使う。are は使わない。do not の短縮形は don't。

dogs の s は[z ズ]，books の s は[s ス]と発音するよ。

解答 p.6

ステージ1 Lesson 2 Talking with Friends ②

読 聞 書 話

教科書の要点 得意なことを伝える・たずねる

a09

肯定文 I'm good at dancing.　私は踊(おど)るのがじょうずです。
「私は〜です」

疑問文 Are you good at dancing?　あなたは踊るのがじょうずですか。
「あなたは〜ですか」　クエスチョン・マーク

— Yes, I am. / No, I'm not.　はい，じょうずです。/ いいえ，じょうずではありません。
am を使って答える

要点

- 「私は〜がじょうずです」と得意なことを伝えるときは，I'm good at 〜. で表す。
- 「あなたは〜がじょうずですか」とたずねるときは，Are you good at 〜? で表す。
- Are you 〜? の文には，Yes, I am. / No, I'm [I am] not. と答える。

プラス 「私は〜がじょうずではありません」は I'm not good at 〜. で表す。
否定文 I'm not good at dancing.　私は踊るのがじょうずではありません。

Wordsチェック 次の英語は日本語に，日本語は英語になおしなさい。

□(1) favorite　(　　　　　　)　□(2) 毎〜，すべての，どの〜も ＿＿＿＿

1 例にならい，「…は〜がじょうずです」という文を書きなさい。

例 I / soccer　I am good at soccer.

(1) You / table tennis

＿＿＿＿＿＿＿＿＿＿

(2) Keiko / cooking

＿＿＿＿＿＿＿＿＿＿

ここがポイント
am, is, are の使い分け
「〜です」を表す am，is，are は，主語(「〜は」にあたる語)によって使い分ける。
- 主語が I → am
- 主語が自分と相手以外の人 → is
- 主語が you → are

よく出る 2 次の文を，(1)疑問文に書きかえ，(2) Yes と(3) No で答えなさい。

You are good at math.

(1) ＿＿＿＿＿＿＿＿＿＿

(2) Yes, ＿＿＿＿＿＿＿＿.

(3) No, ＿＿＿＿＿＿＿＿.

ここがポイント
「あなたは〜ですか」の文と答え方
たずねるときは，主語の you(あなたは)に合わせて are を使う。答えるときは主語が I(私は)になるので am を使う。

確認のワーク ステージ1 Lesson 2

Talking with Friends ③

教科書の要点 できることを伝える・たずねる ♪a10

肯定文 I **can** cook. 私は料理をすることができます。
（動詞の前）

疑問文 **Can** you cook? あなたは料理をすることができますか。
（主語の前）

— Yes, I **can**. / No, I **can't**. はい，できます。/ いいえ，できません。
（can を使って答える）

要点

- 「私は～することができます」は〈I can＋動詞 ～.〉で表す。
- 「あなたは～することができますか」とたずねるときは，〈Can you＋動詞 ～?〉で表す。
- Can you ～? の文には，can を使って **Yes, I can.** / **No, I can't.** と答える。

プラス 「私は～することができません」は〈I can't＋動詞 ～.〉で表す。
否定文 I can't cook. 私は料理をすることができません。

Wordsチェック 次の英語は日本語に，日本語は英語になおしなさい。

□(1) cooking （　　　　） □(2) メートル ＿＿＿＿

1 次の日本文に合うように，＿＿に適する語を書きなさい。

(1) 私は泳ぐことができます。

I ＿＿＿＿ ＿＿＿＿.

(2) あなたはピアノを弾(ひ)くことができます。

You ＿＿＿＿ ＿＿＿＿ the piano.

ことばメモ

楽器
- piano（ピアノ）
- violin（バイオリン）
- guitar（ギター）
- drum（ドラム，太鼓(たいこ)）
- flute（フルート）
- recorder（リコーダー）
- trumpet（トランペット）

よく出る 2 次の文を，(1)疑問文に書きかえ，(2) Yes と(3) No で答えなさい。

You can skate.

(1) ＿＿＿＿＿＿＿＿

(2) Yes, ＿＿＿＿＿＿＿＿.

(3) No, ＿＿＿＿ ＿＿＿＿.

ここがポイント

「あなたは～することができますか」の文と答え方
たずねるときも，答えるときも can を使う。
can't は cannot の短縮形。

Do you ～? / Are you ～? / Can you ～? の文は，文の終わりを上げて(↗)言うよ。

Lesson 2 Talking with Friends ④

解答 p.6

どのくらいするのか(頻度(ひんど))を表す語

I **sometimes** eat curry for breakfast.　私はときどき朝食にカレー料理を食べます。
「ときどき」　一般動詞

They **always** play soccer after lunch.　彼らはいつでも昼食のあとにサッカーをします。
「いつでも」

What do you **usually** eat for breakfast?　あなたはたいてい朝食に何を食べますか。
「たいていは」

— I eat bread or cereal.　私はパンまたはシリアルを食べます。

要点

- **sometimes**, **always**, **usually**, **often**(しばしば)などの頻度を表す語は，**一般(いっぱん)動詞の前**に置く。
- 相手のふだんの生活や習慣などについてたずねるときは，**What do you usually ～?** で表す。

プラス 頻度を表す語は，be 動詞(am，is，are)の文の場合は，**be 動詞のあと**に置く。
My cat is **usually** under the bed.　私のネコはたいていベッドの下にいます。

Wordsチェック 次の英語は日本語に，日本語は英語になおしなさい。

□(1) or　(　　　　　)　□(2) しばしば

よく出る **1** 次の文を，(　)内の語を適する位置に入れて書きかえなさい。

(1) Frozen pizza is in the fridge.　(always)

(2) I eat bananas for breakfast.　(often)

2 次のようなとき，英語でどのように言うか書きなさい。

(1) 相手の言ったことに対して「私もです」と相づちを打つとき。

(2) 相手の言ったことに対して「あなたの言うとおりです」と伝えるとき。

ことばメモ
fridge(冷蔵庫)は refrigerator を短くした言い方。また，「冷凍(れいとう)庫」は freezer，「電子レンジ」は microwave と言う。

ミス注意
頻度を表す語の位置
- be 動詞のあと
- 一般動詞の前

まるごと暗記
頻度を表す語
- always (いつでも，常に)
- usually (ふつうは，たいていは)
- often (しばしば)
- sometimes (ときどき)

Lesson 2

解答 p.6

確認のワーク ステージ1 Lesson 2 Talking with Friends ⑤

読 聞 書 話

教科書の要点 代名詞の使い方

a12

Those boys play soccer very well. あの少年たちはとてもじょうずにサッカーをします。

— Yeah, **they** always play soccer after lunch. うん，彼(かれ)らはいつでも昼食のあとにサッカーをします。

those boys の代わりに they を使う

Who is Tsubasa? 翼(つばさ)とはだれですか。

— **He** is the main character of *Captain Tsubasa*. 彼は『キャプテン翼』の主人公です。

Oh, do you read Japanese comic books? ああ，あなたは日本のマンガ本を読みますか。

— Yes, I love **them**. はい，私はそれらが大好きです。

要点

- すでに話題にのぼっている人やものは，**he**(彼は)や **it**(それは)などの語で表す。このように，名詞の代わりに使う語を**代名詞**という。
- 複数の人やものを表して，「彼[彼女(かのじょ)]らは」「それらは」と言うときは **they** を使う。they は，主語以外で使う場合は **them** の形になる。
- 1人の男性を表して「彼は」と言うときは **he** を使う。女性なら **she**(彼女は)を使う。主語以外で使う場合，he は **him**，she は **her** の形になる。

Wordsチェック 次の英語は日本語に，日本語は英語になおしなさい。

□(1) after ( ) □(2) ストーリー，話 ____

よく出る **1** 次の文の下線部を，1語の代名詞で表しなさい。

(1) I like math and science. ____

(2) Those girls are tennis players. ____

(3) Mr. Yamada is an English teacher. ____

まるごと暗記

代名詞
- 主語の場合
  1人の男性 ⇨ he
  1人の女性 ⇨ she
  複数の人・もの ⇨ they
- 主語以外の場合
  1人の男性 ⇨ him
  1人の女性 ⇨ her
  複数の人・もの ⇨ them

2 次の日本文に合うように，____ に適する語を書きなさい。

(1) あなたはネコが好きですよね。

You like cats, ____ ?

(2) 私は昼食のあとに本を読みます。

I read books ____ lunch.

ことばメモ

時を表す語
- before（〜の前に）
- during（〜の間に）
- after（〜のあとに）

名詞の複数形(e)s の発音には，caps [s ス]，balls [z ズ]，boxes [iz イズ]の3通りがあるよ。

解答 p.7

確認のワーク ステージ1 Lesson 2 Talking with Friends ⑥

教科書の要点 名詞の複数形 / some と any　a13

疑問文 Do you have **any** pet**s**?　あなたは(何か)ペットを飼っていますか。
「何か，いくつか」　複数形：s をつける

肯定文 — Yes.　I have **some** hamster**s**.　はい。ハムスターを何匹(ぴき)か飼っています。
「いくつかの」　複数形：s をつける

要点

- 数えられる複数のもの[人]を表すときは，名詞の終わりに s または es をつける。(e)s のついた複数を表す名詞の形を**複数形**という。
- 数に関係なく「何か，いくつか」と言うときは，疑問文では **any**，肯定文では **some** を使う。

プラス 否定文では any を使う。否定文での any は「1つも(〜ない)」の意味を表す。
否定文 I don't have **any** comic books.　私はマンガ本を1冊(さつ)も持っていません。

Wordsチェック 次の英語は日本語に，日本語は英語になおしなさい。

□(1) keep　(　　　　　)　□(2) 住む，住んでいる ＿＿＿＿

1 次の名詞の複数形を書きなさい。

(1) piece ＿＿＿＿　(2) story ＿＿＿＿

よく出る 2 次の文の(　)内から適する語を選び，記号を○で囲みなさい。

(1) You have (ア a　イ some) comic book.
(2) I have (ア some　イ any) apples.
(3) Do you want (ア a　イ any) balls?
— No.　I don't want (ア some　イ any) balls.

3 次の日本文に合うように，＿＿に適する語を書きなさい。

(1) なるほど。 I ＿＿＿＿.
(2) あのネコはとてもかわいいです。
＿＿＿＿ ＿＿＿＿ is so cute.
(3) 私はインターネットで将棋(しょうぎ)をさします。
I play *shogi* ＿＿＿＿ the ＿＿＿＿.

ここがポイント

some と any の使い方
- some は肯定文で，any は疑問文・否定文で使う。
- some や any のあとにくる数えられる名詞は複数形になる。

ことばメモ

that の意味
- 「あれ，それ」
That is Tom.
(あれはトムです。)
- 「あの，その」
That boy is Tom.
(あの少年はトムです。)

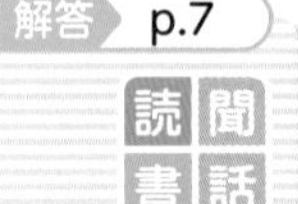

確認のワーク ステージ1 Lesson 2 Talking with Friends ⑦

教科書の要点 会話をはずませる表現

a14

相づちを打つ

I can skate. 私はスケートができます。

— Oh, you can skate? (↗) / You can? (↗) / Really? (↗)

上げ調子に言う

まあ，スケートができるの？ / そうなのね？ / 本当？

Cool! / Wow! / That's nice! / Me, too.

かっこいい！ / うわあ！ / それはいいね！ / 私もです。

相手に質問する

I like math. How about you? 私は数学が好きです。あなたはどうですか。

I have a cat. Do you have a cat, too?

私はネコを飼っています。あなたもネコを飼っていますか。

要点

- 相手の発言には，さまざまな相づちを打って驚(おどろ)きや関心などを表すと会話がはずむ。
- 話題を切り出すときは，まず自分のことを言ってから相手にたずねると会話が続けやすい。

Wordsチェック 次の英語は日本語に，日本語は英語になおしなさい。

□(1) snowboard ( ) □(2) 登場人物

1 次の日本文に合うように，＿＿に適する語を書きなさい。

(1) 私はスキーができます。— そうなのね？

I can ski. — You ＿＿＿＿?

(2) 私はメロンが好きです。あなたはどうですか。

I like melons. ＿＿＿＿ ＿＿＿＿ you?

(3) 私はスポーツが好きです。あなたもスポーツが好きですか。

I like sports.

＿＿＿＿ you like sports, ＿＿＿＿?

よく出る (4) あなたは野球部に入っているのですか。

＿＿＿＿ you ＿＿＿＿ the baseball team?

表現メモ

相手の発言を，主語をYouにかえてくり返し，文の最後を上げ調子(↗)に言えば，「そうなのですね？」という相づち表現になる。否定文のときは，否定のままくり返す。

- I can swim.
  (私は泳げます。)
  — You can (swim)?
- I can't swim.
  (私は泳げません。)
  — You can't (swim)?

watch：～を見る　ski：スキーをする

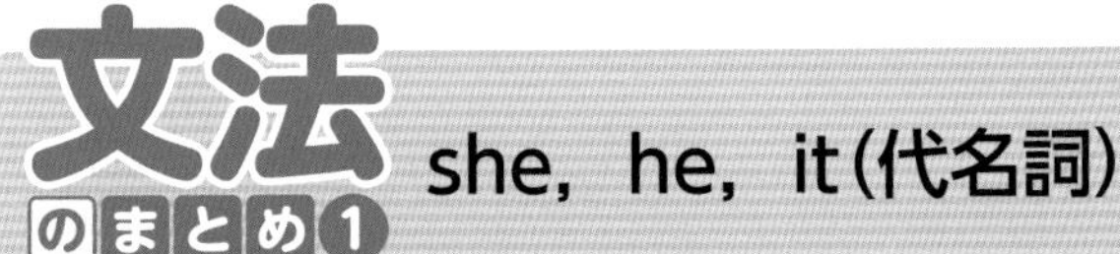

she, he, it(代名詞)

解答 p.7

まとめ

① she, he, it の使い方

- すでに話題にのぼっている人やものを表すときは，名前や名詞をくり返さず，she，he，it などの語を使う。このような語を代名詞という。
- 1人の女性を表すときは she(彼女は)，1人の男性を表すときは he(彼は)を使う。
- 人以外の1つのものを表すときは，it(それは)を使う。

That is Ms. Sato.　**She** is a nurse.　（あちらはサトウさんです。彼女は看護師です。）
Tom is my friend.　**He** likes tennis.　（トムは私の友達です。彼はテニスが好きです。）
Look at that dog.　**It** is Mika's dog.　（あのイヌを見て。それはミカのイヌです。）

② She[He] is 〜. の疑問文

- She[He] is 〜. / It is 〜. を疑問文にするときは，is を主語の前に置く。

Ms. Sato is a nurse.　（サトウさんは看護師です。）
肯定文 **She is** from Akita.　（彼女は秋田出身です。）
疑問文 **Is she** from Akita?　（彼女は秋田出身ですか。）

練習

よく出る **1** 次の文の＿＿に，She，He，It のうち適する語を書きなさい。

(1) I like sushi. ＿＿＿＿ is popular in Australia.

(2) That is Mr. Ito. ＿＿＿＿ is a basketball player.

(3) Look at that cat. ＿＿＿＿ is Satoko's cat.

(4) Mayumi is my sister. ＿＿＿＿ is good at swimming.

(5) This is Ms. Chiba. ＿＿＿＿ is a police officer.

2 次の下線部の文を疑問文に書きかえなさい。

(1) That is Kenta. <u>He is on the soccer team.</u>

(2) Ms. White is our English teacher. <u>She is from America.</u>

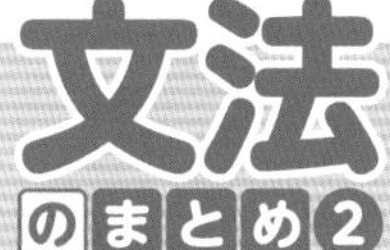

解答 p.8

文法のまとめ2 this と that / we, you, they（代名詞）

まとめ

① this と that の使い方

- this は，自分の近くにいる1人の人や1つのものを表す。This is 〜. で「こちらは[これは]〜です」と紹介（しょうかい）したり，説明したりするときに使う。
- that は，自分から離（はな）れたところの1人の人や1つのものを表す。That is 〜. で「あちらは[あれは]〜です」と紹介したり，説明したりするときに使う。

This is Ken. He is my friend. （こちらはケンです。彼（かれ）は私の友達です。）
That is Ms. Yamada. She is a doctor. （あちらはヤマダさんです。彼女（かのじょ）は医者です。）

② This[That] is 〜. の疑問文

- This[That] is 〜. を疑問文にするときは，is を主語の前に置く。

肯定文 That is Kumi's cat. （あれはクミのネコです。）
疑問文 Is that Kumi's cat? （あれはクミのネコですか。）

③ we, you, they の使い方

- 自分（I）を含（ふく）めた複数の人を表すときは，we（私たちは）を使う。
- 相手を表すときは，1人の場合「あなたは」も，複数の場合「あなたたちは」も you を使う。
- すでに話題にのぼっている複数の人やものを表すときは，they（彼[彼女]らは，それらは）を使う。

Ken and I are on the soccer team. We love soccer.
（ケンと私はサッカー部に入っています。私たちはサッカーが大好きです。）
Good morning, everyone. How are you?
（おはようございます，皆（みな）さん。ごきげんいかがですか。）
Look at those girls. They are volleyball players.
（あの少女たちを見てください。彼女たちはバレーボールの選手です。）

練習

1 次の日本文に合うように，＿＿に適する語を書きなさい。

(1) こちらはキング先生です。 ＿＿ ＿＿ Ms. King.

(2) あれはケンの自転車ですか。 ＿＿ ＿＿ Ken's bicycle?

よく出る **2** 次の文の＿＿に，We, You, They のうち適する語を書きなさい。

(1) Koji and I are friends. ＿＿ often play video games.

(2) Ryo and Kei are on the tennis team. ＿＿ love tennis.

(3) You and Aya are classmates. ＿＿ can dance, right?

文法のまとめ3 canの文 / someとany

解答 p.8

読 聞 書 話

まとめ

① canの文

- 「〜することができる」は〈can＋動詞〉で表す。この形は主語が何であってもかわらない。
- 「〜することができない」は〈can't[cannot]＋動詞〉で表す。
- canには，①能力があるので「できる」という意味と，②条件や状況などから「できる，可能である」という意味がある。

① My mother **can** speak English.（私の母は英語を話すことができます。）

② We live in an apartment. We **can't** keep a pet.（私たちはアパートに住んでいます。ペットを飼うことはできません。）

- 「〜することができますか」は，canを主語の前に置く。

肯定文 I **can play** the guitar.（私はギターを弾(ひ)くことができます。）

疑問文 **Can** you **play** the guitar?（あなたはギターを弾くことができますか。）

② someとany

- someは，①数を示して「いくつかの」，②量を示して「いくらかの」という意味を表す。あいまいな数や量を示し，日本語では表さないことも多い。
- someのあとに数えられる名詞がくるときは，複数形((e)sをつけた形)を使う。数えられない名詞には複数形はない。

① I have **some** English books.（私は(何冊(さつ)かの)英語の本を持っています。）

② I want **some** milk.（私は(いくらかの)牛乳がほしいです。）

- 疑問文や否定文では，someではなくanyを使う。anyは，①疑問文で「何か，いくつか」，②否定文で「少しも，1つも」という意味を表す。

① Do you have **any pets**?（あなたは(何か)ペットを飼っていますか。）

② I don't have **any books** about baseball.（私は野球に関する本を(1冊も)持っていません。）

練習

1 次の日本文に合うように，＿＿に適する語を書きなさい。

(1) ケンは泳ぐことができます。 Ken ＿＿ ＿＿.

(2) 私はスキーをすることができません。 I ＿＿ ＿＿.

(3) あなたは料理をすることができますか。 ＿＿ you ＿＿?

よく出る **2** 次の文の( )内から適する語を選び，記号を○で囲みなさい。

(1) Do you have (ア some イ any) books about animals?

(2) I have (ア some イ any) balls in my bag.

(3) I can't sing (ア some イ any) English songs.

定着のワーク ステージ2 Lesson 2

読 聞 書 話

1 LISTENING 英文を聞いて，その内容に合う絵を１つ選び，記号で答えなさい。 l03

ア	イ	ウ

（　　　）

2 次の日本文に合うように，＿＿に適する語を書きなさい。

(1) メグは日本語を話すことができます。

Meg ＿＿ ＿＿ Japanese.

(2) あの鳥はとてもかわいいです。

＿＿ ＿＿ is very cute.

(3) 私はインターネットでチェスをします。

I ＿＿ chess ＿＿ the Internet.

(4) ケンはサッカー部に入っています。

Ken ＿＿ ＿＿ the soccer team.

よく出る **3** 次の文を（　）内の指示にしたがって書きかえるとき，＿＿に適する語を書きなさい。

(1) You have some pets.（疑問文にして，No で答える）

＿＿ you have ＿＿ pets?

— No, I ＿＿.

(2) I can see some stars.（否定文に）

I ＿＿ see ＿＿ stars.

(3) She is from China.（疑問文に）

＿＿ ＿＿ from China?

(4) Mr. Kato is a math teacher.（下線部を代名詞にかえて）

＿＿ ＿＿ a math teacher.

重要ポイント

2

得点力をUP

on の意味

①(チーム・部)に入って
②(テレビ・電話・インターネット)で
③～に乗って
④(日・曜日)～に
⑤(場所・位置)～(の上)に

3

テストに出る!

疑問文

- be 動詞 〈be 動詞＋主語 ～?〉
- 一般動詞 〈Do＋主語＋動詞 ～?〉
- can 〈Can＋主語＋動詞 ～?〉

否定文

- be 動詞 〈主語＋be動詞＋not ～.〉
- 一般動詞 〈主語＋don't＋動詞 ～.〉
- can 〈主語＋can't＋動詞 ～.〉

(1)(2) some は肯定文で使う。疑問文・否定文では，any を使う。

(4) Mr. は男性の姓・姓名につける敬称。

4 次の対話文を読んで，あとの問いに答えなさい。

Kenta : ①[eat / do / for / what / usually / breakfast / you]?
Mei : I eat bread ②(または) cereal.
And an omelet! ③I'm good at making omelets.
Kenta : ④すばらしい！

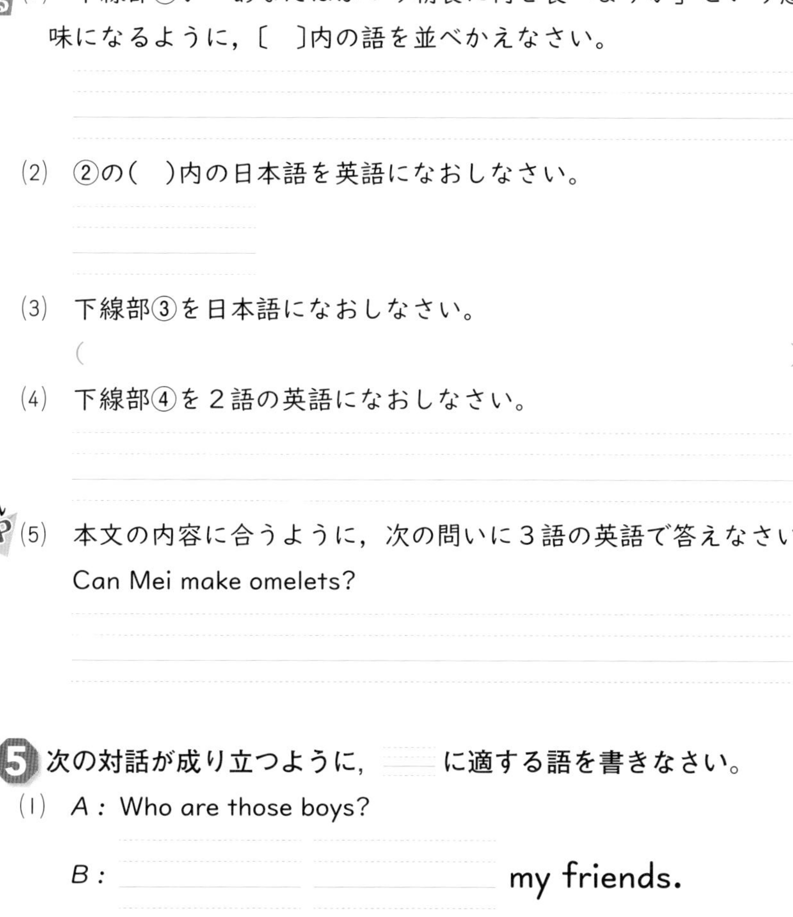

よく出る (1) 下線部①が「あなたはふつう朝食に何を食べますか」という意味になるように，〔 〕内の語を並べかえなさい。

(2) ②の( )内の日本語を英語になおしなさい。

(3) 下線部③を日本語になおしなさい。
( )

(4) 下線部④を２語の英語になおしなさい。

レベルUP (5) 本文の内容に合うように，次の問いに３語の英語で答えなさい。
Can Mei make omelets?

よく出る 5 次の対話が成り立つように，____ に適する語を書きなさい。

(1) *A :* Who are those boys?
B : ____ ____ my friends.

(2) *A :* Are you and Erika classmates?
B : Yes, ____ ____.

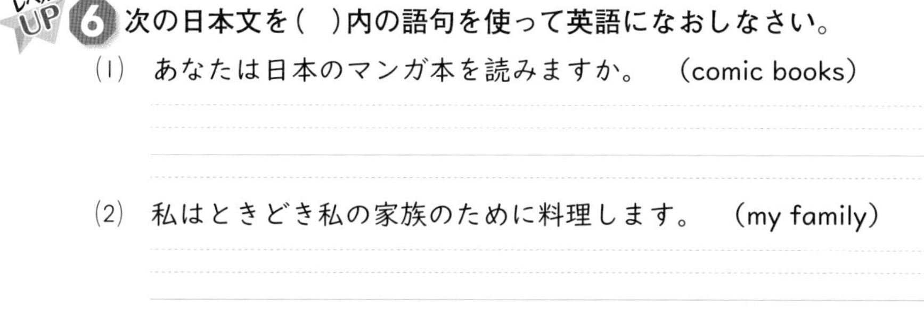

レベルUP 6 次の日本文を( )内の語句を使って英語になおしなさい。

(1) あなたは日本のマンガ本を読みますか。 (comic books)

(2) 私はときどき私の家族のために料理します。 (my family)

重要ポイント

4 (1) usually(ふつうは，たいていは)のような頻度を表す語は一般動詞の前に置く。
(3) I'm good at ～ing. は，得意なことを表す表現。
(5) Can ～? の文には，can または can't を使って答える。主語の Mei は女性なので，答えの文では「彼女は」を表す語を使う。

5

テストに出る!
主語になる代名詞
●単数
I (私) you (あなた)
he (彼) she (彼女)
it (それ)
●複数
we (私たち)
you (あなたたち)
they
(彼[彼女]ら，それら)

(1) those boys は「あの少年たち」という意味。
(2) you and ～は「あなた(たち)と～」という意味。

6 (2)「ときどき」は sometimes。頻度を表す語なので，一般動詞の前に置く。

ちょっとBREAK 「担任の先生」は英語で何と言うでしょうか？

➡答えは次のページ

Lesson 2

解答 p.9

/100

読 聞 書 話

1 LISTENING (1)～(3)の質問を聞いて，その答えとして適するものを１つ選び，記号で答えなさい。

l04 5点×3(15点)

(1) ア Yes, I do. イ I like table tennis.
ウ Do you like it? エ Oh, really? (　　)

(2) ア At home. イ It's exciting.
ウ After dinner. エ On the Internet. (　　)

(3) ア About one hundred. イ I love *Captain Tsubasa*.
ウ About soccer. エ I read Japanese comic books. (　　)

2 次の日本文に合うように，＿＿に適する語を書きなさい。 5点×4(20点)

(1) 冷凍（れいとう）したパンがいつも冷蔵庫に入っています。

Frozen bread ＿＿ ＿＿ ＿＿ the fridge.

(2) あなたは推理小説が大好きですよね。

You ＿＿ detective stories, ＿＿?

(3) 私は数学が好きです。それはおもしろいです。

I like math. ＿＿ ＿＿.

(4) あの少年たちはとてもじょうずに踊（おど）ります。

＿＿ ＿＿ dance very ＿＿.

よく出る **3** 〔　〕内の語句を並べかえて，意味の通る英文にしなさい。 5点×4(20点)

(1) 〔 on / you / basketball team / are / the 〕?

(2) My mother 〔 making / at / good / is / rice balls 〕.

My mother ＿＿.

(3) 〔 music / kind of / you / what / do 〕 like?

＿＿ like?

(4) I 〔 like / want / be / to / a good player 〕 you.

I ＿＿ you.

ちょっとBREAKの答え homeroom teacher と言います。

目標
● be 動詞や一般(いっぱん)動詞の文，can の文の意味と用法を理解し，質問したり答えたりできるようにしましょう。

自分の得点まで色をぬろう!
がんばろう! もう一歩 合格!
0 60 80 100点

4 次の対話文を読んで，あとの問いに答えなさい。 4点×7(28点)

Aya : (①) do you do in your free time?
Mei : I play chess. ②It's exciting.
Aya : Oh, you play chess.
③〔 with / you / family / do / your / play 〕?
Mei : No. I play it (④) the Internet.
I (⑤) have chess pieces.
Oh, that dog is so cute! Do you have (⑥) pets?
Aya : Yes. I have (⑦) hamsters.

(1) ①，④，⑤の( )に適する語を書きなさい。

① ________ ④ ________ ⑤ ________

(2) 下線部②がさすものを日本語で答えなさい。

( )

(3) 下線部③の〔 〕内の語を並べかえて，意味の通る英文にしなさい。

(4) ⑥，⑦の( )に，some か any のいずれか適する語を書きなさい。

⑥ ________ ⑦ ________

5 次の対話が成り立つように，____ に適する語を書きなさい。 5点×2(10点)

(1) *A* : I can't ride a bicycle.
B : You ________?

(2) *A* : I like TV dramas. ________ about you?
B : I like ________, too.

レベルUP **6** 次の日本文を( )内の語数の英語になおしなさい。 (7点)

私は家で読書するのが好きです。 (5語)

定期テスト対策 予想問題 第2回 p.124～125

解答 p.10

確認のワーク ステージ1 Lesson 3 My Favorite Person ①

読 聞 書 話

教科書の要点 主語が3人称単数のときの肯定文・否定文 a15

肯定文 Kenta plays baseball. ケンタは野球をします。
（3人称単数）（一般動詞にsをつける）

否定文 He doesn't play tennis. 彼はテニスをしません。
（動詞の前）（動詞の原形）（sはつかない）

要点

- 自分(I, we)のことを「1人称」，相手(you)のことを「2人称」，それ以外(he, she, they など)を「3人称」という。主語が3人称で単数のとき，一般動詞にsまたはesをつける。
- s，esのつけ方

原則	sをつける	like → likes
語尾がs，sh，ch，x，oで終わる動詞	esをつける	wash → washes
語尾が〈子音字＋y〉で終わる動詞	yをiにかえてesをつける	study → studies

↑a，i，u，e，o以外の文字

- 主語が3人称単数のとき，「〜は…しません」の文は動詞の前にdoesn't[does not]を置き，〈主語＋doesn't[does not]＋動詞の原形 〜.〉で表す。

プラス sまたはesの発音は，likes[s ス]，sings[z ズ]，washes[iz イズ]の3通り。

Wordsチェック 次の英語は日本語に，日本語は英語になおしなさい。

□(1) bike （　　　）　□(2) practice （　　　）

□(3) 来る ＿＿＿＿　□(4) 週末 ＿＿＿＿

1 絵を見て例にならい，「〜は…します」という文を書きなさい。

例 Ken / play soccer

(1) Saki / like cats

(2) Hana / cook *tempura*

(3) Tom / study Japanese

例 Ken plays soccer.

(1) Saki ＿＿＿＿ cats.

(2) ＿＿＿＿＿＿＿＿

(3) ＿＿＿＿＿＿＿＿

ここがポイント

人称と数

	単数	複数
1人称	I	we
2人称	you	you
3人称	I，you以外の1人，1つのもの	we，you以外の2人以上，2つ以上のもの

likesの[s ス]は音を出さず，息だけを出すようにしよう。

よく出る **2** 次の文の（　）内から適する語を選び，記号を○で囲みなさい。

(1) I（ア don't　イ doesn't）use this computer.

(2) Your sister（ア don't　イ doesn't）speak Chinese.

(3) Kumi doesn't（ア eat　イ eats）carrots.

(4) Taro and Jiro（ア play　イ plays）tennis.

ここがポイント
主語が3人称単数の否定文
〈主語＋doesn't＋動詞の原形 〜.〉

ミス注意
(4)主語はTaro and Jiroで複数。3人称でも複数のときは，動詞にs, esはつけない。

よく出る **3** 次の文を（　）内の指示にしたがって書きかえるとき，＿＿に適する語を書きなさい。

(1) I study English every day.（主語をAyaにかえて）

＿＿＿＿ ＿＿＿＿ English every day.

(2) We often watch soccer videos.（主語をHeにかえて）

＿＿＿＿ often ＿＿＿＿ soccer videos.

(3) I don't read comic books.（主語をBillにかえて）

Bill ＿＿＿＿ ＿＿＿＿ comic books.

(4) Ms. King has a dog.（否定文に）

Ms. King ＿＿＿＿ ＿＿＿＿ a dog.

ここがポイント
esをつける動詞
● 語尾がs, x, sh, ch, o
　→ esをつける。
● 語尾が〈子音字＋y〉
　→ yをiにかえてesをつける。

ミス注意
(4)否定文では，動詞は原形を使う。hasの原形はhave。

4 次の日本文に合うように，＿＿に適する語を書きなさい。

(1) ペドロはブラジル出身です。

Pedro ＿＿＿＿ ＿＿＿＿ Brazil.

(2) 彼女(かのじょ)は毎週末，買いものに行きます。

She ＿＿＿＿ ＿＿＿＿ every weekend.

(3) 私はバスケットボールが大好きです。

I ＿＿＿＿ basketball ＿＿＿＿

＿＿＿＿.

表現メモ
「〜出身」
出身地を言うときは〈from＋国名・地名〉で表す。
国名や地名は，いつも最初の文字を大文字で書くことにも注意。

5 次の英文を日本語になおしなさい。

I use an old racket. I want a new one.

（　　　　　　　　　　　　　　　　　　　　）

代名詞 one
前に出た名詞をさして，「もの」という意味を表す。

確認のワーク ステージ1 Lesson 3 My Favorite Person ②

教科書の要点 主語が3人称単数のときの疑問文 a16

疑問文 Does Kenta play tennis? ケンタはテニスをしますか。
(Does：主語の前／play：動詞の原形／s はつかない)

— Yes, he **does**. はい，します。

— No, he **doesn't**. He plays baseball. いいえ，しません。彼は野球をします。
(does を使う　=does not)

要点

- 主語が3人称単数のとき，「～は…しますか」とたずねる文は文の最初に **Does** を置き，〈Does＋主語＋動詞の原形 ～?〉で表す。
- 答えるときも does を使い，Yes, he[she] **does**. / No, he[she] **doesn't**. と答える。

Wordsチェック 次の英語は日本語に，日本語は英語になおしなさい。

□(1) grow (　　　)　□(2) other (　　　)

□(3) another (　　　)　□(4) their (　　　)

□(5) rose (　　　)　□(6) hobby (　　　)

□(7) 庭 ______　□(8) 忙しい ______

よく出る **1** 次の文を(　)内の指示にしたがって書きかえるとき，＿に適する語を書きなさい。

(1) Bob studies Japanese.（疑問文にして，Yes で答える）

＿＿ Bob ＿＿ Japanese?

— Yes, ＿＿ ＿＿.

(2) Amy likes swimming.（疑問文にして，No で答える）

＿＿ Amy ＿＿ swimming?

— No, ＿＿ ＿＿.

ここがポイント
主語が3人称単数の疑問文
たずねるときも，答えるときも does を使う。動詞は原形。

(1) studies の原形は study。

2 次の文の(　)内から適する語を選び，記号を○で囲みなさい。

(1) (ア Do　イ Does) your brother play soccer?

(2) Does Saki (ア dance　イ dances) every Sunday?

(3) (ア Do　イ Does) Liz and Jim often go shopping?

(3) 主語は Liz and Jim で複数。3人称単数ではない。

Does ～? の文は，文の終わりを上げて言おう。Does he like dogs?(↗)

3 〔 〕内の語を並べかえて，日本文に合う英文を書きなさい。

(1) 私はたくさんの本を持っています。
〔 books / lot / I / a / have / of 〕.

(2) あなたのお父さんは何を育てていますか。
〔 does / father / what / grow / your 〕?

表現メモ
「たくさんの～」
a lot of ～は，数えられるものにも，数えられないものにも使えるが，数えられるものの場合は，名詞を複数形にする。

4 次の日本文に合うように，＿＿に適する語を書きなさい。

(1) すてきですね。 ＿＿ ＿＿.

(2) そのとおりです。 ＿＿ ＿＿.

(3) 私の父は40歳(さい)です。
My father is 40 ＿＿ ＿＿.

(4) これは私の店の別の写真です。
This is ＿＿ picture of my shop.

(5) 確かではありませんが，彼はイヌが好きです。
I'm not ＿＿, but he likes dogs.

ミス注意
(3)年齢(ねんれい)の表し方
「～歳」は～ year(s) old で表す。40は複数なのでsを忘れないように。

ことばメモ
文と文をつなぐ語
- and（そして）
- but（しかし，ところが）

WRITING Plus

あなたの親友(1人)について，次の各問いに英語で答えなさい。

(1) What's your best friend's name?　　best friend：親友

(2) Does she[he] have any pets?

(3) What does she[he] do in her[his] free time?

解答 p.11

Lesson 3 My Favorite Person ③

教科書の要点 「彼女(かのじょ)」を表す２つの形

a17

主語	She is a great player.	彼女はすばらしい選手です。
動詞のあと	I want to see **her**.	私は彼女に会いたいです。
with のあと	I want to play soccer with **her**.	私は彼女とサッカーがしたいです。

要点

- 「彼女」を表す語には，she と her の２つの形がある。
- 主語として使うときは **she**，一般(いっぱん)動詞や with などのあとにくるときは **her** を使う。

プラス 「彼(かれ)」は主語として使うときは **he**，主語以外で使うときは **him** で表す。

Wordsチェック 次の英語は日本語に，日本語は英語になおしなさい。

□(1) everyone （　　　　）　□(2) professional （　　　　）

□(3) win （　　　　）　□(4) performance （　　　　）

□(5) (背が)高い ＿＿＿＿　□(6) 一生懸命(けんめい)に ＿＿＿＿

1 次の文の(　)内から適する語を選び，記号を○で囲みなさい。

(1) That is（ア she　イ her）computer.

(2) Does（ア she　イ her）play the piano?

(3) I don't know much about（ア she　イ her）.

(4) I often enjoy cooking with（ア he　イ him）.

ここがポイント

「彼女」「彼」の形

- 主語「～は[が]」を表すとき
  she / he
- 主語以外「～を[に]」を表すとき
  her / him
- 「～の」を表すとき
  her / his

2 次の日本文に合うように，＿＿に適する語を書きなさい。

(1) この地図を見なさい。

＿＿＿＿ ＿＿＿＿ this map.

(2) 彼はこのチームのメンバーです。

He is a ＿＿＿＿ ＿＿＿＿ this team.

(3) 私は自分の趣味(しゅみ)について話します。

I will ＿＿＿＿ you about my hobby.

(4) 彼女が日本に来るといいなと思います。

I ＿＿＿＿ she will come to Japan.

表現メモ

〈this＋名詞〉

this は名詞の前に置いて「この」の意味を表す。

- this map
  (この地図)
- this team
  (このチーム)

長い単語のアクセントに注意しよう！ performance，professional，competition

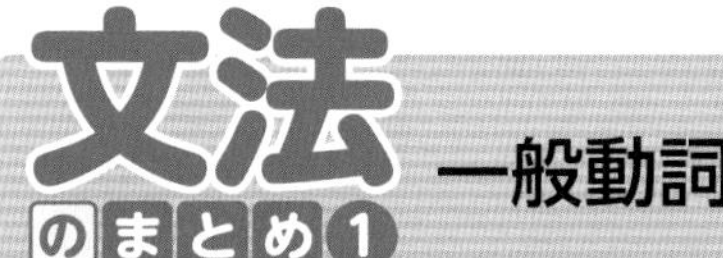

一般動詞

解答 p.12

読 聞 書 話

まとめ

① 一般動詞にはどんなものがある？

● be 動詞(is, are, am)以外の動詞を一般動詞という。

①動作や行動などを表す：go(行く), read(～を読む), have(～を持っている)など

②気持ちや心の働きを表す：love(～を愛する), think(～だと考える, 思う)など

② 一般動詞につく s, es

●主語が３人称(にんしょう)単数で現在のことを言うときは，一般動詞に s, es をつける。

Mika **likes** sports very much.　(ミカはスポーツが大好きです。)

My father **teaches** math at school.　(私の父は学校で数学を教えています。)

③ 一般動詞の s, es のつけ方

※ have は例外で **has** になる。

原則	s をつける	play → plays　like → likes
語尾(ごび)が s, sh, ch, x, o	es をつける	watch → watches　go → goes
語尾が〈子音字(しいんじ)＋y〉	y を i にかえて es をつける	study → studies　try → tries

練習

1 次の文の( )内から適する語を選び，記号を○で囲みなさい。

(1) Your sister (ア use イ uses) an old racket.

(2) Those students (ア practice イ practices) tennis every day.

(3) Ms. Yano (ア sing イ sings) English songs well.

(4) Hiroshi (ア play イ plays) basketball every Sunday.

(5) Risa and May (ア watch イ watches) soccer games on TV.

よく出る **2** 次の文の ＿＿ に，( )内の語を適する形にかえて書きなさい。ただし，すべて現在の文とします。

(1) Yuko ＿＿＿＿ a new bicycle. (have)

(2) Bob often ＿＿＿＿ that girl. (see)

(3) Masaki ＿＿＿＿ kendo in the gym. (do)

(4) Mr. Sato ＿＿＿＿ from Hokkaido. (come)

(5) Miyu ＿＿＿＿ English and math every day. (study)

(6) My mother sometimes ＿＿＿＿ some flowers. (buy)

文法のまとめ2 名詞

解答 p.12

まとめ

① 「1つ(単数)」なのか「2つ以上(複数)」なのか

- 名詞には，数えられる名詞と数えられない名詞がある。
  ①数えられる名詞：book(本)，dog(イヌ)，photo(写真)など
  ②数えられない名詞：water(水)，air(空気)，jam(ジャム)など
- 数えられる名詞が2つ以上あるときは，名詞を**複数形**にする。
- 数えられない名詞は，ふつう複数形にはできない。

② 複数形のつくり方

原則	s をつける	cat → cats　piano → pianos
語尾(ごび)が s，sh，ch，x	es をつける	dish → dishes　box → boxes
語尾が〈子音字(しいん)＋y〉	y を i にかえて es をつける	city → cities　baby → babies
語尾が f，fe	f，fe を v にかえて es をつける	knife → knives　leaf → leaves

※ o で終わる名詞は s をつけるが，es をつけるものもある。tomato → tomatoes

練習

1 次の語の複数形を書きなさい。ただし，複数形にできない語はそのまま書きなさい。

(1) boy ______　(2) life ______

(3) country ______　(4) water ______

(5) bench ______　(6) potato ______

よく出る 2 次の文の ______ に，( )内の語を適する形にかえて書きなさい。

(1) Do you have any ______ ? (pet)

(2) I like detective ______ . (story)

(3) My grandmother likes ______ very much. (rose)

(4) Koji has a lot of ______ . (box)

(5) My mother grows ______ . (tomato)

(6) Yuji's brother has many ______ . (photo)

解答 p.12

文法のまとめ3 I と me / my

まとめ

① 「私」を表す 2 つの形

● 「私」は，主語として使うときは I，主語以外で使うときは me で表す。

主 語 I like English.　（私は英語が好きです。）

動詞のあと Please call me Kei.　（私をケイと呼んでね。）

with のあと He often practices soccer with me.　（彼(かれ)はよく私とサッカーの練習をします。）

② 「私」「彼」「彼女(かのじょ)」などのいろいろな形

● 主語の形は「〜は[が]」，主語以外の形は「〜を[に]」という意味を表すことが多い。

● my cat（私のネコ）のように，名詞の前につけて「〜の」を表す形もいっしょに覚えよう。

	主語：〜は[が]	名詞の前：〜の	主語以外：〜を[に]
私	I	my	me
あなた(たち)	you	your	you
彼	he	his	him
彼女	she	her	her
それ	it	its	it
私たち	we	our	us
彼[彼女]ら，それら	they	their	them

練習

1 次の文の＿＿に，I，me，my のうち適する語を書きなさい。

(1) This is ＿＿＿＿ brother Shun.

(2) Do you want to play tennis with ＿＿＿＿?

(3) Emi and ＿＿＿＿ are on the soccer team.

(4) Please tell ＿＿＿＿ about your hobbies.

2 次の文の（　）内から適する語を選び，記号を○で囲みなさい。

(1) This is my grandma. （ア He　イ She　ウ They）loves flowers.

(2) Sayumi often goes shopping on （ア she　イ her　ウ it）bike.

(3) Do you often play tennis with （ア he　イ his　ウ him）?

(4) That girl is cute. Do you know （ア she　イ her　ウ him）?

(5) Sho and Mai are from Osaka. （ア He　イ She　ウ They）like *takoyaki*.

(6) My father plays the guitar in （ア he　イ his　ウ him）free time.

定着のワーク ステージ2 Lesson 3

読 聞 書 話

1 LISTENING 対話を聞いて，その内容に合う絵を１つ選び，記号で答えなさい。 l05

(　　　)

よく出る 2 次の文を(　)内の指示にしたがって書きかえるとき，＿＿に適する語を書きなさい。

(1) I study English every day.（下線部を Taro にかえて）

Taro ＿＿＿＿ ＿＿＿＿ every day.

(2) Kokomi uses this bike.（否定文に）

Kokomi ＿＿＿＿ ＿＿＿＿ this bike.

(3) He reads love stories.（疑問文にして，Yes で答える）

＿＿＿＿ he ＿＿＿＿ love stories?

—— Yes, ＿＿＿＿ ＿＿＿＿.

レベルUP 3〔　〕内の語を並べかえて，日本文に合う英文を書きなさい。ただし，１語補うこと。

(1) 彼(かれ)は何をしたいのですか。

〔 he / do / what / to / want 〕?

(2) 私の兄はとてもじょうずに中国語を話します。

〔 very / brother / Chinese / my / well 〕.

(3) 彼女(かのじょ)はテレビでサッカーの試合を見ません。

〔 watch / TV / games / on / she / soccer 〕.

重要ポイント

2 (1) study は〈子音(しいん)字＋y〉で終わる動詞。

テストに出る!

主語が３人称(にんしょう)単数の文

- 一般(いっぱん)動詞は語尾(ごび)に s，es をつける。
- 一般動詞の否定文・疑問文では，do ではなく does を使う。動詞は原形。

3 (1)主語が３人称単数の疑問文。「何」を表す what を文頭に置く。

(2)一般動詞を補う。主語は３人称単数。

(3)主語が３人称単数の否定文。

得点力をUP

on を使う表現

- on TV（テレビで）
- on (the) video（ビデオで）
- on the Internet（インターネットで）

4 次の対話文を読んで，あとの問いに答えなさい。

Bob: This is my grandpa. ①He's 62 (　　)(　　).
Aya: Oh, he has ②a lot of flowers.
Does he like flowers?
Bob: Yes, he does. ③He runs a flower shop.
Aya: Sounds nice. I love flowers. Does he grow flowers?
Bob: No, he doesn't. (　④　) my grandma grows some flowers in ⑤(she) garden.

(1) 下線部①の(　)に適する語を書きなさい。

He's 62 ＿＿＿＿ ＿＿＿＿.

(2) 下線部②を1語の英語で書きかえなさい。

(3) 下線部③を日本語になおしなさい。

(　　　　　　　　)

(4) ④の(　)に適する語をア～ウから選び，記号で答えなさい。

ア And　イ Or　ウ But　(　　)

(5) ⑤の(　)内の語を適する形になおしなさい。

5 次の文の(　)内から適する語を選び，記号を○で囲みなさい。

(1) My father comes (ア in イ from) Chiba.
(2) Look (ア of イ at) this picture, everyone.
(3) (ア On イ For) example, I like cooking.
(4) I will tell you (ア for イ about) Yukari.

レベルUP 6 次の日本文を英語になおしなさい。

(1) アヤノ(Ayano)は新しいペンを1本持っています。

(2) 彼女はケン(Ken)についてあまり知りません。

(3) あなたのお父さんはどこでテニスをしますか。

重要ポイント

4 (1)「彼(＝私の祖父)は～です」という文。62とあるので，「～歳」と年齢を言う文にする。
(2) a lot of ～は「たくさんの～」という意味。

得点力をUP

(3) **run の意味**
- 「走る」
- 「～を経営する」

テストに出る！

(5) **「彼女」の形**
- 「彼女は[が]」⇨ she
- 「彼女の」⇨ her
- 「彼女を[に]」⇨ her

5 (1)「～出身である」
(2)「～を見る」
(3)「たとえば」
(4)「～について話す」

6 (1)主語が3人称単数。have(～を持っている)は特別な形になる。
(2)主語が3人称単数の否定文なのでdoesを使う。「あまり～ない」はnot ～ much。
(3)「どこで」と場所をたずねるときは，Whereで文を始める。主語が3人称単数の疑問文なのでdoesを使う。

Lesson 3

ちょっとBREAK Japan，China を全部小文字で書いたら何のことでしょう？ ➡答えは次のページ

解答 p.13

実力判定テスト ステージ3 Lesson 3

30分 /100 読 聞 書 話

1 LISTENING (1)〜(3)の質問を聞いて，その答えとして適するものを1つ選び，記号で答えなさい。

l06 5点×3(15点)

(1) ア Yes, he does. イ Yes, she does.
ウ Yes, he is. エ Yes, she is. (　　)

(2) ア Yes, he does. イ No, he doesn't.
ウ He has a ball. エ He likes baseball. (　　)

(3) ア That's her guitar. イ She has a nice guitar.
ウ Yes, she does. エ She plays the guitar. (　　)

レベルUP 2 次の文の＿＿に適する語を□から選び，必要ならば適する形にかえて書きなさい。ただし，すべて現在の文とします。また，同じものは1度しか使えません。

5点×5(25点)

(1) Nana ＿＿＿＿ many English books.

(2) Yusuke doesn't ＿＿＿＿ apples.

(3) Emi's mother often ＿＿＿＿ to Kyoto.

(4) Does Miki ＿＿＿＿ up at six?

(5) Mr. Tanaka ＿＿＿＿ his car every Sunday.

eat
wash
get
go
have

よく出る 3 次の文を(　)内の指示にしたがって書きかえなさい。

5点×3(15点)

(1) Your sister studies math every Monday. （疑問文にして，No で答える）

(2) My brother does judo in the gym. （否定文に）

(3) Taku wants a new racket. （下線部をたずねる文に）

ちょっとBREAKの答え japan は漆(うるし)や漆器(しっき)，china は陶磁器(とうじき)のことです。

目標 ●自分や相手以外の人について説明できるようにしましょう。また，質問したり答えたりできるようになりましょう。

自分の得点まで色をぬろう!

かんばろう! もう一歩 合格!

0 60 80 100点

4 次のスピーチの英文を読んで，あとの問いに答えなさい。 (計21点)

Hello, ①(皆さん). ②[tell / about / I / Karin / you / will].
She is a soccer player.
She is ③(～のメンバー) the Tohoku Kickers.
Look (④) this picture.
She is not tall, (⑤) her performance is fantastic!

(1) ①，③の( )内の日本語を英語になおしなさい。①は1語，③は3語で書くこと。 4点×2(8点)

① ______ ③ ______ ______ ______

(2) 下線部②の[ ]内の語を並べかえて，意味の通る英文にしなさい。 (5点)

(3) ④，⑤の( )に適する語を書きなさい。 4点×2(8点)

④ ______ ⑤ ______

5 ケンが友達のジムさんを紹介しています。メモの内容に合うように，______に適する語を書きなさい。 4点×3(12点)

Hello. This is my friend Jim.

(1) He ______ from Canada.

(2) He ______ very ______.

(3) He sometimes ______ ______ ______.

Jim：カナダ出身。
歌うのがとてもじょうず。
ピアノをときどき弾く。

レベルUP **6** 次の日本文を英語になおしなさい。 6点×2(12点)

(1) リク(Riku)はよく，彼の父親とテニスをします。

(2) あなたのお母さんは自由な時間に何をしますか。

定期テスト対策 予想問題 第3回 p.126～127

解答 p.14

ステージ1 Lesson 4 Our Summer Stories ①

教科書の要点 過去のことを表す文

a18

肯定文 I **ate** shaved ice. 私はかき氷を食べました。
eat の過去形

否定文 I **didn't eat** fried noodles. 私は焼きそばを食べませんでした。
動詞の前 動詞の原形

要点1

- 「〜しました」と過去のことを言うときは，一般(いっぱん)動詞の過去形を使う。一般動詞の過去形は，主語が何であっても同じ形を使う。
- 「〜しませんでした」という過去の否定文は〈主語＋didn't[did not]＋動詞の原形 〜.〉で表す。

肯定文 It **was** delicious. それはおいしかったです。
be 動詞の過去形

要点2

- 過去のことについて「〜でした」と言うときは，be 動詞の過去形を使う。am / is の過去形は was，are の過去形は were で，主語によって使い分ける。

プラス 否定文は〈主語＋wasn't[was not] / weren't[were not] 〜.〉で表す。
否定文 It wasn't[was not] delicious. それはおいしくありませんでした。

Wordsチェック 次の英語は日本語に，日本語は英語になおしなさい。

□(1) instead （　　　　）　□(2) difficult （　　　　）

□(3) 夕方，晩 ＿＿＿＿　□(4) すぐに，じきに ＿＿＿＿

よく出る 1 次の文の文末に yesterday を加えて過去の文に書きかえなさい。

(1) I go to the library.

I ＿＿＿＿＿＿＿＿＿＿.

(2) She doesn't get up early.

She ＿＿＿＿＿＿＿＿＿＿.

まるごと暗記

一般動詞の過去形
- eat → ate
- go → went
- get → got

2 次の文の( )内から適する語を選び，記号を○で囲みなさい。

(1) It (ア was イ is) sunny yesterday.

(2) Those books (ア was イ were) very interesting.

(3) The fireworks (ア wasn't イ weren't) very beautiful.

ここがポイント

be 動詞の使い分け

主語	現在	過去
I	am	was
3人称(にんしょう)単数	is	was
you，複数	are	were

eat は[iː イー]，instead は[e エ]と発音するよ。

よく出る **3** 次の文を( )内の指示にしたがって書きかえなさい。

(1) I study English every day. (下線部を yesterday にかえて)

(2) Maki played basketball. (否定文に)

(3) My father is busy now. (下線部を yesterday にかえて)

(4) The boys were in the gym. (否定文に)

ミス注意
(1) study の過去形は，y をiにかえてedをつける。

ここがポイント
過去の否定文
- 一般動詞
  動詞の前に didn't を置く。動詞は原形。
- be 動詞
  was, were のあとに not を置く。

4 次の日本文に合うように，＿＿に適する語を書きなさい。

(1) 彼(かれ)らは音楽に合わせて踊(おど)りました。

They ＿＿ ＿＿ music.

(2) 私は少しも焼きそばを食べませんでした。

I ＿＿ eat ＿＿ fried noodles.

(3) 私はそこでたくさんの人を見ました。

I ＿＿ a ＿＿ of people there.

(4) その本はそんなに難しくありませんでした。

The book ＿＿ ＿＿ difficult.

ことばメモ
to の意味
- 「～に[へ]」
  go to the festival
  (祭りへ行く)
- 「～に合わせて」
  dance to music
  (音楽に合わせて踊る)

ことばメモ
any の意味
- 疑問文で「何か，いくつか」
- 否定文で「少しも，1つも」

5 Word Box 右のメモには，ケンが昨日したことが書かれています。メモを見て，＿＿に適する語を書きなさい。

(1) Ken ＿＿ to the park yesterday.

(2) He ＿＿ Aki.

(3) He ＿＿ lunch with her.

(4) He ＿＿ shopping with her.

〈ケンが昨日したこと〉
午前：歩いて公園へ行く
　　　アキに会う
午後：彼女(かのじょ)と昼食を食べる
　　　彼女と買いものに行く

解答 p.15

Lesson 4 Our Summer Stories ②

教科書の要点 過去の疑問文

a19

疑問文 **Did** you **go** back to America? あなたはアメリカに戻りましたか。
主語の前 動詞の原形

— Yes, I **did**. / No, I **didn't**. はい，戻りました。/ いいえ，戻りませんでした。
did を使う =did not

要点 1

● 「～しましたか」と過去のことをたずねるときは，〈Did＋主語＋動詞の原形 ～?〉で表す。
● 答えるときも did を使い，〈Yes, 主語＋did.〉または〈No, 主語＋didn't.〉と答える。

疑問文 **Were** you in Japan during the summer vacation?
主語の前
あなたは夏休みの間日本にいましたか。

— Yes, I **was**. / No, I **wasn't**. はい，いました。/ いいえ，いませんでした。
was または were を使う =was not

要点 2

● 過去のことについて「～でしたか」とたずねるときは，〈Was[Were]＋主語 ～?〉で表す。
● この疑問文には，〈Yes, 主語＋was[were].〉または〈No, 主語＋wasn't[weren't].〉と答える。

Wordsチェック 次の英語は日本語に，日本語は英語になおしなさい。

□(1) a lot ( )　□(2) national park ( )

□(3) ～の間に ______　□(4) 滞在する，とどまる ______

よく出る 1 次の対話が成り立つように，____ に適する語を書きなさい。

A : ______ you see a soccer game yesterday?

B : No, I ______.

I ______ a baseball game.

ここがポイント

過去の疑問文
● 一般動詞
主語の前に did を置く。動詞は原形。
● be 動詞
was, were を主語の前に置く。

2 次の日本文に合うように，____ に適する語を書きなさい。

あなたは昨日，家にいましたか。— はい，いました。

______ ______ at home yesterday?

—— Yes, ______ ______.

ことばメモ

was, were の意味
● 「～だった」
● 「(人が)～にいた」
● 「(ものが)～にあった」

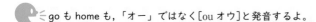

go も home も，「オー」ではなく[ou オウ]と発音するよ。

よく出る **3** 次の文を（　）内の指示にしたがって書きかえなさい。

(1) Jim and Aya were in Kobe. （疑問文にして，Yes で答える）

(2) Bob stayed in Singapore. （疑問文にして，No で答える）

(3) The movie was interesting. （下線部をたずねる文に）

4 次の日本文に合うように，　　に適する語を書きなさい。

(1) 久しぶり！ Long ____ no ____!

よく出る (2) 私は秋が好きです。あなたはどうですか。

I like fall. ____ ____ you?

(3) 彼らはそれをたくさん楽しみました。

They enjoyed it ____ ____.

(4) トムはイギリスへ帰りましたか。

Did Tom go ____ ____ the UK?

(5) アユミはテニスが大好きです。

Ayumi likes tennis ____ ____.

ここがポイント

過去の疑問文の答え方

- 〈Did＋主語＋一般動詞～?〉には，did を使って答える。
- 〈Was [Were]＋主語～?〉には，was [were] を使って答える。

ミス注意

(2) stayed は stay の過去形。疑問文では，動詞は原形を使う。

ことばメモ

how の意味

- 「どれほど，どれくらい」（程度をたずねる）
- 「どんなふうで」（状態をたずねる）

表現メモ

動詞の意味を強める語句

- a lot（たくさん）
- very much（とても）

表現メモ

「～に戻る，帰る」

- go back to ～
- be back in ～

Lesson 4

WRITING Plus

次の各問いに対して，あなた自身の答えを英語で書きなさい。

(1) What did you eat for breakfast this morning?

(2) Were you busy yesterday?

解答 p.16

確認のワーク ステージ1 Lesson 4 Our Summer Stories ③

読 聞 書 話

教科書の要点 一般動詞で始まる命令文

Look at this picture. この写真を見て(ください)。

「〜して(ください)」 動詞の原形

Come to New Zealand. ニュージーランドに来て(ください)。

要点

●「〜して(ください)」と指示・命令するときは，動詞の原形で文を始める。

Wordsチェック 次の英語は日本語に，日本語は英語になおしなさい。

□(1) a.m. (　　　)　□(2) say (　　　)

□(3) minute (　　　)　□(4) last night (　　　)

□(5) 親 ＿＿＿＿　□(6) 〜を襲う ＿＿＿＿

□(7) 眠る，寝る ＿＿＿＿　□(8) 〜を組み立てる ＿＿＿＿

1 次の文を「〜して(ください)」という文に書きかえるとき，＿＿に適する語を書きなさい。

(1) You use this pen.
＿＿＿＿ this pen.

(2) You listen to this song.
＿＿＿＿ ＿＿＿＿ this song.

2 次の文の(　)内から適する語を選び，記号を○で囲みなさい。

(1) This book is kind (ア in イ of) interesting.

(2) I have a computer (ア like イ for) this, too.

(3) (ア About イ After) lunch, we went to the park.

(4) Did water shoot (ア down イ up) yesterday?

3 次の英文の日本文として適するものを下から選び，記号で答えなさい。

(1) Lucky you! (　　　)　(2) Wonderful view! (　　　)

(3) Cool, huh? (　　　)

ア かっこいいだろう。　イ いいなあ！

ウ 怖いだろう。　エ すごい景色！

other, country, lucky の下線部は同じ発音で[ʌ ア]。

ここがポイント

命令文
主語の you は省略し，動詞で文を始める。

ことばメモ

like の意味
●「〜が好きである」
●「〜のような[に]」

表現メモ

●shoot out (噴き出す)
●shoot up (噴き上がる)
out は「外へ」，up は「上へ」という意味を表す。

表現メモ

〜, huh?
huh は，文の最後につけて「〜だろう」「〜でしょ」と相手に同意を求めるときに使う。上げ調子(⤴)で短く[ハ]と発音する。

解答 p.16

文法のまとめ　過去のことを表す文

読 聞 書 話

まとめ

① 過去を表す文

●過去のことを言うときは，動詞の過去形を使う。一般動詞の過去形は，主語が何でも同じ形。

●一般動詞には，過去形が -(e)d の形になる**規則動詞**と，不規則に変化する**不規則動詞**がある。

規則動詞：listen → listen**ed**，live → live**d**，study → stud**ied** など

不規則動詞：come → **came**，eat → **ate**，have → **had**，see → **saw** など

現在の文　I watch a movie on TV every Sunday.（私は毎週日曜日にテレビで映画を見ます。）

過去の文　I **watched** a movie on TV yesterday.（私は昨日，テレビで映画を見ました。）

● be 動詞の過去形は，am / is → **was**，are → **were** となる。主語によって使い分ける。

現在の文　It is a nice movie.（それはよい映画です。）

過去の文　It **was** a nice movie.（それはよい映画でした。）

② 過去の疑問文

●一般動詞：〈Did＋主語＋動詞の原形 ～?〉　be 動詞：〈Was [Were]＋主語 ～?〉

一般動詞：肯定文　You watched the movie.（あなたはその映画を見ました。）

一般動詞：疑問文　**Did** you **watch** the movie?（あなたはその映画を見ましたか。）

be 動詞：肯定文　Emi was busy.（エミは忙しかったです。）

be 動詞：疑問文　**Was** Emi busy?（エミは忙しかったですか。）

③ 過去の否定文

●一般動詞：〈主語＋didn't＋動詞の原形 ～.〉　be 動詞：〈主語＋wasn't [weren't] ～.〉

一般動詞：肯定文　Ken played tennis.（ケンはテニスをしました。）

一般動詞：否定文　Ken **didn't play** tennis.（ケンはテニスをしませんでした。）

be 動詞：肯定文　This book was interesting.（この本はおもしろかったです。）

be 動詞：否定文　This book **wasn't** interesting.（この本はおもしろくありませんでした。）

練習

1 次の文を（　）内の指示にしたがって書きかえるとき，＿＿に適する語を書きなさい。

(1) Maki uses this bike.（過去の文に）
Maki ＿＿＿＿ this bike.

(2) They are in Kobe.（過去の文に）
They ＿＿＿＿ in Kobe.

(3) She stayed here.（疑問文に）
＿＿＿＿ she ＿＿＿＿ here?

(4) He was kind.（疑問文に）
＿＿＿＿ ＿＿＿＿ kind?

(5) I studied math.（否定文に）
I ＿＿＿＿ ＿＿＿＿ math.

解答 p.16

Reading 1 Fox and Tiger ①

読 聞
書 話

● 次の脚本(きゃくほん)を読んで，あとの問いに答えなさい。

①(ある日) *Tiger finds Fox and attacks* ②(he).

Fox : Help! Help!

Tiger : That was easy. ③<u>Fox, [no / for / are / me / match / you].</u>

Fox : Didn't you know?

Tiger : What!?

Fox : I'm the king of animals.

Tiger : I don't believe you.

Fox : ④<u>But I am!</u> The animals all run away. Just follow me!

The animals look at Tiger and quickly run away.

Tiger : You're right!

Fox : See? I ⑤(tell) you.

Question

(1) ①の(　)内の日本語を２語の英語になおしなさい。

______ ______

(2) ②，⑤の(　)内の語を適する形になおしなさい。

② ______ ⑤ ______

(3) 下線部③の[　]内の語を並べかえて，意味の通る英文にしなさい。

Fox, ______________________.

(4) 下線部④が完全な英文になるように，省略された語句を補いなさい。

But I am ______________________!

Word Box BIG

次の英語は日本語に，日本語は英語になおしなさい。

(1) easy (　　　　)　(2) follow (　　　　)

(3) quickly (　　　　)　(4) several (　　　　)

(5) act (　　　　)　(6) these days (　　　　)

(7) 〜を見つける ______　(8) 〜を信じる ______

解答 p.17

Reading 1 Fox and Tiger ②

読 聞 書 話

●次の脚本を読んで，あとの問いに答えなさい。

Tiger : Cough! ①待って！ Cough! Cough! Stop, Bear!

Bear : Oh, hi, Tiger. ②キツネはあなたをだましました。 He's no king. Animals are afraid of (③), not Fox.

Tiger : I know. I know.

Bear : You know? Why are you always with (④)?

Tiger : Well, everyone is afraid of (⑤). ⑥After all, Fox is my only friend.

Question

(1) 下線部①，②を英語になおすとき，＿＿に適する語を書きなさい。

① ＿＿＿＿! ② Fox ＿＿＿＿ ＿＿＿＿.

(2) ③〜⑤の( )に適する語をそれぞれア〜オから選び，記号で答えなさい。

ア he　イ him　ウ himself　エ me　オ you

③ (　　) ④ (　　) ⑤ (　　)

(3) 下線部⑥を日本語になおしなさい。

(　　　　　　　　　　　　　　　　)

Word Box BIG

次の日本文に合うように，＿＿に適する語を書きなさい。

(1) ある日，ユウタはかぜをひきます。

One day Yuta ＿＿＿＿ a ＿＿＿＿.

(2) 久しぶり！

Long time ＿＿＿＿ ＿＿＿＿!

(3) その動物たちに何が起こったのですか。

What ＿＿＿＿ ＿＿＿＿ the animals?

(4) だれもここに来ませんでした。

＿＿＿＿ ＿＿＿＿ came here.

解答 p.17

定着のワーク ステージ2 Lesson 4 ～ Reading 1

読 聞 書 話

1 LISTENING 対話を聞いて，その内容に合う絵を1つ選び，記号で答えなさい。 l07

(　　)

2 次の動詞の過去形を書きなさい。

(1) build ＿＿＿＿　(2) sleep ＿＿＿＿

(3) tell ＿＿＿＿　(4) shoot ＿＿＿＿

よく出る **3** 次の文を(　)内の指示にしたがって書きかえなさい。

(1) They have a wonderful evening. (過去の文に)

(2) Bob saw some other animals. (疑問文に)

(3) The buffalo attacked me. (否定文に)

4 次の日本文に合うように，＿＿に適する語を書きなさい。

(1) あの地図を見て。 ＿＿＿＿ at that map.

(2) 彼(かれ)にたずねましょう。 ＿＿＿＿ ask him.

(3) 私はこのごろ忙(いそが)しいです。

I am busy ＿＿＿＿ ＿＿＿＿.

(4) 私の弟はイヌを怖(こわ)がります。

My brother is ＿＿＿＿ ＿＿＿＿ dogs.

重要ポイント

2 すべて不規則動詞。

(1)「～を組み立てる」

(2)「眠(ねむ)る，寝(ね)る」

(3)「～に話す，知らせる，教える」

(4)「噴出(ふんしゅつ)する」

テストに出る!

一般(いっぱん)動詞の過去の文

主語が何でも同じ形。

- 疑問文：Did を文頭に置き，動詞は原形を使う。
- 否定文：didn't を動詞の前に置き，動詞は原形を使う。

3 (1) have は不規則動詞。

(2) saw は see の過去形。some は，ふつう疑問文や否定文では any になる。

(3) attack は規則動詞。

得点力をUP

命令文

「～して(ください)」と指示・命令するときは，動詞で文を始める。ていねいに言うときは，文頭か文末に please をつける。文末のときは，カンマで区切る。

- Please come here.
- Come here, please.

(ここに来てください。)

5 次の対話文を読んで，あとの問いに答えなさい。

Mei : Long time no see! Were you back in America ①(～の間に) the summer vacation?

Bob : Yes, I (②). How about you?
③[Singapore / you / back / to / did / go]?

Mei : No, I didn't. I stayed here.

Bob : Did you enjoy your summer vacation?

Mei : Yes, very much. Aya and I ④(go) to the summer festival. ⑤We enjoyed it a lot.

(1) ①の( )内の日本語を英語になおしなさい。

(2) ②の( )に適する語を書きなさい。

(3) 下線部③の[ ]内の語を並べかえて，意味の通る英文にしなさい。

よく出る (4) ④の( )内の語を適する形になおしなさい。

レベルUP (5) 下線部⑤を，it の内容を明らかにして日本語になおしなさい。
( )

6 次の対話が成り立つように，＿＿に適する語を書きなさい。

(1) *A* : Were you and Kumi free last night?
B : No, ＿＿ ＿＿.

(2) *A* : ＿＿ ＿＿ you do yesterday?
B : I played tennis with my father.

レベルUP 7 次の日本文を英語になおしなさい。

(1) 私は昨夜，テレビで野球の試合を見ました。

(2) タク(Taku)と私は昨日，京都にいました。

重要ポイント

テストに出る!

過去の疑問文の答え方

- 〈Was [Were]＋主語～?〉には，was [were] を使って答える。
- 〈Did＋主語＋動詞の原形～?〉にはdid を使って答える。

5 (3) go back to ～で「～へ帰る」。
(5) it は直前の文の the summer festival をさしている。

得点力をUP

過去の時を表す語句

- yesterday (昨日)
- last night (昨夜)
- last Sunday (この前の日曜日)
- last week (先週)
- last month (先月)
- last year (昨年)

6 (1) you and Kumi は，「私たちは」で受ける。
(2)「あなたは昨日何をしましたか」とたずねる。

7 (1)「テレビで～を見る」は watch ～ on TV。
(2)「～にいた」は was [were] in ～。

ちょっとBREAK Lucky you! は相手に言う表現。では自分自身に向けて言うときは？ ➡答えは次のページ

実力判定テスト ステージ3 Lesson 4 〜 Reading 1

解答 p.18

30分 /100 読 聞 書 話

1 LISTENING (1)〜(3)の質問を聞いて，その答えとして適するものを１つ選び，記号で答えなさい。 ♪ l08 4点×3(12点)

(1) ア Yes, I am. イ Yes, I do.
ウ No, I didn't. エ No, I wasn't. (　　)

(2) ア She was in the gym. イ She went to the gym.
ウ They went to Kyoto. エ They were in Kyoto. (　　)

(3) ア He played the guitar. イ He played tennis.
ウ He went swimming. エ He did his homework. (　　)

よく出る **2** 次の文の(　)内から適する語を選び，記号を○で囲みなさい。 3点×5(15点)

(1) (ア Is イ Are ウ Did エ Do) you help your mother yesterday?

(2) The story (ア wasn't イ aren't ウ didn't エ doesn't) interesting.

(3) Yuki (ア do イ does ウ did エ was) her homework last night.

(4) Mai and I (ア was イ am ウ are エ were) in Osaka yesterday.

(5) He didn't (ア practice イ practices ウ practiced エ practicing) soccer this morning.

よく出る **3** 次の日本文に合うように，＿＿に適する語を書きなさい。 4点×3(12点)

(1) みんながあのトラを恐(おそ)れています。

Everyone ＿＿ ＿＿ ＿＿ that tiger.

(2) あなたはカナダへ帰りましたか。

＿＿ you ＿＿ ＿＿ to Canada?

(3) 私たちは祭りをたくさん楽しみました。

We ＿＿ the festival ＿＿ ＿＿.

4 〔　〕内の語を並べかえて，意味の通る英文にしなさい。 5点×2(10点)

(1) 〔 you / were / with / why / Aya / always 〕?

(2) 〔 saw / stalls / lot / food / they / of / a 〕.

ちょっとBREAKの答え Lucky me! と言います。「やったあ！」「ラッキー！」といった意味です。

目標 ●過去のことを，説明したり質問したりできるようになりましょう。一般動詞・be 動詞の過去形を理解しましょう。

自分の得点まで色をぬろう!
かんばろう! もう一歩 合格!
0 60 80 100点

5 次のボブが書いたブログを読んで，あとの問いに答えなさい。 (計 31 点)

Yesterday, my parents, my sister and I ①(come) to Yellowstone National Park. We ②(build) a tent and ③(sleep) in ④it last night. We saw buffaloes this morning near our tent!

After lunch, we saw geysers. ⑤Water shot out about every 90 minutes. Look at this picture. Cool, huh? ⑥It [kind / was / scary / of], too!

よく出る (1) ①～③の( )内の語を適する形になおしなさい。 4 点×3(12 点)

① ______ ② ______ ③ ______

(2) 下線部④がさすものを，日本語で答えなさい。 (4 点)

( )

(3) 下線部⑤を日本語になおしなさい。 (5 点)

( )

(4) 下線部⑥の[ ]内の語を並べかえて，意味の通る英文にしなさい。 (5 点)

It ______, too!

レベルUP (5) 本文の内容に合うように，次の問いに 3 語の英語で答えなさい。 (5 点)

What did Bob and his family do after lunch?

______

6 次の日本文を英語になおしなさい。 5 点×4(20 点)

(1) 私たちは歩いて夏祭りに行きました。

______

(2) あなたは昨夜，日本の音楽に合わせて踊(おど)りましたか。

______

よく出る (3) 彼女(かのじょ)は夏休みの間，アメリカにいましたか。

______

(4) 私は昨日，テレビでサッカーの試合を見ませんでした。

______

Lesson 4 ～ Reading 1

定期テスト対策 予想問題 第4，5回 p.128～131

解答 p.19

確認のワーク ステージ1 Lesson 5 School Life in Two Countries ①

読 聞 書 話

教科書の要点 現在進行形の文

a21

肯定文 We are having morning tea now. 私たちは今，朝の軽食(モーニングティー)をとっています。

主語に合わせる　〈be 動詞＋動詞の -ing 形〉

要点

●「(今)〜しているところです」と，現在ある動作が進行中であることを表すときは〈be 動詞(am / is / are)＋動詞の -ing 形〉を使う。この形を現在進行形という。

●動詞の -ing 形のつくり方

原則	語尾(ごび)にそのまま ing をつける	cook → cooking
e で終わる動詞	e をとって ing をつける	have → having
〈短母音(たんぼいん)＋子音字(しいんじ)〉で終わる動詞	子音字を重ねて ing をつける	run → running

※短母音＝短く発音する母音(「ア，イ，ウ，エ，オ」に近い音)。子音字＝a，i，u，e，o 以外の文字。

プラス 現在進行形の否定文は，be 動詞(am / is / are)のあとに not を置く。

否定文 He is not watching TV now. 彼(かれ)は今，テレビを見ていません。

Words チェック 次の英語は日本語に，日本語は英語になおしなさい。

□(1) everybody (　　　　)　□(2) first (　　　　)

□(3) 芝生(しばふ) ＿＿＿＿　□(4) 〜を持ってくる ＿＿＿＿

□(5) ベンチ ＿＿＿＿　□(6) we are の短縮形 ＿＿＿＿

よく出る **1** 次の文を，下線部を now にかえて現在進行形の文に書きかえなさい。

(1) I dance every day.

＿＿＿＿＿＿＿＿＿＿

(2) My sister cooks every morning.

＿＿＿＿＿＿＿＿＿＿

(3) Mike and I swim every Sunday.

＿＿＿＿＿＿＿＿＿＿

ミス注意
be 動詞の使い分け
●I → am
●you・複数 → are
●3 人称(にんしょう)単数 → is

ミス注意
-ing 形のつくり方
(1) e をとって ing をつける。(2) ing は動詞の原形につける。(3) m を重ねて ing をつける。

2 次の日本文に合うように，＿＿に適する語を書きなさい。

(1) 日本は 10 時です。
＿＿＿＿ 10:00 in Japan.

(2) あなたは何時に起きますか。
＿＿＿＿ ＿＿＿＿ do you get up?

(3) 彼らには 1 時限のあとに 30 分間の休憩(きゅうけい)があります。
They ＿＿＿＿ recess ＿＿＿＿ 30 minutes ＿＿＿＿ first period.

表現メモ
時刻を表す文
「〜時です」と時刻を言うときは〈It's[It is]＋時刻.〉で表す。この it は日本語には訳さない。

lawn，draw，saw の下線部は[ɔː オー]と発音するよ。「オウ」と発音しないように注意しよう。

解答 p.19

Lesson 5 School Life in Two Countries ②

読 聞 書 話

教科書の要点 現在進行形の疑問文

a22

疑問文 **Is** Aya **singing**? アヤは今歌っていますか。

主語の前　動詞の -ing 形

— Yes, she **is**. / No, she **isn't**. はい，歌っています。/ いいえ，歌っていません。

What の疑問文 **What** is she singing? 彼女(かのじょ)は何を歌っていますか。

文頭に　現在進行形の疑問文の形

— She **is singing** "My Ballad." 彼女は「マイ・バラード」を歌っています。

要点

- 「(今)〜しているところですか」とたずねるときは，be 動詞(am / is / are)を主語の前に置き，〈be 動詞＋主語＋動詞の -ing 形 〜?〉で表す。
- 答えるときも be 動詞を使い，〈Yes, 主語＋be 動詞.〉/〈No, 主語＋be 動詞＋not.〉と答える。
- 「何を〜しているところですか」とたずねるときは，What を文頭に置き，疑問文の形を続ける。
- この疑問文には，現在進行形〈be 動詞＋動詞の -ing 形〉を使って，具体的に「何」かを答える。

Wordsチェック 次の英語は日本語に，日本語は英語になおしなさい。

□(1) break (　　　)　□(2) classmate (　　　)

□(3) compete (　　　)　□(4) behind (　　　)

□(5) 賞 ＿＿＿＿　□(6) もの，こと ＿＿＿＿

□(7) だれか，ある人 ＿＿＿＿　□(8) 異なった，いろいろな ＿＿＿＿

よく出る **1** 次の文を(　)内の指示にしたがって書きかえなさい。

(1) Do you study English?（現在進行形の疑問文に）

＿＿＿＿＿＿＿＿＿＿＿＿＿＿＿＿

(2) You are listening to music.（疑問文にして，Yes で答える）

＿＿＿＿＿＿＿＿＿＿＿＿＿＿＿＿

— ＿＿＿＿＿＿＿＿＿＿＿＿＿＿＿＿

(3) Erika is <u>writing a letter</u>.（下線部をたずねる文に）

＿＿＿＿＿＿＿＿＿＿＿＿＿＿＿＿

ここがポイント
現在進行形の疑問文
たずねるときも，答えるときも be 動詞(am / is / are)を使う。動詞は -ing 形。

ミス注意
(3)「何を書いていますか」ではなく「何をしていますか」とたずねる。do(〜をする)の -ing 形を使う。

2 次の日本文に合うように，＿＿に適する語を書きなさい。

(1) すばらしい。 That's ＿＿＿＿.

(2) あなたのうしろに少年が見えます。

I ＿＿＿＿ a boy ＿＿＿＿ you.

(3) 彼女は中国語を読むことができます。

She ＿＿＿＿ ＿＿＿＿ Chinese.

思い出そう
(3)「〜することができる」は〈can＋動詞の原形〉で表す。

Lesson 5

解答 p.20

確認のワーク ステージ1 Lesson 5 School Life in Two Countries ③

読 聞 書 話

教科書の要点 場所や時を表す前置詞

a23

Ms. Sato is standing by the door. サトウ先生はドアのそばに立っています。

「〜のそばに[で]」〈前置詞＋名詞〉

要点

- 場所や時を表す by, in, on などの語を前置詞という。前置詞のあとには名詞を続ける。
- 場所を表す前置詞
  - at「〜で，〜に」：at home（家で）
  - by「〜のそばに[で]」：by the window（窓のそばに）
  - in「〜(の中)に，〜で」：in Japan（日本で）
  - on「〜(の上)に」：on the desk（机の上に）
  - near「〜の近くに」：near the park（公園の近くに）
- 時を表す前置詞
  - at［時刻］：at 7:00（7時に）/ in［ある期間・時間帯］：in the morning（午前中(に)）
  - on［日付・曜日］：on March 1st（3月1日に），on Sunday(s)（日曜日に）

1 次の文の(　)内から適する語を選び，記号を○で囲みなさい。

(1) Kosuke gets up（ア at　イ in）six.

(2) It's 7:30（ア at　イ in）Australia.

(3) My house is（ア near　イ on）the station.

(4) Mayumi is（ア by　イ in）the table.

(5) Your bag is（ア in　イ on）the chair.

(6) We go shopping（ア in　イ on）Saturdays.

表現メモ

「〜曜日に」

曜日はon Monday(月曜日に)のように，onを使って表す。「毎週[いつも]〜曜日に」と言うときは，on Mondaysのように，曜日にsをつけて複数形にする。

2 次の対話が成り立つように，____に適する語を書きなさい。

(1) *A*: ______ ______ do you have breakfast?

B: I usually have breakfast at 7:30.

(2) *A*: ______ ______ is the break?

B: It's thirty minutes long.

ここがポイント

時刻，期間のたずね方

時刻はWhat time 〜?(何時(に)〜)，時間の長さ・期間はHow long 〜?(どれくらい(の時間)〜)を使ってたずねる。

3 Word Box 次の日本語に合うように，____に適する語を□から選んで書きなさい。

(1) 部屋(へや)をきれいにする ______ the room

(2) フラスコを洗う ______ the flask

(3) 床(ゆか)をモップがけする ______ the floor

(4) 手をふる ______ his[her] hand

(5) 壁(かべ)にポスターをはる ______ a poster on the wall

(6) 魚にえさをやる ______ the fish

clean	feed
mop	put
wash	wave

clean, feed, competeの下線部は同じ発音で[iː イー]。

現在進行形の文

解答 p.20

まとめ

① 動作が進行中であることを表す文

●「(今)〜しているところです」と，進行中の動作を言うときは，〈be 動詞(am / is / are)＋動詞の -ing 形〉で表す。この形を現在進行形という。be 動詞は，主語によって使い分ける。

現在の文　Ken plays soccer every day.　（ケンは毎日サッカーをします。）
現在進行形の文　Ken is playing soccer now.　（ケンは今，サッカーをしています。）
They are playing soccer now.　（彼(かれ)らは今，サッカーをしています。）

主語に合わせて am / is / are を使う　動詞の -ing 形

② 現在進行形の否定文

●「(今)〜していません」と否定するときは，be 動詞のあとに not を置く。

肯定文　Ken is drawing a picture.　（ケンは(今)絵を描(か)いています。）
否定文　Ken is not drawing a picture.　（ケンは(今)絵を描いていません。）

③ 現在進行形の疑問文

●「(今)〜しているのですか」とたずねるときは，be 動詞を主語の前に置く。「何を」と具体的なことや，進行中の動作をたずねるときは，What を文頭に置く。

肯定文　Ken is studying math.　（ケンは(今)数学を勉強しています。）
疑問文　Is Ken studying math?　（ケンは(今)数学を勉強していますか。）
What の疑問文　What is Ken studying?　（ケンは(今)何を勉強していますか。）
What の疑問文　What is Ken doing?　（ケンは(今)何をしていますか。）

練習

1 次の文を現在進行形の文に書きかえるとき，＿＿に適する語を書きなさい。

(1) Aya swims in the sea.　Aya ＿＿＿＿ ＿＿＿＿ in the sea.
(2) Jim doesn't play tennis.　Jim ＿＿＿＿ ＿＿＿＿ tennis.
(3) Do they listen to music?　＿＿＿＿ they ＿＿＿＿ to music?
(4) What do you read?　＿＿＿＿ ＿＿＿＿ you ＿＿＿＿?

2 次の文を(　)内の指示にしたがって書きかえなさい。

よく出る (1) I watch TV every day.　（下線部を now にかえて現在進行形の文に）

＿＿＿＿＿＿＿＿＿＿＿＿＿＿＿＿

(2) My sister is doing her homework.　（否定文に）

＿＿＿＿＿＿＿＿＿＿＿＿＿＿＿＿

(3) Hiroshi and his brother are running in the park.　（疑問文に）

＿＿＿＿＿＿＿＿＿＿＿＿＿＿＿＿

よく出る (4) Keiko is making a cake.　（下線部をたずねる文に）

＿＿＿＿＿＿＿＿＿＿＿＿＿＿＿＿

解答 p.20

定着のワーク ステージ2 Lesson 5

読 聞 書 話

1 LISTENING 次の絵について，質問とその答えであるア〜エを聞いて，答えとして適切なものを１つ選び，記号で答えなさい。 l09

(　　)

2 次の文の＿＿に適する語を□から選んで書きなさい。同じものは１度しか使えません。

(1) I often watch a movie ＿＿＿＿ TV.

(2) The park is ＿＿＿＿ the zoo.

(3) We're practicing ＿＿＿＿ the contest.

(4) Come to my house ＿＿＿＿ Mai.

(5) Ami usually gets up ＿＿＿＿ six.

at
with
on
for
near

よく出る 3 次の文を(　)内の指示にしたがって書きかえなさい。

(1) Hana helps her mother.（現在進行形の文に）

(2) Bob is listening to music.（疑問文にして，No で答える）

(3) Ryota is studying social studies.（下線部をたずねる文に）

(4) Mao is making sandwiches.（下線部をたずねる文に）

レベルUP 4 〔　〕内の語句を並べかえて，日本文に合う英文を書きなさい。

(1) 彼(かれ)らは今，昼食を食べています。(1 語不要)
〔 lunch / are / have / they / now / having 〕.

(2) 私たちは私たちのペットを愛しています。(1 語不要)
〔 loving / we / pets / our / love 〕.

(3) ユミは壁(かべ)にポスターをはっています。(1 語補う)
〔 is / a poster / Yumi / the wall / putting 〕.

重要ポイント

3

テストに出る！

What の疑問文
●動作そのものをたずねるとき
I'm cooking dinner.
What are you doing?
(あなたは何をしているのですか)
●具体的なことをたずねるとき
I'm cooking dinner.
What are you cooking?
(あなたは何を料理しているのですか)

4

得点力をUP

進行形にしない動詞
like(〜が好きである)，know(〜を知っている)，have(〜を持っている，〜がある)など，一時的ではない気持ちや状態を表す動詞は，ふつう進行形にはしない。ただし，have は「〜を食べる，飲む」「〜を経験する，過ごす」という意味で使うときは進行形にすることができる。

5 エマとケンタがビデオ通話をしています。次の対話文を読んで，あとの問いに答えなさい。

Emma: Hello, Ms. King and everybody.　I'm Emma.
①(　　　) 10:45 (　　　) Queensland.
Kenta: Hi, Emma.　I'm Kenta.
②You are sitting on the lawn, right?
Emma: Yes.　We're ③(have) morning tea now.
Kenta: Morning tea?
Emma: Yes.　We have recess (　④　) 30 minutes after first period.　That student is ⑤(eat) a snack.

(1) 下線部①が「クイーンズランド州は10時45分です」という意味になるように，(　)に適する語を書きなさい。

________ 10:45 ________ Queensland.

(2) 下線部②を日本語になおしなさい。

(　　　　　　　　　　　　)

よく出る (3) ③，⑤の(　)内の語を適する形になおしなさい。

③ ________　⑤ ________

(4) ④の(　)に適する語を書きなさい。

____

6 次の日本文に合うように，____に適する語を書きなさい。

(1) 彼女(かのじょ)は今，手紙を書いています。

________ ________ a letter now.

(2) ケビンは日本語を読むことができます。

Kevin ________ ________ Japanese.

(3) 木のうしろにだれか見えます。

I see ________ ________ the tree.

(4) 何人かの女の子たちが音楽に合わせて踊(おど)っています。

Some ________ ________ dancing to music.

レベルUP 7 次の日本文を英語になおしなさい。

(1) 彼は図書館で宿題をしていません。

____

(2) あなたとサキ(Saki)は何を読んでいるのですか。

____

(3) 彼女たちはベンチでおしゃべりをしています。

____

重要ポイント

5 (1)時刻を表す文の主語にはitを使う。

(2)～, right? は「～ですよね」という意味。

得点力をUP

〈主語＋be動詞〉の短縮形
- I'm ← I am
- he's ← he is
- she's ← she is
- it's ← it is
- you're ← you are
- we're ← we are
- they're ← they are

6 (1)空所が2つしかないので，〈主語＋be動詞〉の短縮形を使う。

テストに出る！

動詞の -ing形
- そのまま ing　play → playing
- e をとって ing　make → making
- 文字を重ねて ing　swim → swimming

(4) someのあとの名詞は複数形にする。

7 (3)「おしゃべりをする」はchat。-ing形は，tを重ねてingをつける。

Lesson 5

ちょっとBREAK　Ah(ああ)とOh(おお)は，驚(おどろ)きや悲しみなどを表すことば。その違(ちが)いは？　➡答えは次のページ

Lesson 5

解答 p.21

30分　/100　読 聞 書 話

1 LISTENING (1)と(2)の対話と質問を聞いて，その質問に対する答えを日本語で書きなさい。

l10　3点×4(12点)

(1) Question 1 (　　　　)

Question 2 (　　　　)

(2) Question 1 (　　　　)

Question 2 (　　　　)

よく出る **2** 次の文の(　)内の語を正しい形になおしなさい。なおす必要がないものは，そのまま書くこと。　2点×5(10点)

(1) Emi wants to be a doctor. She (study) hard every day. ______

(2) Ryota is (play) the guitar in his room now. ______

(3) I (know) your mother, but I don't know your father. ______

(4) We're (have) dinner at a Japanese restaurant. ______

(5) My classmates are (run) in the gym. ______

3 次の日本文に合うように，____に適する語を書きなさい。　4点×4(16点)

(1) 私は日本語の歌しか歌えません。

I ______ sing ______ Japanese songs.

(2) 3人の少女がピアノのそばに立っています。

Three girls ______ ______ ______ the piano.

(3) エマは家から自分の昼食を持ってきます。

Emma ______ her lunch ______ ______.

(4) 家族と私は今，オーストラリアにいます。

My family and I ______ ______ Australia now.

よく出る **4** 次の文を(　)内の指示にしたがって書きかえなさい。　5点×4(20点)

(1) Does Bob swim? (現在進行形の疑問文に)

______

(2) We don't watch TV. (現在進行形の否定文に)

______

(3) Akira is <u>helping his father</u>. (下線部をたずねる文に)

______

(4) It's <u>12:30</u> in Canada now. (下線部をたずねる文に)

______

ちょっとBREAKの答え　Ah は予想の範囲の驚き・悲しみなどを表し，Oh は想定外の場合に使うことが多いよ。

目標
- 現在進行形の文を理解しましょう。
- 場所や時などを表す前置詞(in, on, by などの語)の使い方を覚えましょう。

自分の得点まで色をぬろう!
がんばろう! もう一歩 合格!
0 60 80 100点

5 ケビンとアヤがビデオ通話をしています。次の対話文を読んで，あとの問いに答えなさい。

4点×5(20点)

Kevin : Is someone singing?
Aya : Yes. ①[are / some / for / practicing / girls] our chorus contest.
②We compete for a prize.
Kevin : ③おもしろそうですね！ I see a girl behind you.
(④)
Aya : Oh, she's writing the words of our song.
Kevin : Is that "My Ballad"?
Aya : Oh, you can (⑤) Japanese!

(1) 下線部①の[ ]内の語を並べかえて，意味の通る英文にしなさい。
________ our chorus contest.

(2) 下線部②を日本語になおしなさい。
( )

(3) 下線部③を2語の英語になおしなさい。 ________

よく出る (4) ④の( )に適する文をア～エから選び，記号で答えなさい。
ア What did she write? イ What is she doing?
ウ What does she write? エ What are they doing? ( )

(5) ⑤の( )に適する語をア～エから選び，記号で答えなさい。
ア know イ read ウ speak エ write ( )

レベルUP 6 次の対話が成り立つように，____に適する語を書きなさい。

4点×3(12点)

(1) *A* : ____ ____ is your English class?
B : It's fifty minutes long.

(2) *A* : Are you singing now?
B : No, ____ ____. I'm dancing.

(3) *A* : ____ ____ the boys playing soccer?
B : They are playing in the school ground.

レベルUP 7 次の日本文を( )内の語数の英語になおしなさい。

5点×2(10点)

(1) 私たちは公園で昼食をとっています。 (6語)
____

(2) あの生徒たちはベンチにすわっています。 (7語)
____

定期テスト対策 予想問題 第6回 p.132～133

解答 p.22

Lesson 6 Lunch in Chinatown ①

教科書の要点 「どの～」「なぜ」とたずねる文

a24

どの～ **Which** restaurant do you recommend? あなたはどのレストランを勧(すす)めますか。
〈Which＋名詞〉を文頭に置く 一般動詞の疑問文の形

— I recommend this restaurant. このレストランを勧めます。
どれなのかを答える

要点1

●「どの[どちらの]～」とたずねるときは〈Which＋名詞〉を文頭に置き，疑問文の形を続ける。

なぜ **Why** do you recommend that restaurant?
文頭に置く 「なぜ」と理由をたずねる
なぜそのレストランを勧めるのですか。

— **Because** its spring rolls are delicious.
文頭に置く 「なぜなら」と理由を答える
そこの春巻がおいしいからです。

要点2

●「なぜ，どうして」と理由をたずねるときは **Why** を文頭に置き，疑問文の形を続ける。
●Why ～? には，**Because**「なぜなら」で文を始め，理由を具体的に答える。

Wordsチェック 次の英語は日本語に，日本語は英語になおしなさい。

□(1) colorful ( )　□(2) recommend ( )
□(3) 門 ＿＿＿＿　□(4) 看板，標識 ＿＿＿＿
□(5) それの ＿＿＿＿　□(6) どちらの，どの ＿＿＿＿

1 次の英文を日本語になおしなさい。

(1) Which season do you like?
( )

(2) I like spring. ((1)の答えの文)
( )

ここがポイント
「どの～」とたずねる文と答え方
Which color do you like?
「どの色」
I like blue. 「青」
どれかを具体的に答える。

2 〔 〕内の語を並べかえて，日本文に合う英文を書きなさい。

よく出る (1) なぜあなたは冬が好きなのですか。
〔 you / do / winter / like / why 〕?

＿＿＿＿＿＿＿＿＿＿

(2) スキーができるからです。 ((1)の答えの文)
〔 can / because / ski / I 〕.

＿＿＿＿＿＿＿＿＿＿

ここがポイント
理由をたずねる文と答え方
Why do you like surfing?
Because it's exciting.
文全体が答え

アクセントに注意しよう！ Chinatown，recommend，because，delicious

よく出る **3** 次の対話が成り立つように，＿＿に適する語を書きなさい。

(1) *A :* ＿＿＿＿ are fried noodles?
B : *Yakisoba* in Japanese.

(2) *A :* ＿＿＿＿ racket do you use?
B : I use that racket.

(3) *A :* ＿＿＿＿ do you recommend this park?
B : Because it is very beautiful.

4 次の日本文に合うように，＿＿に適する語を書きなさい。

(1) あなたはこの動物園でどの動物が好きですか。
＿＿＿＿ ＿＿＿＿ do you like in this zoo?

(2) なぜあなたはカナダに行ったのですか。
＿＿＿＿ ＿＿＿＿ you go to Canada?

(3) あれは何と書いてあるのですか。
＿＿＿＿ does that ＿＿＿＿?

(4) 「熊野(くまの)神社」と書いてあります。 ((3)の答えの文)
＿＿＿＿ ＿＿＿＿ "Kumano-jinja Shrine."

(5) 私はイヌを飼っています。それの色は白です。
I have a dog. ＿＿＿＿ ＿＿＿＿ is white.

5 次の文を( )内の指示にしたがって書きかえるとき，＿＿に適する語を書きなさい。

(1) You look at that gate. (「～して(ください)」と指示する文に)
＿＿＿＿ ＿＿＿＿ that gate.

(2) We eat at this shop. (「～しましょう」と誘う文に)
＿＿＿＿ ＿＿＿＿ at this shop.

(3) I love spring rolls. (ほぼ同じ内容を表す文に)
I like spring rolls ＿＿＿＿ ＿＿＿＿.

よく出る (4) That sign says "Yoyogi Park." (下線部をたずねる文に)
＿＿＿＿ ＿＿＿＿ that sign ＿＿＿＿?

ことばメモ

say の意味
say は，人が主語のときは「～と言う」の意味。看板や新聞など，ものが主語のときは「～と書いてある」という意味を表す。
What does ～ say?
(～には何と書いてありますか。)
— It says ....
(…と書いてあります。)

ことばメモ

it の所有格
my(私の)，his(彼(かれ)の)のように，「～の」を表す形を所有格という。it(それは[が])の所有格は its(それの)。it is の短縮形 it's と混同しないように注意。
This is my cat.
Its[=My cat's] name is Sabami.
(これは私のネコです。それの名前はサバミです。)

思い出そう
(1)「～して(ください)」という命令文は，動詞の原形で文を始める。
(2)「～しましょう」と誘う文は，〈Let's+動詞の原形～.〉で表す。

WRITING Plus

次の各問いに対して，あなた自身の答えを英語で書きなさい。

(1) Which country do you want to go to?
＿＿＿＿＿＿＿＿＿＿＿＿＿＿＿＿

(2) Why do you want to go there? ((1)の答えに，Because で始める)
＿＿＿＿＿＿＿＿＿＿＿＿＿＿＿＿

確認のワーク ステージ1 Lesson 6 **Lunch in Chinatown ②**

解答 p.23

読 聞 書 話

教科書の要点 「だれが」とたずねる文

a25

だれが **Who wants mango pudding?** マンゴー・プリンがほしい人はだれですか。

文頭に置く　3人称単数のsをつける

— I do. 私です。

同じ動詞(want)をくり返す代わりに do[does]を使う

要点

- 「だれが〜しますか」とたずねるときは，**Who** で文を始める。Who が主語になるので，肯定文と同じように一般動詞を続ける。Who は **3人称単数扱い**なので，動詞には **(e)s** をつける。
- 〈Who+ 一般動詞(現在) 〜?〉には，**〈主語+do[does].〉**の形で，だれがするのかを具体的に答える。do と does は，主語によって使い分ける。

Wordsチェック 次の英語は日本語に，日本語は英語になおしなさい。

□(1) full (　　　　)　□(2) both (　　　　)

□(3) 何もかも ＿＿＿＿　□(4) 〜を注文する ＿＿＿＿

1 例にならい，「だれが〜しますか」とたずねる文と，その答えの文を書きなさい。

例 (use this bike / I) Who uses this bike? — I do.

(1) (wash the car / we)

＿＿＿＿＿＿＿＿＿＿＿＿

— ＿＿＿＿＿＿＿＿＿＿＿＿

(2) (make breakfast / my father)

＿＿＿＿＿＿＿＿＿＿＿＿

— ＿＿＿＿＿＿＿＿＿＿＿＿

2 次の日本文に合うように，＿＿に適する語を書きなさい。

(1) 私はたくさん食べました。 I ate a ＿＿＿＿.

(2) さあ，昼食の時間です。

Now, ＿＿＿＿ ＿＿＿＿ lunch.

(3) あなたはどれを注文したいですか。

＿＿＿＿ ＿＿＿＿ you want to order?

よく出る (4) あなたの写真を見てもいいですか。

＿＿＿＿ ＿＿＿＿ see your picture?

(5) 何もかもがおいしかったです。

＿＿＿＿ ＿＿＿＿ delicious.

ここがポイント

「だれが〜しますか」とたずねる文

主語が Who(だれが)なので，一般動詞に(e)s をつける。

答え方

- 答えの主語が3人称単数以外のとき → 〈主語+do.〉
- 答えの主語が3人称単数のとき → 〈主語+does.〉

表現メモ

許可を求める表現

〈Can I+動詞の原形 〜?〉「〜してもいいですか」

ことばメモ

which の意味

which は「どちら，どれ」という意味。あとに名詞を続けると「どちらの，どの」の意味になる。

full，pudding の u は[u ウ]，hungry，dumpling の u は[ʌ ア]と発音するよ。

解答 p.23

ステージ1 Lesson 6 Lunch in Chinatown ③

読 聞 書 話

教科書の要点 「だれの～」とたずねる文

a26

だれの～ Whose phone is this? これはだれの携帯(けいたい)電話ですか。

〈Whose＋名詞〉を文頭に置く　be 動詞の疑問文の形

— It's mine. / It's not mine. 私のものです。/ 私のものではありません。

「～のもの」

要点

- 「これは[あれは]だれの～ですか」は，〈Whose＋名詞＋is this[that]?〉で表す。
- 答えるときは，mine(私のもの)，yours(あなたのもの)，Ken's(ケンのもの)など，「だれだれのもの」を表す語を使う。

Wordsチェック 次の英語は日本語に，日本語は英語になおしなさい。

□(1) then (　　　)　□(2) amazing (　　　)

□(3) 電話 ＿＿＿　□(4) (写真などを)撮(と)る ＿＿＿

1 例にならい，「これはだれの～ですか」とたずねる文と，その答えの文を書きなさい。

例 (watch / Bill) Whose watch is this? — It's Bill's.

(1) (cap / my father) ＿＿＿ is this?
— It's ＿＿＿.

(2) (bike / I) ＿＿＿
— ＿＿＿

(3) (ball / you) ＿＿＿
— ＿＿＿

ここがポイント

「だれの～」とたずねる文と答え方

Whose pen is this?
「だれのペン」
It's mine.「私のもの」
It's my pen. と答えることもできるが，ふつう同じ名詞(pen)をくり返す代わりに，「～のもの」を表す1語で答える。

2 次の日本文に合うように，＿＿に適する語を書きなさい。

(1) このかばんはあなたのものですか。
＿＿＿ this bag ＿＿＿?

(2) いいえ，それは私のものではありません。 ((1)の答えの文)
No, ＿＿＿ not ＿＿＿.

(3) あなたはここで写真を撮りましたか。
Did you ＿＿＿ a ＿＿＿ here?

よく出る (4) あなたはどのくらいよくテニスをしますか。
＿＿＿ ＿＿＿ do you play tennis?

(5) 1週間に3回です。((4)の答えの文)
＿＿＿ ＿＿＿ a week.

表現メモ

「どのくらいよく～しますか」とたずねる文と答え方

How often を文頭に置き，疑問文の形を続ける。答えるときは，once(1回)，twice(2回)，three times(3回)などを使う。「1週間[1か月/1年]に～回」のように言うときは，回数のあとに a week[month / year] を置く。

Lesson 6

文法のまとめ 疑問詞を使った疑問文

解答 p.23

まとめ

① 「なぜ」と理由をたずねる文と答え方

●「なぜ，どうして」とたずねるときは Why を文頭に置き，Because「なぜなら～，～なので」を使って理由を答える。

Why do you like summer? （あなたはなぜ夏が好きなのですか。）
— **Because** I like swimming in the sea. （海で泳ぐのが好きだからです。）

② 「どのくらいよく～しますか」とたずねる文と答え方

●ものごとをする頻度(ひんど)をたずねるときは How often ～? を使い，具体的な回数を答える。

How often does Hana practice the piano? （ハナはどのくらいピアノの練習をしますか。）
— She practices the piano **twice a week**. （1 週間に 2 回練習します。）
「3 回」以上は〈数＋times〉で表す

③ 「どの～」，「どちら[どれ]」，「だれ(が)」，「だれの～」とたずねる文

どの～ **Which subject** do you like? （あなたはどの教科が好きですか。）
〈Which＋名詞〉

どちら **Which** is Aya's bag? （どちら[どれ]がアヤのかばんですか。）

だれ **Who** is your English teacher? （あなたの英語の先生はだれですか。）

だれが **Who** wants a lemon? （だれがレモンをほしいのですか。）
Who は 3 人称(にんしょう)単数扱(あつか)い → 動詞に(e)s をつける

だれの～ **Whose eraser** is this? （これはだれの消しゴムですか。）
〈Whose＋名詞〉

練習

よく出る **1** 次の対話が成り立つように，＿＿に適する語を書きなさい。

(1) ＿＿＿＿ is that girl? — She is my sister.
(2) ＿＿＿＿ cup is this? — It's Takeshi's.
(3) ＿＿＿＿ sport do you like, soccer or baseball? — I like soccer.
(4) ＿＿＿＿ do you like winter? — Because I like skating.
(5) ＿＿＿＿ ＿＿＿＿ do you go to the library? — Once a week.

2 次の文を下線部をたずねる文に書きかえるとき，＿＿に適する語を書きなさい。

(1) <u>I</u> want a new computer.
＿＿＿＿ ＿＿＿＿ a new computer?

(2) That is <u>Kenta's</u> racket.
＿＿＿＿ ＿＿＿＿ is that?

(3) That woman is <u>Kenta's mother</u>.
＿＿＿＿ ＿＿＿＿ that woman?

(4) Ken plays basketball <u>three times a week</u>.
＿＿＿＿ ＿＿＿＿ does Ken play basketball?

Useful Expressions Restaurant

読 聞 書 話

教科書の要点 飲食店での表現

a27

What would you like? 何になさいますか。
— **I'd like** a meat bun. 肉まんをください。
「～がほしいです」

Would you like a drink? お飲みものはいかがですか。
— **I'd like** a glass of Oolong tea. (グラス1杯(ぱい)の)ウーロン茶をください。

要点

- 飲食店などで，店員に What would you like?(何になさいますか。)とたずねられたときは，I'd [I would] like ～. を使って注文する。I'd like ～. は「～がほしいです」という意味で，I want ～. のていねいな言い方。
- Would you like ～?(～はいかがですか。)と何かを勧(すす)められたときも，I'd like ～. を使う。

1 次の日本文に合うように，____に適する語を書きなさい。

(1) ご注文をうかがってもよろしいですか。
____ ____ take your order?

(2) 何になさいますか。
____ ____ you ____?

(3) ピザをください。 ((2)の答えの文)
____ ____ pizza.

(4) お飲みものはいかがですか。
____ ____ ____ a drink?

(5) (グラス1杯の)ジュースをください。 ((4)の答えの文)
I'd like a ____ ____ juice.

ここがポイント
店などで，自分がほしいものを言うときは，I want ～. ではなく I'd [I would] like ～. を使う。

まるごと暗記
店員が使う決まり文句
- May I take your order? (ご注文をうかがってもよろしいですか。)
- What would you like? (何になさいますか。)
- Would you like ～? (～はいかがですか。)

2 次の対話文の□に適する文をア～オから1つずつ選び，記号で答えなさい。

A : May I take your order?
B : (1)
A : What would you like?
B : (2)
A : Would you like a drink?
B : (3)
A : All right.

ア That's great.
イ I'd like a hamburger.
ウ Sure.
エ I'd like a cup of tea.
オ Yes, I do.

(1) (　　) (2) (　　) (3) (　　)

表現メモ
a glass of ～は冷たい飲みものに，a cup of ～は温かい飲みものに使う。2杯以上のときは glass・cup を複数形にする。
- two glasses of water (グラス2杯の水)
- three cups of coffee (カップ3杯のコーヒー)

定着のワーク ステージ2 Lesson 6 〜 Useful Expressions

読 聞 書 話

1 LISTENING (1)〜(3)の絵について，質問とその答えであるア〜ウを聞いて，答えとして適切なものを1つ選び，その記号を書きなさい。 l11

(1) (　　) (2) (　　) (3) (　　)

2 次の日本文に合うように，＿＿に適する語を書きなさい。

(1) 何もかもがすばらしかったです。

＿＿＿＿ ＿＿＿＿ great.

(2) この電話は私のものではありません。

This phone ＿＿＿＿ ＿＿＿＿.

(3) だれがバイオリンを弾(ひ)きますか。

＿＿＿＿ ＿＿＿＿ the violin?

(4) 私の妹です。 ((3)の答えの文)

＿＿＿＿ ＿＿＿＿ ＿＿＿＿.

よく出る **3** 次の文を( )内の指示にしたがって書きかえるとき，＿＿に適する語を書きなさい。

(1) I want mango pudding. (下線部をたずねる文に)

＿＿＿＿ ＿＿＿＿ mango pudding?

(2) Aya ate seven dumplings. (下線部をたずねる文に)

＿＿＿＿ ＿＿＿＿ dumplings did Aya eat?

(3) Is this your smartphone? (ほぼ同じ内容を表す文に)

Is ＿＿＿＿ smartphone ＿＿＿＿?

(4) Bob took some pictures there. (疑問文に)

Did Bob ＿＿＿＿ ＿＿＿＿ pictures there?

4 [ ]内の語を並べかえて，日本文に合う英文を書きなさい。

(1) あの看板には何と書いてあるのですか。

[sign / say / does / that / what]?

＿＿＿＿＿＿＿＿＿＿＿＿＿＿＿＿

(2) あなたはどれを注文したいのですか。

[you / to / which / want / order / do]?

＿＿＿＿＿＿＿＿＿＿＿＿＿＿＿＿

重要ポイント

得点力をUP

every- で始まる代名詞

● everything (何もかも)
● everybody / everyone (みんな，だれでも)

every- の語は，3人称(にんしょう)単数扱(あつか)いであることに注意する。

テストに出る!

who が主語の疑問文と答え方

who は3人称単数扱い。一般(いっぱん)動詞(現在)を続けるときは，動詞に(e)s をつける。
答えの文は〈主語＋do [does].〉
do，does は主語によって使い分ける。

3 (2)数をたずねる文にする。
(3)「これはあなたの〜ですか」→「この〜はあなたのものですか」
(4) took は take の過去形。

4 疑問詞(what，which などの語)を文頭に置き，疑問文の形を続ける。

5 次の対話文を読んで，あとの問いに答えなさい。

Kenta : ①[you / restaurant / recommend / do / which], Mei?

Mei : ②このレストランで食べましょう。

Bob : (③) do you recommend that restaurant?

Mei : Because ④(it) spring rolls are delicious.

Kenta : (⑤) are spring rolls?

Mei : *Harumaki* (⑥) Japanese.

Kenta : Oh, I love them! Let's go there!

(1) 下線部①の[ ]内の語を並べかえて，意味の通る英文にしなさい。

______________________, Mei?

(2) 下線部②を５語の英語になおしなさい。

____

よく出る (3) ③，⑤，⑥の( )に適する語を書きなさい。

③ ________ ⑤ ________ ⑥ ________

(4) ④の( )内の語を適する形になおしなさい。 ________

(5) 本文の内容に合うように，次の問いに４語の英語で答えなさい。

What does Kenta love?

____

6 次の対話が成り立つように，____に適する語を書きなさい。

A : (1) ________ ________ take your order?

B : Sure.

A : (2) ________ ________ you like?

B : I'd like cheese cake.

A : Would you like a drink?

B : (3) ________ ________ a cup of coffee.

A : (4) ________ right.

レベルUP 7 次の日本文を英語になおしなさい。

(1) あなたはどのくらいよくテニスをしますか。

— １週間におよそ２回です。 (４語で)

____

— ______________________

(2) あれはだれの車ですか。

— 私の父のものです。 (３語で)

____

— ______________________

重要ポイント

テストに出る!

疑問詞

- what(何)
- what＋名詞 (何の～，どんな～)
- who(だれ)
- whose＋名詞 (だれの～)
- which(どちら，どれ)
- which＋名詞 (どちらの～，どの～)
- why(なぜ，どうして)
- when(いつ)
- where(どこに[で])

6 (1)「ご注文をうかがってもよろしいですか」

(2)「何になさいますか」

(3)「～をください」は，I want ～. のていねいな表現を使う。

得点力をUP

How ～? の疑問文

- How many＋名詞～? 〈数をたずねる〉
- How often ～? 〈頻度をたずねる〉

7 (2) Aya's(アヤの(もの))，my mother's(私の母の(もの))のように，名前や名詞に〈's〉をつけると「～の(もの)」という意味になる。

店に来た客に英語で店員がかけることばは？

➡答えは次のページ

解答 p.25

実力判定テスト ステージ3 Lesson 6 〜 Useful Expressions

/100 読 聞 書 話

1 LISTENING (1)〜(3)の対話と質問を聞いて，その答えとして適するものを1つ選び，記号で答えなさい。 l12 2点×3(6点)

(1) ア She likes watermelons. イ She likes summer.
ウ She likes swimming. エ She likes August. (　　)

(2) ア It's Tom's. イ This is my brother.
ウ Tom does. エ It's Tom's brother's. (　　)

(3) ア She plays badminton well. イ At the park.
ウ Once a week. エ Because she loves badminton. (　　)

2 次の日本文に合うように，＿＿に適する語を書きなさい。 3点×5(15点)

(1) そこへ行きましょう。
＿＿＿ ＿＿＿ there.

(2) さあ，朝食の時間です。
Now, ＿＿＿ ＿＿＿ ＿＿＿.

(3) 杏仁豆腐(あんにんどうふ)を注文してもいいですか。
＿＿＿ ＿＿＿ ＿＿＿ almond jelly?

(4) 〔飲食店で〕(カップ1杯(ぱい)の)紅茶をください。
＿＿＿ ＿＿＿ a ＿＿＿ of tea.

(5) 承知しました。 ((4)の答えの文)
＿＿＿ ＿＿＿.

3 よく出る 次の文を( )内の指示にしたがって書きかえなさい。 5点×3(15点)

(1) <u>We</u> clean this park. (下線部をたずねる文に)

(2) That is <u>my sister's</u> bicycle. (下線部をたずねる文に)

(3) This is my notebook. (This notebook で始めて，ほぼ同じ内容を表す文に)

4 〔 〕内の語を並べかえて，意味の通る英文にしなさい。 4点×3(12点)

(1) 〔 picture / do / like / which / you 〕?

(2) 〔 gate / colorful / really / that / is 〕.

(3) 〔 I / your / may / order / take 〕?

ちょっとBREAKの答え Can[May] I help you? で「いらっしゃいませ」という意味になります。

目標

● which, why, who, whose などの疑問詞で始まる疑問文と，それに対する答え方を理解しましょう。

自分の得点まで色をぬろう!
かんばろう! もう一歩 合格!
0 60 80 100点

5 次の対話文を読んで，あとの問いに答えなさい。 (計22点)

Mei : Is this smartphone ①(you), Kenta?
Kenta : No, it's not (②).
Mei : Then, (③) phone is this?
Bob : Oh, it's (②). ④ありがとう！
Mei : Did you take any good pictures of the dishes here?
Bob : Yes. I ⑤(take) some pictures for my blog.
Mei : How (⑥) do you upload pictures?
Bob : About three times a week.

よく出る (1) ①，⑤の( )内の語を適する形になおしなさい。 3点×2(6点)
① ______ ⑤ ______

(2) 2つある②の( )に共通して入る適する1語を書きなさい。 (3点)
______

よく出る (3) ③，⑥の( )に適する語を書きなさい。 3点×2(6点)
③ ______ ⑥ ______

(4) 下線部④を1語の英語になおしなさい。 (3点)
______!

(5) ボブが，週に3回くらいすることは何ですか。日本語で答えなさい。 (4点)
( )

レベルUP 6 次の対話が成り立つように，____に適する語を書きなさい。 5点×4(20点)

(1) *A* : Why do you love him?
B : ______ ______ is kind to me.

(2) *A* : What does this sign say?
B : ______ ______ "Meiji Shrine."

(3) *A* : ______ ______ do you recommend?
B : I recommend this book. It's really interesting.

(4) *A* : ______ ______ this?
B : It's a carrot dragon.

レベルUP 7 次の日本文を( )内の語数の英語になおしなさい。 5点×2(10点)

(1) お飲みものはいかがですか。 (5語)

______

(2) グラス1杯の水がほしいです。 (6語)

______

定期テスト対策 予想問題 第7回 p.134〜135

解答 p.26

Lesson 7 Symbols and Signs ①

読 聞 書 話

教科書の要点 have to ～の文

a28

必要 You **have to** take off your shoes. 靴を脱がなければなりません。

(動詞は原形)

不必要 You **don't have to** put your shoes into the shoe box. 靴を靴箱に入れる必要はありません。

必要 Bob **has to** do his homework by tomorrow.
ボブは明日までに宿題をしなければなりません。

不必要 Bob **doesn't have to** do his homework by tomorrow.
ボブは明日までに宿題をする必要はありません。

要点

- 「～しなければならない」と必要を表すときは〈have[has] to＋動詞の原形〉を使う。主語が3人称単数のとき，has を使う。
- 「～する必要はない」と不必要を表すときは〈don't[doesn't] have to＋動詞の原形〉を使う。

Wordsチェック 次の英語は日本語に，日本語は英語になおしなさい。

□(1) neighbor (　　　　)　□(2) relax (　　　　)

□(3) 考え ＿＿＿＿　□(4) ～を意味する ＿＿＿＿

1 絵を見て例にならい，「…は～しなければなりません」という文を書きなさい。

例 6時に起きる

(1) その歌を練習する　(2) 宿題をする　(3) 10時までに駅に行く

例 I have to get up at six tomorrow.

(1) We ＿＿＿＿ ＿＿＿＿ practice the song.

(2) Nancy ＿＿＿＿ ＿＿＿＿ do her homework.

(3) Jim and Bob ＿＿＿＿ ＿＿＿＿ go to the station by ten o'clock.

ここがポイント
「～しなければならない」
主語が3人称単数のときは，have to ～ではなく has to ～を使う。

よく出る **2** 次の日本文に合うように，＿＿に適する語を書きなさい。

(1) あなたは働かなければなりません。

You ＿＿＿＿ ＿＿＿＿ ＿＿＿＿.

(2) 彼は待つ必要はありません。

He ＿＿＿＿ ＿＿＿＿ ＿＿＿＿ wait.

ここがポイント
「～する必要はない」
主語が3人称単数のときは，don't have to ～ではなく doesn't have to ～を使う。

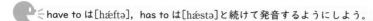

have to は[hǽftə]，has to は[hǽstə]と続けて発音するようにしよう。

3 次の文を( )内の指示にしたがって書きかえなさい。

(1) I have to make lunch. (下線部を Aya にかえて)

(2) He has to wash his father's car. (否定文に)

(3) We relax here. (「〜することができる」という文に)

(4) They know these symbols. (下線部を everyone にかえて)

ミス注意
(2)否定文では，has ではなく have を使う。
(4) everyone は「みんな，だれでも」という意味だが，3人称単数扱いであることに注意。

思い出そう
(3)「〜することができる」は〈can＋動詞の原形〉で表す。

4 〔 〕内の語を並べかえて，日本文に合う英文を書きなさい。

(1) ここでは靴を脱がなければなりません。
〔 have / off / you / to / your / take 〕 shoes here.
______ shoes here.

(2) 私たちはそこに行く必要はありません。
〔 don't / there / to / we / go / have 〕.

(3) これらの記号はどういう意味ですか。
〔 symbols / mean / do / these / what 〕?

(4) これは私の父からのおみやげです。
〔 a / is / from / father / this / my / souvenir 〕.

表現メモ
● take off 〜 (〜を脱ぐ)
● put on 〜 (〜を着る)
衣服を「脱ぐ」「着る」というときだけでなく，靴や帽子，メガネ，アクセサリーなどを「身に着ける」「はずす」という場合にも使う。

5 次の日本文を( )内の語を使って英語になおしなさい。

(1) 彼は宿題を終えなければなりません。 (finish)

(2) 彼女はお金を節約する必要はありません。 (save)

(3) あなたはもう1つのヒントがほしいですか。 (want)

表現メモ
考え中の表現
相手の発言に対して，「ええと」「そうだなあ」などと，答えや次に言うことを考え中のときは，Let me see. や Well. を使う。

Lesson 7

6 Word Box 次の日本文に合うように，____ に適する語を書きなさい。

(1) ええと。 ____ me ____.
(2) わかった。 I ____ ____.
(3) 推測できますか。 ____ you ____?
(4) 温泉です！ A ____ ____!
(5) わかりません。 I ____ ____ ____.

確認のワーク ステージ1 Lesson 7 Symbols and Signs ②

解答 p.26

読 聞 書 話

教科書の要点 must ～ / May I ～? の文

a29

義務 I must study hard this week. 今週は一生懸命勉強をしなければなりません。
（動詞は原形）

禁止 I mustn't play video games. 私はテレビ・ゲームをしてはなりません。
= must not

要点1

- 「～しなければならない」と義務を表すときは〈must＋動詞の原形〉を使う。
- 「～してはいけない」と禁止を表すときは〈mustn't [must not]＋動詞の原形〉を使う。

許可 May I start? 始めてもいいですか。
（動詞は原形）

要点2

- 「～てもよろしいですか」と相手に許可を求めるときは〈May I＋動詞の原形 ～?〉で表す。
- 「もちろん(いいですよ)」と許可を与えるときは Sure. と言う。

Wordsチェック 次の英語は日本語に，日本語は英語になおしなさい。

□(1) slowly （　　　　）　□(2) answer （　　　　）
□(3) 横断する ＿＿＿＿　□(4) 運転手 ＿＿＿＿

よく出る 1 絵を見て例にならい，「…は～しなければなりません」という文を書きなさい。

例

I / study English

(1)

We / clean our room

(2)

Aya / help her mother

(3)

Koji / go to the library

例 I must study English.
(1) We ＿＿＿＿＿＿＿＿ our room.
(2) Aya ＿＿＿＿＿＿＿＿.
(3) Koji ＿＿＿＿＿＿＿＿.

ここがポイント

must を使う文
主語が何でも(3人称単数でも)，「～しなければならない」は〈must＋動詞の原形〉，「～してはいけない」は〈mustn't＋動詞の原形〉で表す。

2 次の英文を日本語になおしなさい。

(1) We must use computers.
（　　　　　　　　　　）

(2) You mustn't swim here.
（　　　　　　　　　　）

mustn't は[mʌ́snt]と発音するよ。最初の t を発音しないことに注意しよう。

3 絵を見て例にならい，「～てもよろしいですか」という文を書きなさい。

例 May I use your bike?

(1) ______________________________ English?

(2) ______________________________ this cake?

(3) ______________________________

ここがポイント

may を使う文
may のあとにくる動詞は原形を使う。

よく出る **4** 次の日本文に合うように，____に適する語を書きなさい。

(1) 準備できた？ ____________?

(2) あなたたちはここで休むことができます。
You ____________ ____________ here.

(3) これらの記号はどうですか。
____________ ____________ these symbols?

(4) 私はこの語を読むことができません。
I ____________ ____________ this word.

(5) あの標識はどういう意味ですか。
____________ does that sign ____________?

(6) 「ドアを開けてもいいですか」「もちろん」
"____________ I open the door?" "____________."

表現メモ

許可を求める表現
May I ～? は，ふつう目上の人に使うていねいな表現。親しい人や友達などにたずねるときは Can I ～? を使う。

表現メモ

許可を与える表現
May[Can] I ～? に対して，「(もちろん)いいですよ」と許可を与えるときは，Sure. / OK. / All right. などと言う。

5 〔 〕内の語を並べかえて，日本文に合う英文を書きなさい。

(1) ほんの冗談(じょうだん)だよ。 〔 was / kidding / I / just 〕.

____

(2) 私たちはときどきここで横断します。
〔 sometimes / here / we / cross 〕.

____

ことばメモ

just「ほんの～にすぎない」，sometimes「ときどき」などの副詞は，be 動詞のあと，一般(いっぱん)動詞の前に置く。

Lesson 7

WRITING Plus

次のような状況(じょうきょう)に対して，あなたはどのように言うか英語で書きなさい。

(1) 「今日の宿題は？」とお母さんに聞かれたとき。 (have to を使って)

____

(2) 静かにしなければならない図書館で友達がしゃべっているとき。 (You で始めて)

____

解答 p.27

確認のワーク ステージ1 Lesson 7 Symbols and Signs ③

読 聞 書 話

教科書の要点 may 〜 / be able to 〜 の文

a30

推量 Bob may help you.　ボブがあなたを手伝ってくれるかもしれません。
（help：動詞は原形）

要点 1

●「〜かもしれない」と推量を述べるときは〈may＋動詞の原形〉を使う。

可能 He is able to read difficult English books.　彼(かれ)は難しい英語の本を読むことができます。
（is：主語に合わせる／read：原形）

要点 2

●「〜することができる」と可能・能力を述べるときは〈be 動詞＋able to＋動詞の原形〉を使う。can とほぼ同じ意味を表す。be 動詞(am / is / are)は，主語に合わせる。

●「〜することができた」と過去のことを述べるときは，be 動詞を過去形(was / were)にする。

Wordsチェック 次の英語は日本語に，日本語は英語になおしなさい。

□(1) easily　(　　　　)　□(2) create　(　　　　)

□(3) Not really.　(　　　　)　□(4) for the first time　(　　　　)

□(5) 社会　＿＿＿＿　□(6) 安全　＿＿＿＿

□(7) 言語，ことば　＿＿＿＿　□(8) 来訪者，来園者　＿＿＿＿

よく出る 1 次の文を(　)内の指示にしたがって書きかえるとき，＿＿に適する語を書きなさい。

(1) He is Ken's father.　(「〜かもしれません」という文に)

He ＿＿＿＿ ＿＿＿＿ Ken's father.

(2) I can ski well.　(ほぼ同じ内容を表す文に)

I ＿＿＿＿ ＿＿＿＿ ＿＿＿＿ ski well.

ミス注意

(1)「〜かもしれない」は may で表す。may のあとにくる動詞は原形。is の原形は be。

ここがポイント

「〜することができる」

can または be able to で表す。can は主語が何であっても〈can＋動詞の原形〉の形。be able to は，be 動詞(am / is / are)を主語に合わせて使い分ける。

2 次の日本文に合うように，＿＿に適する語を書きなさい。

(1) 時には色はとても大切です。

＿＿＿＿ the color is very important.

(2) 雨が降っていました。だから，私は家にいました。

It was rainy. ＿＿＿＿, I was at home.

(3) 私は動物が好きです。たとえばイヌが好きです。

I like animals. For ＿＿＿＿, I like dogs.

(4) その標識は温泉を表します。

The sign ＿＿＿＿ ＿＿＿＿ Hot spring.

解答 p.27

読 聞 書 話

文法のまとめ 助動詞を使った文

まとめ

① must

●must は「～しなければならない」「～しなくてはいけない」(義務), must not[mustn't] は「～してはいけない」(禁止)という意味を表す。must のあとにくる動詞は原形。

義務 We **must** go to school early tomorrow. (明日, 私たちは早く学校に行かなければなりません。)
動詞は原形

禁止 You **must not[mustn't]** swim here. (ここで泳いではいけません。)

② have[has] to

●have[has] to は「～しなければならない」「～する必要がある」(必要), don't[doesn't] have to は「～しなくてもよい」「～する必要はない」(不必要)という意味を表す。have[has] to のあとにくる動詞は原形。

必要 You **have to** read this book. (あなたはこの本を読まなければなりません。)

不必要 You **don't have to** cook now. (今, あなたは料理する必要はありません。)

③ may / be able to

●may は「～かもしれない」(推量)という意味を表す。May I ～? で「～てもよろしいですか」と許可を求めるときにも使う。may のあとにくる動詞は原形。

推量 Ken **may** be playing tennis now. (今, ケンはテニスをしているかもしれません。)

許可 **May I** use this room? (この部屋(へや)を使ってもよろしいですか。)

●be able to は「～することができる」(可能・能力)。can とほぼ同じ意味を表す。be 動詞は, 主語に合わせて am / is / are を使い分ける。「～することができた」と過去のことを述べるときは, was / were を使う。be able to のあとにくる動詞は原形。

可能 My mother **is able to** speak English. (私の母は英語を話すことができます。)

練習

よく出る **1** 次の日本文に合うように, ＿＿ に適する語を書きなさい。

(1) 今, 彼は勉強をしなければなりません。 He ＿＿ ＿＿ now.

(2) この公園でサッカーをしてはいけません。
You ＿＿ ＿＿ soccer in this park.

(3) マサトはお父さんの車を洗わなければなりません。
Masato ＿＿ ＿＿ ＿＿ his father's car.

(4) 彼女(かのじょ)は今日, お母さんを手伝う必要はありません。
She ＿＿ ＿＿ ＿＿ help her mother today.

(5) 彼らは音楽を聞いているのかもしれません。
They ＿＿ ＿＿ ＿＿ to music.

(6) 私たちは簡単にその寺を見つけることができました。
We ＿＿ ＿＿ ＿＿ find the temple easily.

解答 p.27

Reading 2 An Old Woman and a Dog ①

読 聞 書 話

●次の物語文を読み，あとの問いに答えなさい。

Meg bought ①(グラス 1 杯(ぱい)の) juice and some ②(cookie). She ③(席につきました) at ④[to / woman / the old / next / the table]. The old woman was very quiet. ⑤She didn't say anything for a long time. Meg ⑥(think), "She is lonely!"

Question

(1) ①，③の( )内の日本語を英語になおしなさい。

① ＿＿＿ ＿＿＿ ＿＿＿ (3 語)

③ ＿＿＿ ＿＿＿ (2 語)

(2) ②，⑥の( )内の語を適する形になおしなさい。

② ＿＿＿ ⑥ ＿＿＿

(3) ④の〔 〕内の語句を正しい語順に並べかえなさい。

＿＿＿＿＿＿＿＿＿＿＿＿＿＿＿＿

(4) 下線部⑤を日本語になおしなさい。

( )

(5) 本文の内容に合うように，次の問いに答えるとき，＿＿に適する語を書きなさい。

Why did Meg think, "The old woman is lonely?"

— ＿＿＿ ＿＿＿ was very ＿＿＿.

Word Box BIG

1 次の英語は日本語に，日本語は英語になおしなさい。

(1) thirsty	( )	(2) next to ～	( )
(3) foot	( )	(4) think	( )
(5) 静かな	＿＿＿	(6) 女性	＿＿＿
(7) 寂(さび)しい	＿＿＿	(8) ～を買う	＿＿＿

2 次の日本文に合うように，＿＿に適する語を書きなさい。

(1) メグはコーヒー店に入りました。

Meg ＿＿＿＿＿＿ a coffee shop.

(2) 小さなネコが彼女(かのじょ)の足元(あしもと)にいました。

A small cat was ＿＿＿ ＿＿＿ ＿＿＿.

解答 p.28

Reading 2 An Old Woman and a Dog ②

読 聞 書 話

●次の物語文を読み，あとの問いに答えなさい。

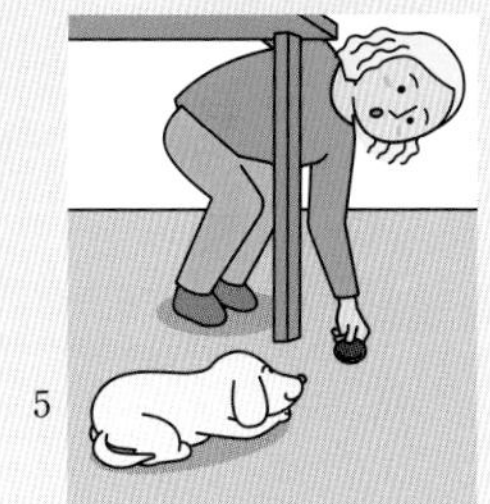

Meg ①(take) a cookie in her hand and reached under the table. She put ②it near the ③(dog) mouth. The dog (④) bite the cookie. He ⑤(bite) her hand! Meg ⑥(跳(と)び上がりました). She screamed, “You said, ‘He (⑦) bite.’”

The old woman looked (⑧) Meg and then (⑧) the dog. Then she said, “ ⑨ ”

Question

(1) ①，③，⑤の( )内の語を適する形になおしなさい。

① ＿＿＿＿ ③ ＿＿＿＿ ⑤ ＿＿＿＿

(2) 下線部②がさすものを，本文中の英語２語で答えなさい。

＿＿＿＿＿＿

(3) ④，⑦の( )に適する語をそれぞれア〜エから選び，記号で答えなさい。

ア isn't イ doesn't ウ wasn't エ didn't

④ ( ) ⑦ ( )

(4) ⑥の( )内の日本語を２語の英語になおしなさい。

＿＿＿＿ ＿＿＿＿

(5) ２つある⑧の( )に共通して入る適する１語を書きなさい。

＿＿＿＿

(6) ⑨の□に適する文をア〜エから選び，記号で答えなさい。

ア That's my dog! イ That's your dog!

ウ That's not my dog! エ That's not your dog! ( )

Word Box BIG

1 次の英語は日本語に，日本語は英語になおしなさい。

(1) bite ( ) (2) tame ( )

(3) 〜の内側に ＿＿＿＿ (4) 〜さえ ＿＿＿＿

(5) say の過去形 ＿＿＿＿ (6) reply の過去形 ＿＿＿＿

2 次の日本文に合うように，＿＿に適する語を書きなさい。

(1) 今日は暑いです。

＿＿＿＿ ＿＿＿＿ hot today.

(2) メグはその女性に話しかけました。

Meg ＿＿＿＿ ＿＿＿＿ the woman.

Lesson 7 ～ Reading 2

読 聞 書 話

1 LISTENING (1)と(2)の対話を聞いて，その内容に合う絵を１つ選び，記号で答えなさい。 l13

(1) (　　　) (2) (　　　)

2 次の日本文に合うように，____に適する語を書きなさい。

(1) テレビを見てもいいですか。

________ ________ watch TV?

(2) アキはギターが弾(ひ)けます。

Aki is ________ ________ play the guitar.

(3) 私たちは京都に行かなければなりません。

We ________ ________ go to Kyoto.

(4) ケンは図書館で勉強をしているかもしれません。

Ken ________ ________ studying in the library.

よく出る **3** 次の文を( )内の指示にしたがって書きかえるとき，____に適する語を書きなさい。

(1) Your dog likes cookies. (疑問文に)

________ your dog ________ cookies?

(2) I have to make dinner today. (下線部を He にかえて)

He ________ ________ make dinner today.

(3) Kenta can read the sign. (否定文に)

Kenta ________ ________ the sign.

(4) Don't eat lunch here. (ほぼ同じ内容を表す文に)

You ________ ________ eat lunch here.

4 〔 〕内の語を並べかえて，日本文に合う英文を書きなさい。

(1) ケンはグラス１杯(ぱい)のジュースを買いました。

Ken〔 glass / juice / bought / of / a 〕.

Ken ____________________________.

(2) 彼(かれ)は長い間，何も言いませんでした。

He〔 a / anything / say / time / long / didn't / for 〕.

He ____________________________.

重要ポイント

2 (1)許可を求める文。
(2) is があるので，「～することができる」を can ではなく３語で表す。
(3)「～しなければならない」を２語で表す。
(4)推量を述べる文。

得点力をUP

can を使った表現
- Can I ～?
(～してもいいですか。)
- Can you ～?
(～してくれませんか。)

3 (1)(2)主語が３人称(にんしょう)単数であることに注意。
(4)禁止を表す文。

テストに出る!

助動詞を使った文
助動詞(can, may, must)は，主語によって形が変化しない。また，助動詞のあとには，必ず動詞の原形がくる。
肯定文：〈主語＋助動詞＋動詞の原形 ～.〉
疑問文：〈助動詞＋主語＋動詞の原形 ～?〉
否定文：〈主語＋助動詞＋not＋動詞の原形 ～.〉

5 次の対話文を読んで，あとの問いに答えなさい。

Aya : (①) does this sign mean?
Bob : We can rest here. A rest area?
Aya : ②そのとおりです。 How (③) this?
Mei : ④We mustn't bring pets here.
Aya : Right! (①) does this mean then?
Kenta : ⑤Penguins have to cross here.
Aya : No, Kenta. Penguins (⑥) read the sign.

(1) 2つある①の( )に共通して入る適する1語を書きなさい。

(2) 下線部②を2語の英語になおしなさい。

(3) ③の( )に適する語を書きなさい。

(4) 下線部④，⑤を日本語になおしなさい。
④ ( )
⑤ ( )

(5) ⑥の( )に適する語をア～エから選び，記号で答えなさい。
ア can　イ cannot　ウ must　エ mustn't
( )

6 次の英文を日本語になおしなさい。

(1) We don't have to get up early tomorrow.
( )

(2) She may be Aya's mother.
( )

(3) You must study hard this week.
( )

(4) I was able to answer the question in English.
( )

レベルUP 7 次の日本文を( )内の語数の英語になおしなさい。

(1) ここにすわってもよろしいですか。 (4語)

(2) アヤは今日ここに来るかもしれません。 (5語)

(3) 私の父は英語の本を読むことができます。 (8語)

重要ポイント

5 (1)標識の意味をたずねている。
(3)「これはどうですか」

テストに出る!

助動詞の意味
- can：～できる
- cannot：～できない
- must：～しなければならない
- mustn't：～してはいけない
- may：～かもしれない

得点力をUP

have[has] to の文
主語が3人称単数のときhasを使う。
- 疑問文：〈Do[Does]＋主語＋have to＋動詞の原形～?〉
- 否定文：〈主語＋don't[doesn't] have to＋動詞の原形～.〉

得点力をUP

「～することができた」という過去の文
- 主語がIまたは3人称単数→〈was able to＋動詞の原形〉
- 主語がyouまたは複数→〈were able to＋動詞の原形〉

ちょっとBREAK 英語で「オリンピック大会の開催都市」は何と言う？ ➡答えは次のページ

解答 p.29

実力判定テスト ステージ3 Lesson 7 ～ Reading 2

30分 /100 読 聞 書 話

1 LISTENING (1)～(3)の英文を聞いて，その答えとして適するものを1つ選び，記号で答えなさい。 l14 4点×3(12点)

(1) ア Thank you. イ Sure.
ウ You are welcome. エ You're right. (　　)

(2) ア Yes, you must. イ No, thank you.
ウ Sure. エ Yes, you do. (　　)

(3) ア Yes, I do. イ I was just kidding.
ウ Not really. エ I have no idea. (　　)

よく出る **2** 次の日本文に合うように，＿＿に適する語を書きなさい。 4点×5(20点)

(1) この記号は何を表しますか。
What does this symbol ＿＿＿ ＿＿＿?

(2) 私は早く起きなければなりませんか。
＿＿＿ I ＿＿＿ ＿＿＿ get up early?

(3) 私は今，宿題をする必要はありません。
I ＿＿＿ ＿＿＿ ＿＿＿ do my homework now.

(4) 私の姉は公園で走っているかもしれません。
My sister ＿＿＿ ＿＿＿ ＿＿＿ in the park.

(5) 私はくだものが好きです。たとえば，バナナが大好きです。
I like fruits. ＿＿＿ ＿＿＿, I like bananas very much.

レベルUP **3** 〔 〕内の語を並べかえて，日本文に合う英文を書きなさい。ただし，1語補うこと。 5点×4(20点)

(1) あの標識はどういう意味ですか。
〔 sign / what / mean / that 〕?

＿＿＿＿＿＿＿＿＿＿＿＿＿＿＿＿＿＿＿＿

(2) ここでは靴(くつ)を脱(ぬ)がなければなりません。
〔 your / here / off / you / shoes / take 〕.

＿＿＿＿＿＿＿＿＿＿＿＿＿＿＿＿＿＿＿＿

(3) 彼女(かのじょ)たちはコーヒー店に入りました。
〔 coffee / went / a / they / shop 〕.

＿＿＿＿＿＿＿＿＿＿＿＿＿＿＿＿＿＿＿＿

(4) その年老いた女性は私たちを見ました。
〔 woman / us / old / looked / the 〕.

＿＿＿＿＿＿＿＿＿＿＿＿＿＿＿＿＿＿＿＿

ちょっとBREAKの答え the host city for the Olympic Games と言います。

目標　●許可を求めたり，すべきこと，してはいけないこと，過去にできたことなどを伝えられるようになりましょう。

自分の得点まで色をぬろう！
がんばろう！　もう一歩　合格！
0　60　80　100点

4 アヤがピクトグラム(絵文字)について発表しています。次の英文を読んで，あとの問いに答えなさい。 (計 26 点)

①In a global society, 〔 to / many languages / people / do / learn / have 〕? Not really. Pictograms may help.

In ②1964, the Japanese Olympic Committee created many pictograms ③(初めて). Visitors ④(～できた) find first-aid rooms ⑤(easy), for example.

Now pictograms use colors. Sometimes the color is important.

(1) ①の〔 〕内の語句を並べかえて，意味の通る英文にしなさい。 (4 点)

In a global society, ________________ ?

(2) 下線部②の読み方を英語で書き表しなさい。 (4 点)

____

(3) ③，④の( )内の日本語を英語になおしなさい。 3 点×2(6 点)

③ ______ ______ ______ ______ (4 語)

④ ______ ______ ______ (3 語)

レベルUP (4) ⑤の( )内の語を適する形になおしなさい。 (3 点)

____

(5) 次の文が本文の内容と合っていれば○，異なっていれば×を書きなさい。 3 点×3(9 点)

1. 国際社会において，人々は多くの言語を学ぶ必要がある。 ( )
2. 日本オリンピック委員会は多くの絵文字を考案した。 ( )
3. 絵文字に色を使うのは重要なときもある。 ( )

よく出る **5** 次の各組の文がほぼ同じ内容を表すように，____ に適する語を書きなさい。 4 点×3(12 点)

(1) Taku must study math hard.
Taku ______ ______ study math hard.

(2) Don't use your smartphone now.
______ ______ use your smartphone now.

(3) Emi can swim very well.
Emi ______ ______ ______ swim very well.

レベルUP **6** 次の日本文を( )内の語を使って英語になおしなさい。 5 点×2(10 点)

(1) 私の弟はとてもイヌを怖(こわ)がっていました。 (afraid, dogs)

____

(2) あなたのとなりにすわってもいいですか。 (next)

____

定期テスト対策 予想問題 第8，9回 p.136～139

解答 p.29

確認のワーク ステージ1 Lesson 8 Holiday in Hokkaido ①

読 聞 書 話

教科書の要点 予定・計画を表す文

a31

What are you going to do in Hokkaido? あなたたちは北海道で何をするつもりですか。
（主語に合わせる）（動詞は原形）

— We are going to visit the zoo. 私たちは動物園に行くつもりです。

要点

- 「何を[いつ，どこで]〜するつもり[予定]ですか」と予定や計画についてたずねるときは，〈疑問詞(What，When，Where など)＋be 動詞＋主語＋going to＋動詞の原形 〜?〉で表す。
- 答えるときは，be going to を使って具体的に答える。
- 〈be 動詞＋going to＋動詞の原形〉は，「〜するつもり[予定]です」とすでに決めてある予定や計画を述べるときに使う。be 動詞(am / is / are)は，主語に合わせる。

プラス 「〜するつもり[予定]ですか」とたずねるときは，〈be 動詞＋主語＋going to＋動詞の原形 〜？〉で表す。この疑問文には，be 動詞を使って答える。

Are you going to play soccer after school? あなたは放課後サッカーをするつもりですか。
— Yes, I am. / No, I'm not. はい，そうです。/ いいえ，しません。

Wordsチェック 次の英語は日本語に，日本語は英語になおしなさい。

□(1) for example (　　　　)　□(2) elementary school (　　　　)
□(3) 計画 ＿＿＿＿　□(4) 引っ越(こ)す ＿＿＿＿

よく出る 1 次の文を下線部をたずねる文に書きかえるとき，＿＿に適する語を書きなさい。

(1) We are going to swim in Okinawa.
＿＿＿＿ are you going to ＿＿＿＿ in Okinawa?

(2) Meg is going to study Japanese this weekend.
＿＿＿＿ is Meg going to ＿＿＿＿ this weekend?

(3) We are going to go home at six.
＿＿＿＿ are you going to ＿＿＿＿ home?

(4) They are going to meet at the station.
＿＿＿＿ are they going to ＿＿＿＿?

ここがポイント
予定をたずねる文
〈疑問詞＋be 動詞＋主語＋going to＋動詞の原形 〜?〉
(1)(2)「何をするつもりか」とたずねる。「何を」は what。
(3)「いつ」は when。
(4)「どこで」は where。

2 次の英文を日本語になおしなさい。

What are you going to do in Nagano?
— We are going to ski there.

(　　　　　　　　　　　　)
— (　　　　　　　　　　　　)

ミス注意
答えの文の主語が We (私たちは)なので，問いの文の you は「あなたたちは」と訳す。

vacation：休暇(きゅうか)，visit：〜を訪(おとず)れる，訪ねる

3 絵を見て例にならい,「…は～する予定です」という文を書きなさい。

例 Bill is going to play tennis with his friend.

(1) Miki ＿＿＿＿ ＿＿＿＿ ＿＿＿＿

＿＿＿＿ her grandmother.

(2) ＿＿＿＿＿＿＿＿＿＿＿＿ at the party.

(3) ＿＿＿＿＿＿＿＿＿＿＿＿

ここがポイント

予定を表す文

予定・計画は〈be 動詞＋going to＋動詞の原形〉で表す。

- be 動詞は主語によって am, is, are を使い分ける。
- to のあとの動詞はつねに原形。

よく出る 4 次の文を疑問文に書きかえ, (1)(3)は Yes, (2)は No で答えなさい。

(1) Saki is going to clean her room.

＿＿＿＿＿＿＿＿＿＿＿＿ her room?

— Yes, ＿＿＿＿ ＿＿＿＿.

(2) You are going to help your mother.

＿＿＿＿＿＿＿＿＿＿＿＿ your mother?

— No, ＿＿＿＿ ＿＿＿＿.

(3) These girls are going to buy their uniforms.

＿＿＿＿＿＿＿＿＿＿＿＿

— Yes, ＿＿＿＿ ＿＿＿＿.

ここがポイント

be going to の疑問文と答え方

疑問文は be 動詞を主語の前に置く。答えるときは be 動詞を使って答える。

ミス注意

(3)主語は these girls(この女の子たち)。答えの文では they(彼女たち は)で受ける。

5 次の日本文に合うように, ＿＿に適する語を書きなさい。

(1) ああ, なるほど。

Oh, ＿＿＿＿ ＿＿＿＿.

(2) 彼女(かのじょ)はオーストラリア出身です。

＿＿＿＿ ＿＿＿＿ Australia.

(3) 私の友達は名古屋に引っ越しました。

My friend ＿＿＿＿ ＿＿＿＿ Nagoya.

6 〔 〕内の語を並べかえて, 日本文に合う英文を書きなさい。

(1) あなたはこの前の春にどこへ行きましたか。

〔 did / spring / go / you / last / where 〕?

＿＿＿＿＿＿＿＿＿＿＿＿

(2) あなたは何か今週末の計画はありますか。

〔 weekend / any / you / this / have / plans / do / for 〕?

＿＿＿＿＿＿＿＿＿＿＿＿

表現メモ

時を表す語句

- last week（先週）
- this week（今週）
- next week（来週）

思い出そう

(1)過去の疑問文は〈Did＋主語＋動詞 ～?〉。疑問詞は文頭に置く。

確認のワーク ステージ1 Lesson 8 Holiday in Hokkaido ②

教科書の要点 未来の予想を表す文(肯定文)

a32

It will snow tomorrow.　　明日は雪が降るでしょう。
（snow：動詞は原形）

要点

● 未来のことについて「〜(する)でしょう」と予想を述べるときは，〈will＋動詞の原形〉で表す。

プラス will は，「〜します」と今その場で決めたことや，「〜するつもりです」と意志などを述べるときにも使う。

I will answer your question.　私があなたの質問に答えます。

Wordsチェック 次の英語は日本語に，日本語は英語になおしなさい。

□(1) scene （　　　　）　□(2) appear （　　　　）

□(3) sunrise （　　　　）　□(4) jewelry （　　　　）

□(5) カメラ ＿＿＿＿　□(6) 場所，名所 ＿＿＿＿

よく出る **1** 次の文の下線部を tomorrow にかえて書きかえるとき，＿＿に適する語を書きなさい。

(1) It is rainy in Nara now.

It ＿＿＿＿ ＿＿＿＿ rainy in Nara tomorrow.

(2) We see a movie on Sundays.

We ＿＿＿＿ ＿＿＿＿ a movie tomorrow.

(3) She cooks dinner every day.

She ＿＿＿＿ ＿＿＿＿ dinner tomorrow.

(4) I study English every day.

I ＿＿＿＿ ＿＿＿＿ English tomorrow.

2 次の日本文に合うように，＿＿に適する語を書きなさい。

(1) 彼女(かのじょ)の家はお城のようです。

Her house is ＿＿＿＿ a castle.

(2) 秋田では今，雪が降っていますか。

＿＿＿＿ it ＿＿＿＿ in Akita now?

(3) あなたはまだ写真を撮(と)ることができません。

You ＿＿＿＿ take photos ＿＿＿＿.

(4) 彼(かれ)は数週間したらここに来ます。

He'll come here ＿＿＿＿ a ＿＿＿＿ weeks.

(5) 「それを見てもいいですか」「ええ，もちろんです」

"Can I see it?"　"Yes, ＿＿＿＿ ＿＿＿＿."

ここがポイント

will を使う文

主語が何でも(3人称(にんしょう)単数でも)，未来のことは〈will＋動詞の原形〉で表す。

ここがポイント

be 動詞の原形

am, are, is の原形は be。

ことばメモ

like の意味

● 「〜が好きである」
I like koalas.
(私はコアラが好きです。)

● 「〜のような[に]」
That was like a dream.
(それは夢のようでした。)

will の短縮形

● I will → I'll

● he will → he'll

● it will → it'll

photo：写真，week：週

解答 p.30

Lesson 8　Holiday in Hokkaido ③

読 聞 書 話

教科書の要点　近い未来を表す現在進行形

a33

We are arriving at the station.　私たちは駅に到着(とうちゃく)します。

主語に合わせる　〈be 動詞＋動詞の -ing 形〉

要点

●現在進行形〈be 動詞(am / is / are)＋動詞の -ing 形〉が「(まもなく)～します」と近い未来を表すことがある。go, come, start, arrive などの動詞がこの形でよく使われる。

Wordsチェック　次の英語は日本語に，日本語は英語になおしなさい。

□(1) difference　(　　　　)　□(2) between　(　　　　)

□(3) 記事　________　□(4) 着く，到着する　________

1 〔　〕内の語を並べかえて，日本文に合う英文を書きなさい。

(1) 彼らはまもなく私たちの学校に到着します。

〔 at / soon / they're / school / arriving / our 〕.

____

(2) 私にその動物園について話してください。

〔 the / me / please / about / zoo / tell 〕.

____

(3) ケンにはカナダ出身のいい友達がいます。

〔 good / Canada / has / from / friend / Ken / a 〕.

____

ここがポイント

現在進行形の意味

●「(今)～しているところです」
現在ある動作が進行中であることを表す。

●「(まもなく)～します」
近い未来を表す。

2 次の日本文に合うように，____に適する語を書きなさい。

(1) [相手にものを差し出して]はい，どうぞ。

______ ______ are.

よく出る (2) あなたはこの本を読むべきです。

You ______ ______ this book.

(3) ところで，あなたはこの話について知っていますか。

______ ______ ______, do you know about this story?

よく出る (4) 私は古い動物園と新しい動物園の違(ちが)いを知っています。

I know the difference ______ the old zoo ______ the new zoo.

ここがポイント

should を使う文

should は「～すべきである，～したほうがよい」という意味を表す助動詞。主語が何でも(3 人称単数でも)，〈should＋動詞の原形〉の形で使う。

表現メモ

●the difference between A and B
(A と B の違い)

●the game between A and B
(A 対 B の試合)

解答 p.31

確認のワーク ステージ1 Lesson 8 Holiday in Hokkaido ④

読 聞 書 話

教科書の要点 未来の予想を表す文(否定文)

a34

It won't snow today.　　今日は雪は降らないでしょう。

won't = will not　動詞は原形

要点

● 未来のことについて「〜ではないでしょう，〜しないでしょう」と予想を述べるときは，〈won't[will not]＋動詞の原形〉で表す。

プラス won'tは，「〜しません」と今その場で決めたことや，意志などを述べるときにも使う。
I won't do it again.　私はもう二度とそれをしません。

Wordsチェック 次の英語は日本語に，日本語は英語になおしなさい。

□(1) huge (　　　)　□(2) display (　　　)
□(3) situation (　　　)　□(4) environment (　　　)
□(5) 飛ぶ ＿＿＿　□(6) 自然の ＿＿＿
□(7) 村 ＿＿＿　□(8) drawの過去形 ＿＿＿

1 次の文を否定文に書きかえるとき，＿＿に適する語を書きなさい。

(1) It will rain today.
It ＿＿＿ ＿＿＿ today.

(2) She will come here tomorrow.
She ＿＿＿ ＿＿＿ come here tomorrow.

ここがポイント
willの否定文
willは「〜でしょう」という意味を表す助動詞。否定文は，willのあとにnotを置く。will notの短縮形はwon't。

2 次の日本文に合うように，＿＿に適する語を書きなさい。

(1) 私はとうとう新しいコンピュータを手に入れました。
I got a new computer ＿＿＿ ＿＿＿.

(2) 私の父の夢は実現しました。
My father's dream ＿＿＿ ＿＿＿.

(3) アヤはたくさんの種類の鳥を見ました。
Aya saw ＿＿＿ ＿＿＿ of birds.

レベルUP 3 次のようなとき，英語でどのように言うか書きなさい。

(1) 自分は中国を訪(おとず)れるつもりだと，すでに決めてある予定を述べるとき。
＿＿＿＿＿＿＿＿

(2) 札幌は明日雪が降る，と予想を述べるとき。
＿＿＿＿＿＿＿＿

(3) 自分たちはまもなく動物園に到着(とうちゃく)すると，状況(じょうきょう)を伝えるとき。
＿＿＿＿＿＿＿＿

ここがポイント
未来のことを述べる表現
● すでに決めてある予定や計画を述べる
→〈be going to＋動詞の原形〉
● 予想を述べる
→〈will＋動詞の原形〉
●「まもなく〜する」と近い未来を述べる
→現在進行形〈be動詞＋動詞の -ing形〉

old：古い，new：新しい

解答 p.31

予定や予想などを表す文／should

読 聞 書 話

まとめ

① be going to

- 「〜するつもりです，〜する予定です」と，すでに決めてある予定や計画などを述べるときは〈be 動詞(am / is / are)＋going to＋動詞の原形〉で表す。
- be 動詞は主語に合わせて使い分ける。I'm，We're など，短縮形を使うことが多い。
- 疑問文は，be 動詞を主語の前に置き〈be 動詞＋主語＋going to＋動詞の原形 〜?〉で表す。

肯定文 I'm going to play baseball tomorrow.　（私は明日，野球をするつもりです。）
I'm = I am　動詞は原形

疑問文 Are you going to play baseball tomorrow?　（あなたは明日，野球をするつもりですか。）

② will(助動詞)

- 「〜(する)でしょう」と予想を述べるときは〈will＋動詞の原形〉で表す。
- 否定文は，〈won't[will not]＋動詞の原形〉で表す。

肯定文 It will be cloudy tomorrow.　（明日は曇(くも)りでしょう。）
動詞は原形

否定文 It won't rain tomorrow.　（明日は雨は降らないでしょう。）

③ should(助動詞)

- 「〜すべきである，〜したほうがよい」と，忠告や助言をするときは〈should＋動詞の原形〉で表す。

You should speak English here.　（あなたはここでは英語を話すべきです。）

練習

よく出る **1** 次の日本文に合うように，＿＿に適する語を書きなさい。

(1) 私たちは明日，京都を訪れるつもりです。
＿＿＿＿ ＿＿＿＿ to visit Kyoto tomorrow.

(2) 午後は晴れるでしょう。
It ＿＿＿＿ ＿＿＿＿ sunny in the afternoon.

(3) あなたたちは毎日，新聞を読むべきです。
You ＿＿＿＿ ＿＿＿＿ the newspaper every day.

2 次の文を(　)内の指示にしたがって書きかえなさい。

(1) It's rainy and cold now.
（下線部を tomorrow にかえ，will を使って予想を表す文に）
＿＿＿＿＿＿＿＿＿＿＿＿＿＿＿＿

(2) They're going to ski tomorrow.　（疑問文に）
＿＿＿＿＿＿＿＿＿＿＿＿＿＿＿＿

(3) It will snow in Niigata.　（否定文に）
＿＿＿＿＿＿＿＿＿＿＿＿＿＿＿＿

解答 p.31

定着のワーク ステージ2 Lesson 8

読 聞 書 話

1 LISTENING 対話を聞いて，その内容に合う絵を１つ選び，記号で答えなさい。 l15

(　　　)

よく出る **2** 次の日本文に合うように，____に適する語を書きなさい。

(1) 私はたくさんのマンガ本を持っています。

I have ______ ______ comic books.

(2) 私たちはまもなく博物館に到着(とうちゃく)します。

We're ______ ______ the museum soon.

(3) ここでは明日，雪が降るでしょう。

It ______ ______ snowy here tomorrow.

3 次の文を(　)内の指示にしたがって書きかえなさい。

(1) The animals will be for display. (否定文に)

____

(2) We visit our grandparents' house <u>every</u> weekend.
(下線部を this にかえ，be 動詞を使って予定を表す文に)

____

4 〔　〕内の語句を並べかえて，日本文に合う英文を書きなさい。ただし，１語補うこと。

(1) 彼女(かのじょ)はこの前の夏に北海道に引っ越(こ)しました。
〔 moved / Hokkaido / summer / she / last 〕.

____

(2) アヤにはアメリカ出身のいい友達がいます。
〔 friend / from / good / Aya / America / a 〕.

____

(3) バスは数分したら来るでしょう。
〔 will / minutes / the bus / come / few / a 〕.

____

(4) あなたたちはそこで何をするつもりですか。
〔 you / there / what / to / are / going 〕?

____

重要ポイント

テストに出る!

未来のことを述べる表現

- 〈will＋動詞の原形〉「～(する)でしょう」(予想)
- 〈won't＋動詞の原形〉「～ではないでしょう，～しないでしょう」(予想)
- 〈be going to＋動詞の原形〉「～するつもり[予定]だ」(予定・計画)
- 〈be 動詞＋動詞の -ing 形〉「まもなく～する」(近い未来)

得点力をUP

未来を表す語句

- tomorrow(あした)
- next Monday (今度の月曜日(に))
- soon(すぐに，じきに)
- in ten minutes (10分したら)

4 (4)予定や計画について「何を[いつ，どこで]～するつもりですか」とたずねるときは〈疑問詞＋be 動詞＋主語＋going to＋動詞の原形 ～?〉で表す。

5 次の対話文を読んで，あとの問いに答えなさい。

Bob : ①［ you / plans / do / have / for / any ］the winter vacation, Aya?
Aya : Yes, ② I'm going to visit my friend in Hokkaido.
Bob : Hokkaido?　That's nice.
Aya : My ③(friend) name is Hanna.
④彼女はフィンランド出身です。
Bob : Where did you meet?
Aya : She ⑤(is) my classmate in elementary school.

(1)　下線部①の［　］内の語を並べかえて，意味の通る英文にしなさい。

____

the winter vacation, Aya?

(2)　下線部②を日本語になおしなさい。

(　　　　　　　　　　　　　　　)

(3)　③，⑤の(　)内の語を適する形になおしなさい。

③ __________　⑤ __________

(4)　下線部④を３語の英語になおしなさい。

____

(5)　本文の内容に合うように，次の問いに４語の英語で答えなさい。
Where does Hanna live?

____

よく出る
6 次の対話が成り立つように，____に適する語を書きなさい。

(1)　*A* : Are you going to go to the zoo?
B : ________, ________ ________.
I'm going to go to the museum.

(2)　*A* : ________ ________ you see Keiko?
B : I saw her at the park.

レベルUP
7 次の日本文を(　)内の語句を使って英語になおしなさい。

(1)　あなたはここで待つべきです。　(here)

____

(2)　今日は雪は降らないでしょう。　(snow)

____

(3)　私たちはまもなく駅に到着します。　(arriving / the station)

____

(4)　私は明日，英語を勉強するつもりです。　(to)

____

重要ポイント

5 (1)「あなたは冬休みの予定は何かありますか，アヤ」
(3)③「私の友達の名前」
⑤「あなたたちはどこで出会ったのですか」に対する応答なので，過去の文にする。
(4)「３語」と語数指定があるので短縮形を使う。
(5)主語が３人称(にんしょう)単数なので動詞にｓをつける。

テストに出る!
be動詞の疑問文
be動詞(am / is / are)で始まる疑問文には，be動詞を使って答える。

6 (2) saw は see の過去形。「公園で」と場所を答えているので「どこで～しましたか」とたずねる文にする。

得点力をUP
助動詞の意味
- can：～することができる
- may：～かもしれない
- must：～しなければならない
- should：～すべきである
- will：～でしょう，～するつもりです

ちょっとBREAK　「動物園」は zoo ですが，「水族館」は英語で何と言うでしょうか。

➡答えは次のページ

解答 p.32

実力判定テスト ステージ3 Lesson 8

/100 読 聞 書 話

1 LISTENING (1)～(3)の質問を聞いて，その答えとして適するものを1つ選び，記号で答えなさい。 l16 4点×3(12点)

(1) ア Yes, I am. イ Yes, I was. ウ Yes, I do. エ Yes, I did. (　　)

(2) ア I was playing tennis. イ I play tennis. ウ I'm going to play tennis. エ I played tennis. (　　)

(3) ア In Yokohama. イ Yesterday. ウ Tomorrow. エ In 2020. (　　)

2 次の＿＿に適する語を，右の□から選んで書きなさい。同じ語を2度使用しないこと。 2点×5(10点)

(1) Oh, that's ＿＿＿＿ a TV drama!
(2) Ami, take your umbrella ＿＿＿＿ you.
(3) Look ＿＿＿＿ that dog. It's so cute!
(4) We can get ＿＿＿＿ the cage and touch the rabbits.
(5) This zoo was not popular ＿＿＿＿ the 1990s.

in	like
into	at
with	

3 次の日本文に合うように，＿＿に適する語を書きなさい。 4点×5(20点)

(1) ケンはアヤとボブの間にすわっています。
Ken is sitting ＿＿＿＿ Aya ＿＿＿＿ Bob.

(2) 私の父はとうとう新しい車を買いました。
My father bought a new car ＿＿＿＿ ＿＿＿＿.

(3) あなたはまだジュエリーアイスの写真を撮(と)ることはできません。
You can't ＿＿＿＿ photos of jewelry ice ＿＿＿＿.

(4) あなたの夢は実現するでしょう。
Your dream ＿＿＿＿ ＿＿＿＿ ＿＿＿＿.

(5) 私たちはそこでたくさんの種類の鳥を見ました。
We saw ＿＿＿＿ ＿＿＿＿ ＿＿＿＿ birds there.

4 次の文を(　)内の指示にしたがって書きかえなさい。 4点×3(12点)

(1) My brother studies English hard. (「～すべきだ」という文に)

＿＿＿＿＿＿＿＿＿＿＿＿＿＿＿＿

よく出る (2) Aki goes shopping with Bob. (文末に tomorrow を加え，to を使って予定を表す文に)

＿＿＿＿＿＿＿＿＿＿＿＿＿＿＿＿

レベルUP (3) Visitors will see <u>the animals' natural behavior</u> in the dream zoos.
(下線部をたずねる文に)

＿＿＿＿＿＿＿＿＿＿＿＿＿＿＿＿

ちょっとBREAKの答え 「水族館」は英語で aquarium と言います。

目標 ●予定や計画，予想など，未来のことについて述べたり，たずねたりできるようになりましょう。

自分の得点まで色をぬろう!
かんばろう! もう一歩 合格!
0 60 80 100点

5 次の対話文を読んで，あとの問いに答えなさい。 （計 26 点）

Hanna : （ ① ） you taking your camera with you, Aya?
②We （ ）（ ） of wonderful spots.
Aya : Yes, ③(もちろん). Is it snowing now?
Hanna : No, it （ ④ ） now.
⑤しかし，明日は雪が降るでしょう。
Aya : Good! I want to take photos of snow scenes.
Hanna : Hey, look at ⑥(this) photos.
Aya : Beautiful! ⑦This is like jewelry!

(1) ①，④の（ ）に適する語を書きなさい。 3点×2(6点)
① ＿＿＿＿ ④ ＿＿＿＿

(2) 下線部②が「ここにはたくさんのすばらしい場所があります」という意味になるように（ ）に適する語を書きなさい。 （4点）
We ＿＿＿＿ ＿＿＿＿ of wonderful spots.

(3) ③の（ ）内の日本語を２語の英語になおしなさい。 （4点）
＿＿＿＿ ＿＿＿＿

よく出る (4) 下線部⑤を５語の英語になおしなさい。 （5点）
＿＿＿＿＿＿＿＿

(5) ⑥の（ ）内の語を適する形になおしなさい。 （3点）
＿＿＿＿

(6) 下線部⑦を日本語になおしなさい。 （4点）
（ ）

レベルUP **6** 次の英文を日本語になおしなさい。 5点×2(10点)

(1) What are you going to do in Hokkaido?
（ ）

(2) She should visit her friend in America.
（ ）

レベルUP **7** 次の日本文を英語になおしなさい。 5点×2(10点)

(1) 私たちは数分で東京駅(Tokyo Station)に到着(とうちゃく)します。
＿＿＿＿＿＿＿＿

(2) 寺と神社の違(ちが)いについて私に教えてください。
＿＿＿＿＿＿＿＿

定期テスト対策 予想問題 第10回 p.140〜141

解答 p.33

ステージ1 Lesson 9 Helping the Planet ①

読 聞 書 話

教科書の要点 「〜そうに見える / 聞こえる」の文

a35

You look sleepy.（sleepy：形容詞）　あなたは眠（ねむ）そうに見えます。

That sounds scary.（scary：形容詞）　それは怖（こわ）そうに聞こえます。

要点

- 「〜そうに見える」と，人の様子などを見て感じることは〈look＋形容詞〉で表す。
- 「〜そうに聞こえる，思える」と，話などを聞いて感じることは〈sound＋形容詞〉で表す。
- look や sound などのあとに続く形容詞は，主語の様子や状態を説明している。

Wordsチェック 次の英語は日本語に，日本語は英語になおしなさい。

□(1) problem (　　　)　□(2) late (　　　)

□(3) serious (　　　)　□(4) disappear (　　　)

□(5) 気候 ＿＿＿＿　□(6) 地球 ＿＿＿＿

□(7) 〜を終える ＿＿＿＿　□(8) 〜を選ぶ ＿＿＿＿

1 次の日本文に合うように，＿＿に適する語を書きなさい。

(1) あなたは悲しそうに見えます。

You ＿＿＿＿ ＿＿＿＿.

(2) ボブの考えはよさそうに聞こえます。

Bob's idea ＿＿＿＿ ＿＿＿＿.

(3) グラスの中の氷が溶（と）けています。

The ice in the glass ＿＿＿＿ ＿＿＿＿.

よく出る **2** 〔　〕内の語を並べかえて，日本文に合う英文を書きなさい。

(1) 彼女（かのじょ）はとても疲（つか）れているように見えました。

〔 looked / very / she / tired 〕.

＿＿＿＿＿＿＿＿＿＿＿＿＿＿＿＿

(2) その物語はおもしろそうに聞こえます。

〔 story / sounds / interesting / the 〕.

＿＿＿＿＿＿＿＿＿＿＿＿＿＿＿＿

(3) 彼（かれ）はカナダに行くかもしれません。

〔 may / to / he / Canada / go 〕.

＿＿＿＿＿＿＿＿＿＿＿＿＿＿＿＿

ミス注意
(2)主語が3人称（にんしょう）単数で現在の文の場合，動詞には s や es がつく。

思い出そう
(3)「〜している」という現在進行形は〈be 動詞 (am / is / are)＋動詞の -ing 形〉で表す。

まるごと暗記
〈主語＋動詞＋形容詞〉の文をつくる動詞
- look（〜のように見える）
- sound（〜に聞こえる，思える）

思い出そう
(3)「〜かもしれない」は〈may＋動詞の原形〉で表す。

warming は[wɔ́ːrmiŋ]と発音するよ。「ワーミング」と発音しないように注意しよう。

解答 p.33

Lesson 9 Helping the Planet ②

読 聞 書 話

教科書の要点 There is[are] ～. の文

a36

There is an air conditioner in my house.（単数名詞）（場所を表す語句） 私の家にはエアコンがあります。

There are a lot of air conditioners in my school.（複数名詞）（場所を表す語句） 学校にはたくさんのエアコンがあります。

要点

- 「(…に)～がある，いる」は〈There is[are]＋名詞(＋場所を表す語句).〉で表す。
- There is[are] のあとの名詞(主語)が単数なら is，複数なら are を使う。

プラス There is[are] ～. は不特定のもの[人]について使い，the, this, my などがついた特定のもの[人]には使わない。特定のもの[人]が「ある，いる」と言うときは，それを主語にして以下のように表す。

Your bag is on the bed.　あなたのかばんはベッドの上にあります。

Wordsチェック 次の英語は日本語に，日本語は英語になおしなさい。

□(1) daily (　　　)　□(2) rise (　　　)

□(3) エネルギー ＿＿＿＿　□(4) 設定する ＿＿＿＿

□(5) (温度などの)度 ＿＿＿＿　□(6) life の複数形 ＿＿＿＿

1 次の文の＿＿に，is か are の適するほうを書きなさい。

(1) There ＿＿＿＿ a park near my house.

(2) There ＿＿＿＿ six eggs in this box.

(3) There ＿＿＿＿ an old picture under the bed.

(4) There ＿＿＿＿ two cats by the chair.

(5) There ＿＿＿＿ a lot of students in the gym.

ここがポイント
There is[are] ～. の文
主語が単数のときは is，複数のときは are を使う。

ミス注意
(5)空所のあとに a があるからといって，主語が単数だとかんちがいしない。a lot of ～は「たくさんの～」という意味。名詞が単数形か複数形かで判断する。

2 次の日本文に合うように，＿＿に適する語を書きなさい。

(1) 私は少なくとも週に３回はそこへ行きます。
I go there ＿＿＿＿ ＿＿＿＿ three times a week.

(2) 照明を消してください。
Please ＿＿＿＿ ＿＿＿＿ lights.

(3) 私たちはどのようにしてそこへ行けますか。
＿＿＿＿ ＿＿＿＿ we go there?

(4) あなたたちはエネルギーを節約しなければなりません。
You ＿＿＿＿ ＿＿＿＿ save energy.

(5) たくさんの方法があります。
＿＿＿＿ are a lot of ＿＿＿＿.

思い出そう
(4)「～しなければならない」は〈have to＋動詞の原形〉で表す。

解答 p.34

確認のワーク ステージ1 Lesson 9 Helping the Planet ③

読 聞 書 話

教科書の要点 There is [are] ～. の疑問文 a37

Is there a piano in your house? あなたの家にはピアノがありますか。
(be 動詞を there の前に / 単数名詞)

—— Yes, there is. / No, there isn't. はい，あります。/ いいえ，ありません。
(be 動詞を使う)

Are there many comic books in your house? あなたの家にはマンガ本がたくさんありますか。
(be 動詞を there の前に / 複数名詞)

—— Yes, there are. / No, there aren't. はい，あります。/ いいえ，ありません。
(be 動詞を使う)

要点

- There is [are] ～. の疑問文は〈Is [Are] there＋名詞（＋場所を表す語句）?〉で表す。
- 答えるときも there を使い，Yes, there is [are]. / No, there isn't [aren't]. のように答える。

Wordsチェック 次の英語は日本語に，日本語は英語になおしなさい。

□(1) street （　　　　） □(2) amount （　　　　）
□(3) ～を燃やす ＿＿＿＿ □(4) 賛成する，同意する ＿＿＿＿

よく出る 1 次の対話が成り立つように，＿＿に適する語を書きなさい。

(1) A: ＿＿＿＿ ＿＿＿＿ a camera on the desk?
B: Yes, there is.

(2) A: Are there any oranges in the box?
B: No, ＿＿＿＿ ＿＿＿＿.

(3) A: How ＿＿＿＿ rooms are there in this house?
B: There are ten rooms.

2 次の日本文に合うように，＿＿に適する語を書きなさい。

(1) 私たちはたくさんのごみを生み出します。
We produce ＿＿＿＿ trash.

(2) （(1)に続けて）これに対して，彼らは生み出しません。
On the other ＿＿＿＿, they don't.

(3) 私たちは自分たちのごみを減らすべきです。
We ＿＿＿＿ ＿＿＿＿ our trash.

(4) この地図を見て。それは私たちの市を示しています。
Look at this map. ＿＿＿＿ ＿＿＿＿ our city.

ここがポイント

There is [are] ～. の疑問文
〈Is [Are] there＋名詞（＋場所を表す語句）?〉で「(…に)～がありますか」。主語が単数なら is，複数なら are を使う。
数をたずねる文
「(…に)～はいくつありますか」は〈How many＋名詞（複数形）＋are there（＋場所を表す語句）?〉で表す。

ミス注意

many は数えられる名詞に，much は数えられない名詞に使う。
- many books（たくさんの本）
- much water（たくさんの水）

life の複数形 lives は[láivz]と発音するよ。「リブズ」と発音しないように注意しよう。

There is[are] ～. の文 / 人やものごとの様子を伝える表現

解答 p.34

まとめ

① 「(…に)～がある，いる」という文

- 「(…に)～がある，いる」は〈There is[are]＋名詞(＋場所を表す語句).〉で表す。
- 名詞(主語)が単数なら is，複数なら are を使う。

主語が単数 There is a school near my house.　(私の家の近くに学校があります。)
主語が複数 There are three parks in this city.　(この市には 3 つの公園があります。)

② There is[are] ～. の疑問文

- 「(…に)～がありますか，いますか」とたずねるときは〈Is[Are] there＋名詞(＋場所を表す語句)?〉で表す。

主語が単数 Is there a table in the room?　(その部屋にはテーブルがありますか。)
主語が複数 Are there any computers in the library?　(その図書館にはコンピュータがありますか。)

- 「(…に)～はいくつありますか，何人いますか」と数をたずねるときは〈How many＋名詞の複数形＋are there (＋場所を表す語句)?〉で表す。

How many balls are there in this box?　(この箱にはボールがいくつありますか。)
How many students are there in your school?　(あなたの学校には何人の生徒がいますか。)

③ 人やものごとの様子を伝えるとき

- 「～そうに見える」は look，「～そうに聞こえる，思える」は sound を使って表す。
- look や sound のあとには，様子・状態などを表す形容詞を続ける。

Aya looks very happy.　(アヤはとてもうれしそうに見えます。)
Your idea sounds great.　(あなたの考えはすばらしく思えます。)

練習

1 次の文を(　)内の指示にしたがって書きかえなさい。

(1) There is a cat on the chair.　(下線部を two にかえて)

(2) There are some students in the gym.　(疑問文に)

(3) There are three letters on the desk.　(下線部をたずねる文に)

2 〔　〕内の語句を並べかえて，日本文に合う英文を書きなさい。

(1) その問題はとても深刻に思えます。
〔 sounds / that problem / serious / very 〕.

(2) あなたの妹さんは眠そうに見えます。
〔 sister / sleepy / looks / your 〕.

解答 p.34

確認のワーク ステージ1 Project 2 アンケート調査をして発表しよう！ 読 聞 書 話

教科書の要点 「どちら[どれ]」とたずねる文

Which do you like, soccer, basketball, baseball or tennis?

Which を文頭に置く　カンマで区切る　「または，あるいは」

あなたは，サッカー，バスケットボール，野球，テニスではどれが好きですか。

— I like tennis.　私はテニスが好きです。

どれかを答える

要点

- 「どちら[どれ]が〜ですか」とたずねるときは **Which** を文頭に置き，疑問文の形を続ける。
- 具体的に選ぶものを示すときは，A or B「A と B では」のように **or** を使って表す。
  3 つ以上の語を並べるときは，A, B, C or D「A，B，C，Dでは」のように，語をカンマで区切って，最後の語の前に or を入れる。

1 絵を見て例にならい，「あなたは，A と B ではどちらが好きですか」とたずねる文とその答えを書きなさい。

例 
○ rice / bread

(1) 
juice / ○ milk

(2) 

(3) 

math / ○ English

例 Which do you like, rice or bread? —— I like rice.

(1) ＿＿＿＿ do you like, juice ＿＿＿＿ milk?
—— I like milk.

(2) ＿＿＿＿＿＿＿＿＿＿＿＿＿＿＿＿
—— ＿＿＿＿＿＿＿＿＿＿＿＿＿＿＿＿

(3) ＿＿＿＿＿＿＿＿＿＿＿＿＿＿＿＿
—— ＿＿＿＿＿＿＿＿＿＿＿＿＿＿＿＿

ここがポイント
Which 〜, A or B?
「どちら，どれ」とたずねるときは which を使う。2 つのものについて「A と B では(どちら)」とたずねるときは，A と B を or でつなぐ。

2 次の日本文に合うように，＿＿に適する語を書きなさい。

(1) 皆(みな)さん，このグラフを見てください。
＿＿＿＿ ＿＿＿＿ this graph, everyone.

よく出る (2) あなたの大好きな色は何ですか。
＿＿＿＿ your favorite color?

(3) あなたの大好きなコメディアンはだれですか。
＿＿＿＿ is your favorite comedian?

思い出そう
疑問詞の意味
- what（何，何の）
- which（どちら，どちらの）
- who（だれ）
- whose（だれの）
- when（いつ）
- where（どこに[で]）
- why（なぜ）

イントネーションに注意しよう。Which do you like, (↘) A (↗), B (↗), C (↗) or D?(↘)

解答 p.34

Reading 3 The Golden Dipper ①

読 聞 書 話

● 次の物語文を読み，あとの問いに答えなさい。

①(ある夜), a little girl ②〔 of / came / her / house / out 〕 with a ③small dipper. She looked (④) water for her sick mother, but didn't find water anywhere. She ⑤(get) tired and ⑥(fall) asleep on the grass.

Question

(1) ①の( )内の日本語を２語の英語になおしなさい。

______ ______

(2) ②の〔 〕内の語を正しい語順に並べかえなさい。

a little girl ______ with a small dipper.

(3) 下線部③と反対の意味を表す語を書きなさい。

______

(4) ④の( )に適する語を書きなさい。

______

(5) ⑤，⑥の( )内の語を適する形になおしなさい。

⑤ ______ ⑥ ______

(6) 本文の内容に合うように，次の問いに５語の英語で答えなさい。

What did the little girl have?

______

Word Box BIG

1 次の英語は日本語に，日本語は英語になおしなさい。

(1) golden ( )
(2) severe ( )
(3) dipper ( )
(4) drought ( )
(5) stream ( )
(6) dry ( )
(7) 前に ______
(8) 川 ______
(9) 井戸 ______
(10) 草 ______

2 次の日本文に合うように，____に適する語を書きなさい。

(1) 村の近くにある川が干(ひ)上がりました。

A river near the village ______ ______.

(2) たくさんの動物が渇(かわ)きで死にました。

A lot of animals ______ ______ thirst.

解答 p.35

Reading 3 The Golden Dipper ②

●次の物語文を読み，あとの問いに答えなさい。

The girl ①(bring) the dipper home and handed ②it to her mother. The mother ③(say), "④[die / I / to / going / am] anyway. ⑤You'd better drink it yourself." ⑥She [back / gave / to / the dipper] the girl. ⑦(同時に), the silver dipper became golden.

Question

(1) ①，③の(　)内の語を適する形になおしなさい。

① ＿＿＿＿＿＿　③ ＿＿＿＿＿＿

(2) 下線部②がさすものを，本文中の英語２語で答えなさい。

＿＿＿＿＿＿＿＿＿＿＿＿

(3) 下線部④，⑥の[　]内の語句を並べかえて，意味の通る英文にしなさい。

④ ＿＿＿＿＿＿＿＿＿＿＿＿＿＿＿＿＿＿＿＿ anyway.

⑥ She ＿＿＿＿＿＿＿＿＿＿＿＿＿＿＿＿＿＿＿＿ the girl.

(4) 下線部⑤を日本語になおしなさい。

(　　　　　　　　　　　　　　　　　　　　)

(5) ⑦の(　)内の日本語を４語の英語になおしなさい。

＿＿＿＿＿＿ ＿＿＿＿＿＿ ＿＿＿＿＿＿ ＿＿＿＿＿＿

(6) 本文の内容に合うように，次の問いに３語の英語で答えなさい。

What color did the silver dipper become?

＿＿＿＿＿＿＿＿＿＿＿＿＿＿＿＿＿＿＿＿＿＿＿＿

Word Box BIG

1 次の動詞の過去形を書きなさい。

(1) wake	＿＿＿＿＿＿	(2) get	＿＿＿＿＿＿
(3) think	＿＿＿＿＿＿	(4) pour	＿＿＿＿＿＿
(5) give	＿＿＿＿＿＿	(6) become	＿＿＿＿＿＿
(7) bring	＿＿＿＿＿＿	(8) hand	＿＿＿＿＿＿
(9) say	＿＿＿＿＿＿	(10) come	＿＿＿＿＿＿
(11) ask	＿＿＿＿＿＿	(12) swallow	＿＿＿＿＿＿
(13) offer	＿＿＿＿＿＿	(14) appear	＿＿＿＿＿＿
(15) run	＿＿＿＿＿＿	(16) rise	＿＿＿＿＿＿

2 次の英語を( )内の指示にしたがって書きかえなさい。

(1) foot(複数形に) ＿＿＿＿
(2) be going to(1 語で) ＿＿＿＿
(3) you had(短縮形に) ＿＿＿＿
(4) will not(短縮形に) ＿＿＿＿

3 次の英語は日本語に，日本語は英語になおしなさい。

(1) anyway ( )
(2) become ( )
(3) wake ( )
(4) offer ( )
(5) 同じ ＿＿＿＿
(6) 十分な ＿＿＿＿
(7) とうとう ＿＿＿＿
(8) 銀 ＿＿＿＿

4 次の日本文に合うように，＿＿に適する語を書きなさい。

(1) その少年は目を覚ましました。
The boy ＿＿＿＿ ＿＿＿＿.

(2) 私たちはわくわくしました。
We ＿＿＿＿ ＿＿＿＿.

(3) ひと口飲みなさい。
You'd ＿＿＿＿ ＿＿＿＿ a sip.

(4) 突然(とつぜん)年老いた女性が入ってきました。
Suddenly an old woman ＿＿＿＿ ＿＿＿＿.

(5) その女性はいくらかのパンを求めました。
The woman ＿＿＿＿ ＿＿＿＿ some bread.

5 〔 〕内の語句を並べかえて，日本文に合う英文を書きなさい。

(1) その箱は新鮮(しんせん)な野菜でいっぱいでした。
The box〔 fresh / of / vegetables / full / was 〕.
The box ＿＿＿＿＿＿＿＿.

(2) その庭には古い井戸がありました。
〔 an old well / there / the garden / was / in 〕.
＿＿＿＿＿＿＿＿

(3) その小さなイヌはかわいそうに見えました。
〔 little / pitiful / dog / looked / the 〕.
＿＿＿＿＿＿＿＿

(4) 彼女(かのじょ)はそのイヌにいくらかの水を与(あた)えました。
She〔 to / gave / water / the dog / some 〕.
She ＿＿＿＿＿＿＿＿.

(5) 私はその本を彼(かれ)に返しました。
I〔 back / him / the book / to / gave 〕.
I ＿＿＿＿＿＿＿＿.

解答 p.35

Further Reading The Letter

●次の物語文を読み，あとの問いに答えなさい。

"Frog, ①why are you looking out of the window all the time?" asked Toad.

"Because now I am waiting (②) the mail," said Frog.

③"[mail / come / but / will / no]," said Toad.

"Oh, yes," said Frog, "because I sent a letter to you."

"④You did?" said Toad.

"(⑤) did you write in the letter?"

Frog said, "I ⑥(write) 'Dear Toad, ⑦[my / that / glad / best friend / am / are / I / you]. Frog.'"

Question

(1) 下線部①を日本語になおしなさい。

( )

(2) ②，⑤の( )に適する語を書きなさい。

② ＿＿＿＿＿ ⑤ ＿＿＿＿＿

(3) 下線部③の[ ]内の語を並べかえて，意味の通る英文にしなさい。

"＿＿＿＿＿＿＿＿＿＿＿＿＿＿＿＿＿＿＿＿," said Toad.

(4) 下線部④の具体的な内容を表すように，次の文の＿＿に適する語を書きなさい。

＿＿＿＿＿ you ＿＿＿＿＿ a letter to ＿＿＿＿＿?

(5) ⑥の( )内の語を適する形になおしなさい。

＿＿＿＿＿

(6) 下線部⑦が「あなたが私の親友でぼくはうれしいです」という意味になるように，[ ]内の語句を並べかえなさい。

＿＿＿＿＿＿＿＿＿＿＿＿＿＿＿＿＿＿＿＿

(7) 本文の内容に合うように，次の問いに２語の英語で答えなさい。

Who sent a letter to Toad? ＿＿＿＿＿＿＿＿＿＿

Word Box BIG

1 次の動詞の過去形を書きなさい。

(1) say ＿＿＿＿＿

(2) send ＿＿＿＿＿

(3) sit ＿＿＿＿＿

(4) hurry ＿＿＿＿＿

(5) find ＿＿＿＿＿

(6) write ＿＿＿＿＿

(7) run ＿＿＿＿＿

(8) put ＿＿＿＿＿

2 次の英語を( )内の指示にしたがって書きかえなさい。

(1) sit(-ing 形に) ______ (2) have to(1 語で) ______

3 次の英語は日本語に，日本語は英語になおしなさい。

(1) empty ( ) (2) snail ( )
(3) glad ( ) (4) hurry ( )
(5) something ( ) (6) envelope ( )
(7) 窓 ______ (8) 紙 ______
(9) 感じる ______ (10) まだ ______

4 次の日本文に合うように，____に適する語を書きなさい。

(1) メイがやって来ました。
Mei ______ ______.

(2) ボブ，どうしたの。
______ is the ______, Bob?

(3) 私は何かしなければなりません。
I ______ ______ do something.

(4) もうしばらくその郵便物を待ちましょう。
Let's wait for the mail ______ ______.

(5) 私は 3 時にミカの家に到着(とうちゃく)しました。
I ______ to Mika's house at 3:00.

5 〔 〕内の語句を並べかえて，日本文に合う英文を書きなさい。

(1) 彼女(かのじょ)は 1 枚の紙を見つけました。
She〔piece / found / of / paper / a〕.
She ______.

(2) ケンは家から走り出ました。
Ken〔his / of / ran / house / out〕.
Ken ______.

(3) この手紙をアヤの家に持っていってください。
〔to / take / Aya's house / please / this letter〕.
______

(4) 私たちは長い間待ちました。
〔for / waited / time / a / we / long〕.
______

(5) 彼(かれ)はその手紙をもらってとてもうれしく思いました。
〔get / pleased / he / to / very / was〕the letter.
______ the letter.

定着のワーク ステージ2 Lesson 9 ～ Further Reading

解答 p.36

読 聞 書 話

1 LISTENING 対話を聞いて，その内容に合う絵を１つ選び，記号で答えなさい。 ♪ l17

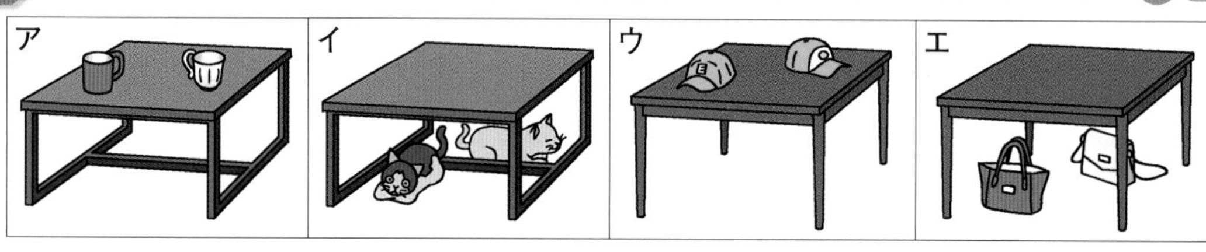

(　　　)

2 次の日本文に合うように，____に適する語を書きなさい。

(1) 私はコンビニエンス・ストアを探しています。
I'm ________ ________ a convenience store.

(2) 私たちは昨日，沖縄に到着(とうちゃく)しました。
We ________ ________ Okinawa yesterday.

(3) それはとても怖(こわ)そうに聞こえます。
That ________ very ________.

(4) 見知らぬ人が水をいくらか求めました。
A stranger ________ ________ some water.

よく出る **3** 次の文を( )内の指示にしたがって書きかえなさい。

(1) There are some books on the desk. （下線部を a にかえて）

____

(2) The sea level goes up near here. （現在進行形の文に）

____

レベルUP **4** 〔 〕内の語句を並べかえて，日本文に合う英文を書きなさい。ただし，下線部の語を適する形にかえること。

(1) 彼女(かのじょ)はとても興奮しているように見えました。
〔 excited / she / very / look 〕.

____

(2) 私たちの市には２つの病院があります。
〔 our city / hospitals / be / two / there / in 〕.

____

(3) ガマくんはベンチにすわっていました。
〔 the / sit / Toad / bench / on / was 〕.

____

重要ポイント

2 (1)「～している」は現在進行形〈be動詞＋動詞の -ing形〉で表す。

テストに出る!
〈動詞＋形容詞〉の表現
- 〈sound＋形容詞〉「～に聞こえる，思える」
- 〈look＋形容詞〉「～のように見える」

3

テストに出る!
「～がある，いる」の文
- ものや人が「単数」⇨ There is ～.
- ものや人が「複数」⇨ There are ～.

得点力をUP
場所を表す前置詞
- in（～(の中)に）
- on（～の上に）
- under（～の下に）
- near（～の近くに）
- by（～のそばに）

4 (1)過去の文。
(2)主語は複数。
(3)過去進行形の文。

5 次の対話文を読んで，あとの問いに答えなさい。

Mei : ①あなたは眠(ねむ)そうに見えます，Kenta.
Kenta : Yes.　I finished my English homework late last night.
Mei : ②[you / problem / did / choose / environmental / what]?
Kenta : Global warming.　③It's a very serious problem today.
Mei : ④あなたの言うとおりです！　The climate is ⑤(change) everywhere in the world.

(1) 下線部①の日本語を英語になおしなさい。

＿＿＿＿＿＿＿＿＿＿＿＿, Kenta.

(2) 下線部②の［　］内の語を並べかえて，意味の通る英文にしなさい。

＿＿＿＿＿＿＿＿＿＿＿＿

(3) 下線部③がさす内容を具体的に日本語で説明しなさい。

(　　　　　　　　　　　　)

(4) 下線部④を 2 語の英語になおしなさい。

＿＿＿＿＿＿＿＿＿＿＿＿

(5) ⑤の(　)内の語を適する形になおしなさい。

＿＿＿＿＿＿＿＿

(6) 本文の内容に合うように，次の問いに 3 語の英語で答えなさい。
When did Kenta finish his homework?

＿＿＿＿＿＿＿＿＿＿＿＿

よく出る 6 次の対話が成り立つように，＿＿に適する語を書きなさい。

(1) A : Why are you so sad?
B : ＿＿＿＿ I never get any letters.

(2) A : ＿＿＿＿ ＿＿＿＿ you write in the letter?
B : I wrote about my winter vacation.

(3) A : ＿＿＿＿ do you like, cats ＿＿＿＿ dogs?
B : I like dogs.

レベルUP 7 次の日本文を英語になおしなさい。

(1) 私たちの学校は公園の近くにあります。

＿＿＿＿＿＿＿＿＿＿＿＿

(2) ベッドの上に帽子(ぼうし)(cap)が 1 つあります。

＿＿＿＿＿＿＿＿＿＿＿＿

(3) 私の家族は 4 人家族です。　(7 語で)

＿＿＿＿＿＿＿＿＿＿＿＿

重要ポイント

5

得点力をUP

様子・状態を表す形容詞
- busy (忙(いそが)しい)
- tired (疲(つか)れた)
- sleepy (眠い)
- hungry (空腹な)
- thirsty (のどが渇(かわ)いた)
- happy (うれしい)
- sad (悲しい)

(2)「あなたはどんな環境(かんきょう)問題を選びましたか」
(3)直前の文を参照。
(5)直前の is に着目。
(6)「ケンタはいつ宿題を終えましたか」

6 (1) Why(なぜ)と理由をたずねているので，「なぜなら～」と答える。
(2)「私は～について書きました」と答えている。
(3)「A と B ではどちらが好きですか」という文に。

7 (1)「私たちの学校」のように特定のものが「～にある」と言うときは，そのものを主語にする。
(3)この文は My family has four people[members]. で表せるが，語数指定があることに注意。

Big Dipper は「北斗七星(ほくとしちせい)」ですね。「天の川」は何と言うでしょう？　➡答えは次のページ

解答 p.37

実力判定テスト ステージ3 Lesson 9 ～ Further Reading

30分 /100 読 聞 書 話

1 LISTENING (1)～(3)の質問を聞いて，その答えとして適するものを1つ選び，記号で答えなさい。 l18 2点×3(6点)

(1) ア Yes, it is. イ No, it isn't.
ウ Yes, there is. エ Yes, there are. ( )

(2) ア Yes, they are. イ No, there aren't.
ウ Yes, there is. エ There are ten. ( )

(3) ア There are pictures. イ In this room.
ウ There are three. エ They are beautiful. ( )

2 次の日本文に合うように，____に適する語を書きなさい。 4点×5(20点)

(1) 照明を消しなさい。
____ ____ the lights.

(2) メグはとても疲(つか)れているように見えます。
Meg ____ very ____.

(3) 私はあなたの手紙を待っていました。
I was ____ ____ your letter.

(4) あの島は近い将来消えるかもしれません。
That island ____ ____ in the near future.

(5) 私に紙を1枚ください。
Please give a ____ of paper ____ me.

レベルUP **3** 〔 〕内の語句を並べかえて，意味の通る英文にしなさい。 5点×3(15点)

(1) 〔 is / my bag / of / books / full 〕.

____

(2) 〔 a cat / under / there / my feet / was 〕.

____

(3) 〔 much / for / there / room / landfills / isn't 〕 in Singapore.

____ in Singapore.

よく出る **4** 次の各組の文がほぼ同じ内容を表すように，____に適する語を書きなさい。 5点×3(15点)

(1) I will visit my aunt.
I ____ ____ ____ visit my aunt.

(2) You must save energy in your daily lives.
You ____ ____ save energy in your daily lives.

(3) My family has six people.
____ ____ six people ____ my family.

ちょっとBREAKの答え Milky Wayと言います。

● look や sound の使い方を理解しましょう。There is[are] ～. の文で「…に(もの)がある，(人)がいる」を表現しましょう。

自分の得点まで色をぬろう!

がんばろう! | もう一歩 | 合格!
0 | 60 | 80 | 100点

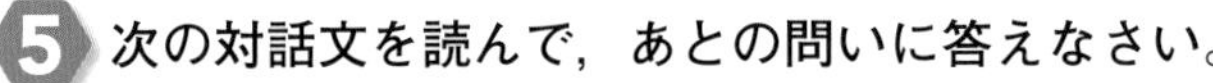

5 次の対話文を読んで，あとの問いに答えなさい。 4点×6(24点)

Aya : ① Singapore 〔 much / produce / trash / so / doesn't 〕.
Japan produces ②(たくさんの) trash.

Bob : ③ Are there many trashcans on the street in Singapore?

Mei : ④ はい，あります。

Bob : There aren't many on the street in Japan, but the streets (⑤) clean.

(1) 下線部①の〔 〕内の語を並べかえて，意味の通る英文にしなさい。

Singapore ＿＿＿＿＿＿＿＿＿＿＿＿＿＿＿＿.

(2) ②の( )内の日本語を3語の英語になおしなさい。

＿＿＿＿ ＿＿＿＿ ＿＿＿＿

(3) 下線部③を日本語になおしなさい。

( )

(4) 下線部④を3語の英語になおしなさい。

＿＿＿＿＿＿＿＿＿＿＿＿＿＿＿＿

(5) ⑤の( )に適する語をア～エから選び，記号で答えなさい。

ア sound イ see ウ look エ like ( )

(6) 本文の内容に合うように，次の問いに3語の英語で答えなさい。

Are there many trashcans on the street in Japan?

＿＿＿＿＿＿＿＿＿＿＿＿＿＿＿＿

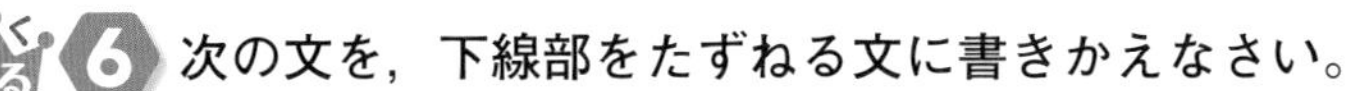

よく出る 6 次の文を，下線部をたずねる文に書きかえなさい。 5点×2(10点)

(1) There are <u>seven</u> apples in the box.

＿＿＿＿＿＿＿＿＿＿＿＿＿＿＿＿

(2) Mei finished her homework <u>late last night</u>.

＿＿＿＿＿＿＿＿＿＿＿＿＿＿＿＿

レベルUP 7 次の日本文を英語になおしなさい。 5点×2(10点)

(1) あなたは夏と冬ではどちらが好きですか。

＿＿＿＿＿＿＿＿＿＿＿＿＿＿＿＿

(2) *A* : I'll go shopping in Harajuku tomorrow.

B : それはよさそうですね。Can I go with you? (That で始めて)

＿＿＿＿＿＿＿＿＿＿＿＿＿＿＿＿

定期テスト対策 予想問題 第11回 p.142～144

不規則動詞変化表

動詞の形の変化をおさえましょう。

赤字は注意するところ，［　］は発音記号。

	原形	意味	3人称・単数・現在形	過去形	-ing形
□	ask	～に頼む	asks	asked	asking
□	become	～になる	becomes	became	becoming
□	bring	～を持ってくる	brings	brought	bringing
□	buy	～を買う	buys	bought	buying
□	come	来る	comes	came	coming
□	cook	(～を)料理する	cooks	cooked	cooking
□	do	～をする，行う	does	did	doing
□	drink	～を飲む	drinks	drank	drinking
□	eat	～を食べる	eats	ate	eating
□	enjoy	～を楽しむ	enjoys	enjoyed	enjoying
□	feel	(～を)感じる	feels	felt	feeling
□	get	(～に)なる，～を得る，～を理解する	gets	got	getting
□	give	与える	gives	gave	giving
□	go	行く	goes	went	going
□	have	～を持っている，～を食べる，～を経験する	has	had	having
□	know	(～を)知っている	knows	knew	knowing
□	live	住む，住んでいる	lives	lived	living
□	look	見る，～のように見える	looks	looked	looking
□	make	～をつくる	makes	made	making
□	meet	～に会う	meets	met	meeting
□	play	(楽器)を弾く，(スポーツ・ゲーム)をする	plays	played	playing
□	put	～を置く	puts	put	putting
□	read	(～を)読む，読書する	reads	read [réd]	reading
□	run	～を経営する，走る	runs	ran	running
□	say	～と[を]言う，～と書いてある	says	said [séd]	saying
□	see	～に会う，(～を)理解する，～を見る	sees	saw	seeing
□	stay	滞在する，とどまる	stays	stayed	staying
□	study	(～を)勉強する	studies	studied	studying
□	take	(写真・ビデオを)撮る，～をとる，(ふろに)入る	takes	took	taking
□	talk	話す，しゃべる	talks	talked	talking
□	tell	～に話す，知らせる，教える	tells	told	telling
□	think	～と思う，考える	thinks	thought	thinking
□	try	(～を)試す，試みる	tries	tried	trying
□	write	～を書く	writes	wrote	writing

アプリで学習！

Challenge! SPEAKING

●この章は，付録のスマートフォンアプリ『文理のはつおん上達アプリ　おん達 Plus』を使用して学習します。

●右の QR コードより特設サイトにアクセスし，アプリをダウンロードしてください。

●アプリをダウンロードしたら，アクセスコードを入力してご利用ください。

おん達 Plus
特設サイト

アプリアイコン

アプリ用アクセスコード A064323

※アクセスコード入力時から 15 か月間ご利用になれます。

アプリの特長

●アプリでお手本を聞いて，自分の英語をふきこむと，AI が採点します。

●点数は「流暢度」「発音」「完成度」の３つと，総合得点が出ます。

●会話の役ごとに練習ができます。

●付録「ポケットスタディ」の発音練習もできます。

アプリの使い方

①ホーム画面の「かいわ」を選びます。

②学習したいタイトルをタップします。

トレーニング

① をタップしてお手本の音声を聞きます。

② をおして英語をふきこみます。

③点数を確認します。

- 点数が高くなるように何度もくりかえし練習しましょう。
- をタップするとふきこんだ音声を聞くことができます。

チャレンジ

①カウントダウンのあと，会話が始まります。

② が光ったら英語をふきこみます。

③ふきこんだら をタップします。

④ “Role Change!” と出たら役をかわります。

利用規約・お問い合わせ　https://www.kyokashowork.jp/ontatsuplus/terms_contact.html

※本サービスは無料ですが,別途各通信会社の通信料がかかります。　※お客様のネット環境および端末によりご利用いただけない場合がございます。ご理解,ご了承いただきますよう,お願いいたします。　※【推奨環境】スマートフォン，タブレット（iOS11以上 / Android5.0以上）

Challenge! SPEAKING❶

自分や相手のこと

●付録アプリを使って，発音の練習をしましょう。

トレーニング

s01

自分や相手のことについて英語で言えるようになりましょう。

□ When is your birthday?	あなたの誕生日はいつですか。
□ My birthday is October 1st. └ April 22nd / July 3rd / December 12th	私の誕生日は 10 月 1 日です。
□ What is your favorite subject?	あなたのいちばん好きな教科は何ですか。 favorite：いちばん好きな
□ My favorite subject is science. └ English / history / P.E.	私のいちばん好きな教科は理科です。
□ Really?　Me, too.	本当？　私もです。
□ What are you interested in?	あなたは何に興味がありますか。
□ I'm interested in space. └ movies / music / baseball	私は宇宙に興味があります。 be interested in ～：～に興味がある
□ Great!	すごい！

チャレンジ

s02

自分や相手のことについての英語を会話で身につけましょう。□に言葉を入れて言いましょう。

A： **When is your birthday?**
B： **My birthday is □.**
A： **What is your favorite subject?**
B： **My favorite subject is □.**
A： **Really?　Me, too.**
　　What are you interested in?
B： **I'm interested in □.**
A： **Great!**

Challenge! SPEAKING❷
将来なりたいもの

●付録アプリを使って，発音の練習をしましょう。

トレーニング

s03

将来なりたいものについて英語で言えるようになりましょう。

□ What do you want to be in the future?	あなたが将来なりたいものは何ですか。 want to be ～：～になりたい in the future：将来
□ I want to be an astronaut. a music teacher / a cook / a firefighter	私は宇宙飛行士になりたいです。 firefighter：消防士
□ Why?	なぜですか？
□ I want to see the earth from space. like music and children / like cooking / want to help people	私は宇宙から地球を見たいです。 like ～ing：～するのが好きだ
□ Oh, I see.	ああ，わかりました。
□ So, I study math hard. practice the piano / cook lunch on Sundays / run in the park every day	だから，私は数学を一生懸命に勉強します。 practice：練習する
□ That's good.	それはいいですね。

チャレンジ

s04

将来なりたいものについての英語を会話で身につけましょう。□に言葉を入れて言いましょう。

A： **What do you want to be in the future?**
B： **I want to be □.**
A： **Why?**
B： **I □.**
A： **Oh, I see.**
B： **So, I □.**
A： **That's good.**

お願いをする

●付録アプリを使って，発音の練習をしましょう。

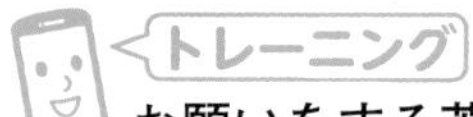

トレーニング

s05

お願いをする英語を言えるようになりましょう。

□ I'm thirsty. hungry / tired / busy	私はのどがかわいています。
□ Can I drink this juice? eat this cookie / take a rest / use your desk	このジュースを飲んでもいいですか。 take a rest：ひと休みする
□ Sure.	もちろん。
□ I want to go shopping. clean the kitchen / drink something use the computer	私は買い物に行きたいです。 kitchen：台所
□ Can you come with me? help me / make tea / bring it to me	いっしょに来てくれませんか。 bring：持ってくる
□ All right.	いいですよ。
□ Thanks.	ありがとう。

チャレンジ

s06

お願いをする英語を会話で身につけましょう。[　　]に言葉を入れて言いましょう。

A： **I'm [　　].**
　　Can I [　　]?
B： **Sure.**
A： **I want to [　　].**
　　Can you [　　]?
B： **All right.**
A： **Thanks.**

Challenge! SPEAKING④

レストランで注文

アプリで学習

●付録アプリを使って，発音の練習をしましょう。

トレーニング

レストランでの注文を英語で言えるようになりましょう。

□ What would you like?	何になさいますか。
□ I'd like pizza. （a hamburger / a sandwich / cake）	ピザをお願いします。 I'd：I would の短縮形 would like：want のていねいな言い方
□ What do you recommend?	何がおすすめですか。 recommend：すすめる
□ I recommend the Napoli Pizza. （the cheeseburger / the egg sandwich / the chocolate cake）	ナポリピザをおすすめします。
□ I'll have that.	それをいただきます。
□ Would you like some dessert? （something to drink）	デザートはいかがですか。 something to drink：何か飲み物
□ No, thank you.	いいえ，けっこうです。

チャレンジ

s08

レストランでの注文の英語を会話で身につけましょう。□に言葉を入れて言いましょう。

A： **What would you like?**
B： **I'd like □.**
What do you recommend?
A： **I recommend □.**
B： **I'll have that.**
A： **Would you like □?**
B： **No, thank you.**

Challenge! SPEAKING⑤ 持ち主をたずねる

アプリで学習

●付録アプリを使って，発音の練習をしましょう。

トレーニング

s09

持ち主をたずねる英語を言えるようになりましょう。

□ Whose notebook is that? racket / pen / bike	あれはだれのノートですか。
□ Is it yours?	それはあなたのものですか。
□ No, it's not mine.　It's Lisa's. Ken's / Kate's / Bob's	いいえ，それは私のものではありません。それはリサのものです。
□ Which bag is yours, the black one or the red one? bag → towel / T-shirt / cap black → blue / green / pink red → orange / white / yellow	どちらのかばんがあなたのものですか，黒いほうですか，赤いほうですか。
□ The red one is. orange / white / pink	赤いほうです。
□ Whose bag is the other one? towel / T-shirt / cap	もう一つはだれのかばんですか。
□ Maybe it's Jack's. Emi's / Beth's / Yuto's	それはたぶんジャックのものです。 maybe：たぶん

チャレンジ

s10

持ち主をたずねる英語を会話で身につけましょう。□に言葉を入れて言いましょう。

A：Whose ＿＿ is that?
Is it yours?
B：No, it's not mine.　It's ＿＿.
A：Which ＿＿ is yours, the ＿＿ one or the ＿＿ one?
B：The ＿＿ one is.
A：Whose ＿＿ is the other one?
B：Maybe it's ＿＿.

Challenge! SPEAKING⑥ 道案内

アプリで学習

●付録アプリを使って，発音の練習をしましょう。

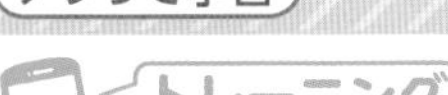

トレーニング

s11

道案内で使う英語を言えるようになりましょう。

□ Excuse me.	すみません。
□ How can I get to the library? └ the station / the zoo / the post office	どうすれば図書館まで行けますか。
□ Go along this street. └ down this street / straight for two blocks / straight along this street	この通りに沿って行ってください。 along：～に沿って straight：まっすぐに block：区画
□ Turn left at the second traffic light. └ right　└ the third corner / the flower shop / the bookstore	2つ目の信号機で左に曲がってください。 corner：角
□ You can see it on your right. └ your left	それはあなたの右手に見えます。
□ Thank you very much.	どうもありがとうございます。
□ Have a good time.	楽しい時間をお過ごしください。

チャレンジ

s12

道案内で使う英語を会話で身につけましょう。□に言葉を入れて言いましょう。

A：**Excuse me.**
　　How can I get to □?
B：**Go □.**
　　Turn □ at □.
　　You can see it on □.
A：**Thank you very much.**
B：**Have a good time.**

Challenge! SPEAKING⑦ 体調をたずねる・言う

●付録アプリを使って，発音の練習をしましょう。

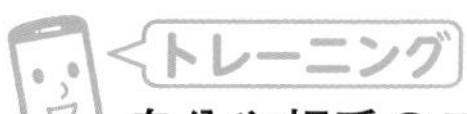

トレーニング

s13

自分や相手のことについて英語で言えるようになりましょう。

□ What's wrong?	どうかしたのですか。
□ I have a headache. a fever / a stomachache / a toothache	私は頭痛がします。 fever：熱　stomachache：腹痛 toothache：歯痛
□ Oh, that's too bad.	ああ，それはいけませんね。
□ Did you take any medicine?	薬は飲みましたか。
□ No.　I feel terrible.	いいえ。ひどいのです。
□ Go home. to the doctor / to the nurse's office / to the dentist	家に帰りなさい。 nurse's office：保健室 dentist：歯科医
□ Take care.	お大事に。
□ Thank you.	ありがとう。

チャレンジ

s14

自分や相手のことについての英語を会話で身につけましょう。□に言葉を入れて言いましょう。

A : **What's wrong?**
B : **I have □.**
A : **Oh, that's too bad.**
Did you take any medicine?
B : **No.　I feel terrible.**
A : **Go □.**
Take care.
B : **Thank you.**

be 動詞の文

・am, are, is を be 動詞という。be 動詞は主語によって使い分ける。
・am, is の過去形は was, are の過去形は were。

	文の形
肯	主語＋be動詞 ～.
否	主語＋be動詞＋not ～.
疑	be動詞＋主語 ～? — Yes, 主語＋be動詞. / No, 主語＋be動詞＋not.

主語	現在の文	過去の文
I	am	was
you, 複数	are	were
he, she, it, this, that, 人名など	is	was

〈主語＋be動詞〉の短縮形

I am → I'm　you are → you're　he is → he's　she is → she's
it is → it's　that is → that's　we are → we're　they are → they're

〈be動詞＋not〉の短縮形

are not → aren't　is not → isn't
was not → wasn't

一般動詞の現在の文

・be 動詞以外の動詞を一般動詞という。
・主語が三人称・単数で，現在のことをいうときは，一般動詞に s, es をつける。(三人称単数現在形)

	主語が「私」「あなた」，または複数のとき	主語が三人称単数のとき
肯	主語＋動詞 ～.	主語＋動詞の三人称単数現在形 ～.
否	主語＋do not[don't]＋動詞 ～.	主語＋does not[doesn't]＋動詞の原形 ～.
疑	Do＋主語＋動詞 ～? — Yes, 主語＋do. / No, 主語＋do not[don't].	Does＋主語＋動詞の原形 ～? — Yes, 主語＋does. / No, 主語＋does not[doesn't].

三人称単数現在形

①そのままsをつける　speak → speaks
②語尾が-s, -sh, -ch, -x, -o → esをつける　watch → watches
③語尾が〈子音字＋y〉
→ yをiにかえてesをつける　study → studies
④形がかわる　have → has

⚠ 主語が三人称単数の否定文・疑問文では動詞をもとの形(原形)にする。
She plays tennis.
→ She doesn't play tennis.（play：原形）

疑問詞

what	何，何の	What is this?	これは何ですか。
who	だれ	Who is that boy?	あの男の子はだれですか。
when	いつ	When do you play soccer?	あなたはいつサッカーをしますか。
where	どこで[に，へ]	Where is your school?	あなたの学校はどこにありますか。
whose whose ～	だれの だれの～	Whose is this bag? Whose bag is this?	このバッグはだれのものですか。 これはだれのバッグですか。
which which ～	どちら，どれ どちらの～，どの～	Which do you want, tea or coffee? Which bike is yours?	紅茶とコーヒーのどちらが欲しいですか。 どの自転車があなたのものですか。
how	どのようにして	How do you go to school?	あなたはどのようにして学校へ行きますか。

how ～

How many＋複数名詞 ～?　いくつの，どれくらい多くの
How much ～?　いくら　　How old ～?　何歳
How long ～?　どれくらい長く

what ～

What time ～?　何時　　What color ～?　何色
What animal ～?　どんな動物
What sport ～?　どんなスポーツ

can の文

・「～できる」は〈can＋動詞の原形〉で表す。

肯	主語＋can＋動詞の原形 ～.
否	主語＋cannot[can't]＋動詞の原形 ～.
疑	Can＋主語＋動詞の原形 ～? — Yes, 主語＋can. / No, 主語＋cannot[can't].

aとan，名詞の複数形

・数えられる名詞が１つ・１人のときはa[an]をつける。次の語が母音で始まるときはanを使う。
・数えられる名詞が２つ・２人以上のときは名詞にsまたはesをつけた形(複数形)にする。

複数形の作り方

①そのままsをつける　cat → cats
②語尾が-s，-sh，-ch，-x → esをつける　box → boxes
③語尾が〈子音字＋y〉→ yをiにかえてesをつける　city → cities
④形がかわる　man → **men**，child → **children**

命令文

動詞の原形 ～．	～しなさい
Don't＋動詞の原形 ～．	～してはいけません
Let's＋動詞の原形 ～．	～しましょう

⚠ pleaseをつけるとていねいな言い方になる。
Please open the door. ドアを開けてください。
＝ Open the door, **please**.

⚠ be動詞の命令文はBeで文を始める
Be careful.　気をつけなさい。

感嘆文(感動を表す文)

How＋形容詞[副詞]＋!	何て～だろう！
What (a[an])＋形容詞＋名詞＋!	何て～な…だろう！

〈look＋形容詞〉の文

・〈look＋形容詞〉で「～のように見える」という意味を表す。
You **look** happy.　あなたは幸せそうに見えます。

代名詞

	単数形					複数形				
人称	意味	～は[が]	～の	～を[に]	～のもの	意味	～は[が]	～の	～を[に]	～のもの
一人称	私	I	my	me	mine	私たち	we	our	us	ours
二人称	あなた	you	your	you	yours	あなたたち	you	your	you	yours
三人称	彼	he	his	him	his	彼ら	they	their	them	theirs
	彼女	she	her	her	hers	彼女ら				
	それ	it	its	it	――	それら				

現在進行形・過去進行形

・〈am[are, is]＋動詞のing形〉で「～しています」と現在行われている動作を表す。
・〈was[were]＋動詞のing形〉で「～していました」と過去のある時に行われていた動作を表す。

肯　主語＋be動詞＋動詞のing形 ～．
否　主語＋be動詞＋not＋動詞のing形 ～．
疑　be動詞＋主語＋動詞のing形 ～？
　― Yes, 主語＋be動詞. / No, 主語＋be動詞＋not.

動詞のing形

①そのままingをつける　play → playing
②語尾がe → eを取ってingをつける　make → making
③語尾が〈短母音＋子音字〉
　→子音字を重ねてingをつける　run → running

一般動詞の過去の文

・「～しました」と過去のことを表すには，動詞を過去形にする。過去形には規則動詞と不規則動詞がある。

肯　主語＋動詞の過去形 ～．
否　主語＋did not[didn't]＋動詞の原形 ～．
疑　Did＋主語＋動詞の原形 ～？
　― Yes, 主語＋did. / No, 主語＋didn't.

⚠ 否定文・疑問文では動詞は原形にする。

不規則動詞の過去形

go → **went**　have → **had**　come → **came**
make → **made**　get → **got**　see → **saw**

規則動詞(e)dのつけ方

①edをつける　play → played
②語尾がe → dをつける　like → liked
③語尾が〈子音字＋y〉
　→ yをiにかえてedをつける　study → studied
④語尾が〈短母音＋子音字〉
　→ 子音字を重ねてedをつける　stop → stopped

There is[are] ～．の文

肯　There is[are]＋主語＋場所を表す語句.
否　There is[are] not＋主語＋場所を表す語句.
疑　Is[Are] there＋主語＋場所を表す語句?
　― Yes, there is[are]. / No there is[are] not.

⚠ 人名やtheやmyなどがついた特定のものが主語のときには用いない。
× There is my dog under the tree.
○ My dog is under the tree.
　私の犬は木の下にいます。

定期テスト対策

得点アップ！予想問題

1
この「**予想問題**」で
実力を確かめよう！

2
「**解答と解説**」で
答え合わせをしよう！

3
わからなかった問題は
戻って復習しよう！
この本での
学習ページ

スキマ時間でポイントを確認！
別冊「**スピードチェック**」も使おう

●予想問題の構成

回数	教科書ページ	教科書の内容	この本での学習ページ
第1回	9～21	Springboard 4 ～ Lesson 1	6～19
第2回	22～33	Lesson 2	20～33
第3回	34～49	Lesson 3	34～45
第4回 第5回	51～64	Lesson 4 ～ Reading 1	46～57
第6回	65～73	Lesson 5	58～65
第7回	75～85	Lesson 6 ～ Useful Expressions	66～75
第8回 第9回	87～100	Lesson 7 ～ Reading 2	76～87
第10回	101～109	Lesson 8	88～97
第11回	111～130	Lesson 9 ～ Further Reading	98～111

解答 p.38

第1回 予想問題 Springboard 4 ～ Lesson 1

読 聞 書 話　30分　/100

1 LISTENING マリの英語での自己紹介(しょうかい)を聞いて，その内容に合うように①～③の(　)に適する日本語を書きなさい。　t01 5点×3(15点)

・名前：佐藤(さとう)マリ
・出身地：(　①　)
・好きなスポーツ：テニス
　新しい(　②　)を持っている
・他に好きなこと：音楽
　毎日(　③　)を弾(ひ)く

①	
②	
③	

2 次の日本文に合うように，＿＿に適する語を書きなさい。　4点×4(16点)

(1) 私はデザイナーになりたいです。
I ＿＿＿＿ ＿＿＿＿ be a designer.

(2) あなたは少し英語を話すことができます。
You can speak English ＿＿＿＿ ＿＿＿＿.

(3) 私はスポーツをすることが大好きです。
I ＿＿＿＿ ＿＿＿＿ sports.

(4) サーフィンは本当にわくわくします。
Surfing is ＿＿＿＿ ＿＿＿＿.

(1)			(2)		
(3)			(4)		

3 次の文を(　)内の指示にしたがって書きかえなさい。　4点×4(16点)

(1) I am from Okinawa. （下線部を Jim and I にかえて）
(2) I eat curry and rice. （否定文に）
(3) You play basketball in the gym. （疑問文に）
(4) You go to bed at 11:00. （下線部をたずねる文に）

(1)	
(2)	
(3)	
(4)	

4 次の英文はケンタのスピーチです。これを読んで，あとの問いに答えなさい。 (計 18 点)

I (①) Tani Kentaro. ②[me / Kenta / call / please].
(③) you like baseball?
I like playing baseball.
I want (④) join the baseball team.
⑤My favorite subject is P.E.

(1) ①，③，④の( )に適する語を書きなさい。 3 点×3(9 点)
(2) 下線部②の[ ]内の語を並べかえて，意味の通る英文にしなさい。 (4 点)
(3) 下線部⑤を日本語になおしなさい。 (5 点)

(1)	①		③		④	
(2)						
(3)						

5 次の日本文を英語になおしなさい。 5 点×4(20 点)

(1) 私はギターを弾くことができます。
(2) あなたの大好きな野球選手はだれですか。
(3) すしはオーストラリアでとても人気があります。
(4) 私は英語が好きですが，数学は好きではありません。

(1)	
(2)	
(3)	
(4)	

6 次のようなとき，英語でどのように言うか書きなさい。 5 点×3(15 点)

(1) 相手に「ありがとう」とお礼を言うとき。
(2) 相手に，どこに住んでいるかをたずねるとき。
(3) 相手に，誕生日はいつかとたずねるとき。

(1)	
(2)	
(3)	

解答 p.39

第2回 予想問題 Lesson 2

読 聞 書 話　30分　/100

1 LISTENING (1)～(3)の対話を聞いて，それぞれの対話の中でチャイムのところに入る最も適切な表現をア～ウから１つ選び，記号で答えなさい。　t02 5点×3(15点)

(1) ア Are you?　イ You can?　ウ Do you?

(2) ア How are you?　イ That's great.　ウ How about you?

(3) ア Right.　イ Really?　ウ Is it?

(1)		(2)		(3)	

2 次の日本文に合うように，＿＿に適する語を書きなさい。　4点×4(16点)

(1) 私はそれらが大好きです。
I ＿＿＿＿ ＿＿＿＿.

(2) あなたはペットを飼うことができますか。
＿＿＿＿ you ＿＿＿＿ a pet?

(3) 私は毎日，音楽を聞きます。
I ＿＿＿＿ to music ＿＿＿＿ day.

(4) この映画はいつもわくわくします。
This movie ＿＿＿＿ ＿＿＿＿ exciting.

(1)			(2)		
(3)			(4)		

3 次の各組の文がほぼ同じ内容を表すように，＿＿に適する語を書きなさい。　4点×4(16点)

(1) You are a good soccer player.
You ＿＿＿＿ soccer ＿＿＿＿.

(2) Ken and I often go to the gym.
I often go to the gym ＿＿＿＿ ＿＿＿＿.

(3) I have no brothers.
I ＿＿＿＿ have ＿＿＿＿ brothers.

(4) This book is interesting.
This is ＿＿＿＿ ＿＿＿＿ book.

(1)			(2)		
(3)			(4)		

4 次の対話文を読んで，あとの問いに答えなさい。 （計25点）

Bob : ①I want to be a good player like Tsubasa.

Aya : ②(　　　)(　　　) Tsubasa?

Bob : He is the main character of *Captain Tsubasa*.

③It's a Japanese comic book.

Aya : Oh, (　④　) you read Japanese comic books?

Bob : Yes, I love ⑤them.　The ⑥(story) are interesting.

(1) 下線部①を日本語になおしなさい。 （5点）

(2) 下線部②の(　)に適する語を書きなさい。 （4点）

(3) 下線部③がさすものを，本文中の英語2語で答えなさい。 （4点）

(4) ④の(　)に適する語を書きなさい。 （4点）

(5) 下線部⑤がさすものを日本語で答えなさい。 （4点）

(6) ⑥の(　)内の語を適する形になおしなさい。 （4点）

(1)					
(2)			(3)		
(4)		(5)		(6)	

5 次の日本文を英語になおしなさい。 5点×4(20点)

(1) あの少年たちを見なさい。

(2) 彼女(かのじょ)は英語の先生ですか。

(3) 彼(かれ)らは夕食のあとにテレビを見ます。

(4) 私たちは野球部に入っています。

(1)	
(2)	
(3)	
(4)	

6 次のようなとき，英語でどのように言うか書きなさい。 （8点）

相手に，「ネコは好きではないのですよね」と念を押すとき。

第3回 予想問題 Lesson 3

解答 p.40

1 **LISTENING** ケンとエマの対話を聞いて，次の問いに答えなさい。 t03 5点×3(15点)

(1) ケンには姉妹が何人いますか。記号で答えなさい。

ア One.　イ Two.　ウ Three.

(2) ミキは，何を勉強していますか。＿＿に適する語を書きなさい。

Miki studies ＿＿＿＿.

(3) 対話の内容と合うように，(　)に適する日本語を書きなさい。

ケンのお姉さんは(　　　　)での生活を楽しんでいます。

(1)		(2)		(3)	

2 次の日本文に合うように，＿＿に適する語を書きなさい。 5点×4(20点)

(1) 彼は古いグローブを使います。

He ＿＿＿＿ ＿＿＿＿ old glove.

(2) 確かではありませんが，彼らの趣味は料理をすることです。

I'm not sure, ＿＿＿＿ ＿＿＿＿ hobbies are cooking.

(3) 私のおじいちゃんはたくさんのレストランを経営しています。

My grandpa ＿＿＿＿ a ＿＿＿＿ of restaurants.

(4) 私は動物，たとえばネコやイヌが好きです。

I like animals, ＿＿＿＿ ＿＿＿＿, cats and dogs.

(1)			(2)		
(3)			(4)		

3 次の文を(　)内の指示にしたがって書きかえなさい。 5点×4(20点)

(1) Aya has a new bicycle. (疑問文に)

(2) My grandma grows some flowers in her garden. (否定文に)

(3) <u>I</u> go shopping every weekend. (下線部を My mother にかえて)

(4) Hiromi's brother is <u>20 years old</u>. (下線部をたずねる文に)

(1)	
(2)	
(3)	
(4)	

4 次の英文は，ボブが友達のペドロについて話しているものです。これを読んで，あとの問いに答えなさい。

(計 20 点)

I have a new friend. His name is Pedro.
He ①(come) from Brazil.
He plays soccer ②(私といっしょに) on the soccer team.
He ③(watch) soccer videos in his free time.
④ He doesn't like practicing early in the morning.
⑤ 彼は早く起きることができません。

(1) ①，③の( )内の語を適する形になおしなさい。 3 点×2(6 点)

(2) ②の( )内の日本語を 2 語の英語になおしなさい。 (4 点)

(3) 下線部④を日本語になおしなさい。 (5 点)

(4) 下線部⑤の意味になるように，____に適する語を書きなさい。 (5 点)

He ________ ________ ________ early.

(1)	①		③		(2)	
(3)						
(4)						

5 次の日本文を英語になおしなさい。

6 点×3(18 点)

(1) 彼は自分の夢のために英語を一生懸命(けんめい)に勉強しています。

(2) トム(Tom)はよく自分の家族とテニスをします。

(3) 私はあの少年たちについてあまり知りません。

(1)	
(2)	
(3)	

6 次のようなとき，英語でどのように言うか書きなさい。

(7 点)

相手に，そのサッカーチームのメンバーかとたずねるとき。

解答 p.41

第4回 予想問題 Lesson 4 〜 Reading 1 ①

/100

1 LISTENING (1)と(2)の対話とその内容についての質問を聞いて，答えとして適するものをア〜エから１つ選び，記号で答えなさい。 t04 5点×2(10点)

(1) ア Yes, he does. イ No, he doesn't.
ウ Yes, he did. エ No, he didn't.

(2) ア Yes, she does. イ No, she doesn't.
ウ Yes, she did. エ No, she didn't.

(1)	
(2)	

2 次の日本文に合うように，＿＿に適する語を書きなさい。 5点×5(25点)

(1) やはり，あなたはうそつきです。
＿＿＿＿ ＿＿＿＿, you are a liar.

(2) あなたはあのイヌが怖(こわ)いのですか。
Are you ＿＿＿＿ ＿＿＿＿ that dog?

(3) あなたはかぜをひいたのですか。
Did you ＿＿＿＿ a ＿＿＿＿?

(4) 私の父は王様のようにふるまいます。
My father ＿＿＿＿ ＿＿＿＿ a king.

(5) すぐに逃(に)げ出しましょう。
Let's ＿＿＿＿ ＿＿＿＿ quickly.

(1)			(2)		
(3)			(4)		
(5)					

3 次の文の＿＿に（ ）内の語を適する形にかえて書きなさい。 3点×5(15点)

(1) These ＿＿＿＿ are very interesting. (story)

(2) She doesn't talk to ＿＿＿＿. (we)

(3) Those boys built a tent and ＿＿＿＿ in it. (sleep)

(4) They ＿＿＿＿ a wonderful time last night. (have)

(5) Aya and I ＿＿＿＿ in the park yesterday. (be)

(1)		(2)		(3)		(4)	
(5)							

4 次の英文は，夏休みの思い出を書いたメイの日記です。これを読んで，あとの問いに答えなさい。 (計 20 点)

This evening, Aya and I ①(go) to the summer festival in the park.
We saw ②(たくさんの) food stalls. Aya ate fried noodles, *yakisoba*, but ③私は少しも食べませんでした。 Instead, I ate shaved ice.
④We danced to Japanese music with many people. ⑤盆踊り(ぼんおど)りはそんなに難しくありませんでした。

(1) ①の( )内の語を適する形になおしなさい。 (3 点)

(2) ②の( )内の日本語を 3 語の英語になおしなさい。 (4 点)

(3) 下線部③，⑤の意味になるように，____に適する語を書きなさい。 4 点×2(8 点)

③ I ________ eat ________.

⑤ *Bon-odori* ________ ________ difficult.

(4) 下線部④を日本語になおしなさい。 (5 点)

(1)		(2)	
(3) ③		⑤	
(4)			

5 次の日本文を英語になおしなさい。 6 点×4(24 点)

(1) この英語の歌を聞きなさい。

(2) ケン(Ken)は昨夜，英語を勉強しました。

(3) けさアヤ(Aya)が私たちの家に来ました。

(4) 私の父と私は冬休みの間，北海道にいました。

(1)	
(2)	
(3)	
(4)	

6 次のようなとき，英語でどのように言うか書きなさい。 (6 点)

バスケットボールの試合を見て，「それはいい試合だった」と言うとき。

解答 p.42

第5回 予想問題 Lesson 4 〜 Reading 1 ②

30分 /100

1 LISTENING (1)と(2)の対話とその内容についての質問を聞いて，答えとして適するものをア〜エから１つ選び，記号で答えなさい。 t05 5点×2(10点)

(1) ア Yes, it is. イ No, it isn't.
ウ Yes, it was. エ No, it wasn't.

(2) ア Yes, he did. イ No, he didn't.
ウ Yes, he was. エ No, he wasn't.

(1)		(2)	

2 次の日本文に合うように，____に適する語を書きなさい。 5点×4(20点)

(1) あなたはそれを知らなかったのですか。
______ you ______ that?

(2) トムはイギリスへ帰りました。
Tom ______ ______ to the UK.

(3) 花火はとても美しかったです。
The fireworks ______ very ______.

(4) 私はサッカーが好きです。あなたはどうですか。
I like soccer. ______ ______ you?

(1)			(2)		
(3)			(4)		

3 次の文を(　)内の指示にしたがって書きかえなさい。 5点×3(15点)

(1) Aya ate some apples. (否定文に)

(2) They walked to the riverbank. (疑問文に)

(3) Mei was very busy yesterday. (why を加えた疑問文に)

(1)	
(2)	
(3)	

4 次の英文は，ボブがイエローストーンについて書いたブログです。これを読んで，あとの問いに答えなさい。 (計 25 点)

Yesterday, my parents, my sister and I came to Yellowstone National Park. ①We built a tent and slept in it last night. We saw buffaloes ②(けさ) near our tent! ③(昼食のあとに), we saw geysers. ④[every / out / water / 90 minutes / about / shot]. Look at this picture. Cool, huh? It was ⑤(ちょっと) scary, too!

(1) 下線部①を日本語になおしなさい。 (6 点)

(2) ②，③，⑤の( )内の日本語を．それぞれ 2 語の英語になおしなさい。 3 点×3(9 点)

(3) 下線部④の[ ]内の語句を正しく並べかえて，意味の通る英文にしなさい。 (5 点)

(4) 本文の内容に合うように，次の問いに 3 語の英語で答えなさい。 (5 点)

What did Bob see near his tent?

(1)						
(2)	②		③		⑤	
(3)						
(4)						

5 次の日本文を英語になおしなさい。 6 点×4(24 点)

(1) その映画はおもしろくありませんでした。

(2) 彼(かれ)は昨日サッカーの試合を見ませんでした。

(3) あなたの夏休みはどんなふうでしたか。

(4) あなたはそのレストランで何を食べましたか。

(1)	
(2)	
(3)	
(4)	

6 次のようなとき，英語でどのように言うか書きなさい。 (6 点)

しばらく会っていなかった友達に「久しぶり！」と言うとき。

解答 p.43

第6回 予想問題 Lesson 5

/100

1 LISTENING 次の絵を見て，(1)～(3)の質問にそれぞれ3語の英語で答えなさい。

t06 5点×3(15点)

(1)		(2)	
(3)			

2 次の日本文に合うように，＿＿に適する語を書きなさい。

5点×4(20点)

(1) エマは家から昼食を持ってきます。

Emma ＿＿＿＿ her lunch ＿＿＿＿ home.

(2) 彼(かれ)らはいろいろなことをしています。

They ＿＿＿＿ ＿＿＿＿ different things.

(3) ケビンはかな文字しか読むことができません。

Kevin ＿＿＿＿ read ＿＿＿＿ kana letters.

(4) あなたたちの合唱コンクールはおもしろそうに聞こえます。

Your chorus contest ＿＿＿＿ ＿＿＿＿.

(1)			(2)		
(3)			(4)		

3 次の文を(　)内の指示にしたがって書きかえなさい。

5点×4(20点)

(1) We clean the room every day. (下線部を now にかえて現在進行形の文に)

(2) Emma buys her lunch at a shop. (疑問文に)

(3) The boy is standing by the window. (下線部をたずねる文に)

(4) Those girls are chatting on the bench. (下線部をたずねる文に)

(1)	
(2)	
(3)	
(4)	

4 次のビデオ通話での対話文を読んで，あとの問いに答えなさい。 (計 20 点)

Emma: Hello, Ms. King and everybody.　I'm Emma.　It's ①<u>10:45</u> in Queensland.
Kenta: Hi, Emma.　I'm Kenta.　②<u>あなたたちは芝生(しばふ)にすわっているのですよね。</u>
Emma: Yes.　We're having morning tea now.
Kenta: ③<u>Morning tea?</u>
Emma: Yes.　We have recess (　④　) 30 minutes after first period.
　　⑤<u>That student is eating a snack.</u>

(1) 下線部①の時刻を 2 語の英語で書きなさい。 (4 点)
(2) 下線部②の意味になるように，＿＿に適する語を書きなさい。 (4 点)
　You are ＿＿＿＿＿ on the lawn, ＿＿＿＿＿?
(3) 下線部③が完全な英文になるように，＿＿に適する語を書きなさい。 (4 点)
　＿＿＿＿＿ ＿＿＿＿＿ ＿＿＿＿＿ morning tea?
(4) ④の(　)に適する語を書きなさい。 (3 点)
(5) 下線部⑤を日本語になおしなさい。 (5 点)

(1)			(2)		
(3)				(4)	
(5)					

5 次の日本文を英語になおしなさい。 6 点×3(18 点)

(1) 私の姉は自分の部屋(へや)で手紙を書いています。
(2) ケン(Ken)は公園で走っているのですか。
(3) アヤ(Aya)とボブ(Bob)はテニスをしていません。

(1)	
(2)	
(3)	

6 次のようなとき，英語でどのように言うか書きなさい。 (7 点)

相手に，自分は図書館の近くに住んでいると伝えるとき。

解答 p.44

第7回 予想問題 Lesson 6 ～ Useful Expressions

/100

1 LISTENING Haruto（ハルト）と Anne（アン）の対話を聞いて，(1)と(2)の質問にそれぞれ3語の英語で答えなさい。 t07 5点×2(10点)

(1)	
(2)	

2 次の日本文に合うように，＿＿に適する語を書きなさい。 5点×4(20点)

(1) 私は彼女(かのじょ)にペンを買いました。

I ＿＿＿＿ a pen ＿＿＿＿ her.

(2) 彼(かれ)らはレストランでたくさん食べました。

They ＿＿＿＿ a ＿＿＿＿ at the restaurant.

(3) あなたたちはどのくらいよくバスケットボールをしますか。

＿＿＿＿ ＿＿＿＿ do you play basketball?

(4) 〔(3)に答えて〕 だいたい週に5回です。

About ＿＿＿＿ ＿＿＿＿ a week.

(1)			(2)		
(3)			(4)		

3 次の文を（ ）内の指示にしたがって書きかえなさい。 5点×4(20点)

(1) That gate is very colorful. （That を主語にして）

(2) Mei uploaded some new pictures. （否定文に）

(3) Bob ordered almond jelly. （下線部をたずねる文に）

(4) Aya liked the spring rolls. （下線部をたずねる文に）

(1)	
(2)	
(3)	
(4)	

4 次の対話文を読んで，あとの問いに答えなさい。 (計 20 点)

Kenta : Now, time ①(ア to イ on ウ for) dessert.
Mei : Mango pudding and almond jelly ②(ア is イ are ウ was) popular.
③[to / you / order / which / want / do]?
Bob : Who wants mango pudding?
Mei & Aya : I (④)!
Bob : Almond jelly for Kenta and me. OK?
Kenta : Can I order ⑤both?

(1) ①，②の( )内からそれぞれ適する語を選び，記号で答えなさい。 3 点×2(6 点)
(2) 下線部③の[ ]内の語を並べかえて，意味の通る英文にしなさい。 (5 点)
(3) ④の( )に適する語を書きなさい。 (4 点)
(4) 下線部⑤がさす具体的な内容を日本語で書きなさい。 (5 点)

(1)	①		②	
(2)				
(3)			(4)	

5 次の日本文を英語になおしなさい。 6 点×4(24 点)

(1) これらはだれの箱ですか。
(2) この看板には何と書いてあるのですか。
(3) あなたはどの映画を勧(すす)めますか。
(4) だれがこの本を読みたがっていますか。

(1)	
(2)	
(3)	
(4)	

6 次のようなとき，英語でどのように言うか書きなさい。 (6 点)

相手に，「カップ 1 杯(ぱい)の紅茶はいかがですか」と勧めるとき。 (7 語で)

解答 p.45

第8回 予想問題 Lesson 7 〜 Reading 2 ①

読 聞 書 話

30分 /100

1 LISTENING (1)と(2)の質問を聞いて，その答えとして適するものをア〜エから１つ選び，記号で答えなさい。 t08 5点×2(10点)

(1) ア Yes, thank you. イ Sure.
ウ No, you don't. エ You're right.

(2) ア Yes, you are. イ No, you can't.
ウ All right. エ No, you don't have to.

(1)	
(2)	

2 次の日本文に合うように，＿＿に適する語を書きなさい。 5点×4(20点)

(1) アヤは跳(と)び上がりました。
Aya ＿＿＿＿ ＿＿＿＿.

(2) 始めてもよろしいですか。
＿＿＿＿ ＿＿＿＿ start?

(3) この標識は非常口を表します。
This sign ＿＿＿＿ ＿＿＿＿ Emergency exit.

(4) 私は初めてその映画を見ました。
I saw the movie for the ＿＿＿＿ ＿＿＿＿.

(1)			(2)		
(3)			(4)		

3 次の各組の文がほぼ同じ内容を表すように，＿＿に適する語を書きなさい。 5点×4(20点)

(1) My dog loves people.
My dog likes people ＿＿＿＿ ＿＿＿＿.

(2) He must do his homework.
He ＿＿＿＿ ＿＿＿＿ do his homework.

(3) Don't bring pets here.
＿＿＿＿ ＿＿＿＿ bring pets here.

(4) My mother can play volleyball well.
My mother is ＿＿＿＿ ＿＿＿＿ play volleyball well.

(1)			(2)		
(3)			(4)		

4 次の対話文を読んで，あとの問いに答えなさい。　(計 26 点)

Bob : ①<u>この記号は何を意味しますか。</u>
Aya : ②<u>推測できますか。</u>
It's a place.　We have to take off our clothes in this place.
Bob : ③<u>I have no idea.</u>　I want another hint.
Aya : We can relax in ④<u>hot water</u>.
Bob : Oh, ⑤<u>I got it.</u>　A hot spring!
Aya : Right.　Everyone ⑥(know) this symbol in Japan.

(1) 下線部①，②の意味になるように，＿＿に適する語を書きなさい。　5 点×2(10 点)
① ＿＿＿＿ ＿＿＿＿ this symbol mean?
② ＿＿＿＿ you ＿＿＿＿?

(2) 次の文が下線部③とほぼ同じ内容を表すように，＿＿に適する語を書きなさい。　(4 点)
I ＿＿＿＿ ＿＿＿＿.

(3) 下線部④，⑤を日本語になおしなさい。　4 点×2(8 点)

(4) ⑥の(　)内の語を適する形になおしなさい。　(4 点)

(1)	①		②	
(2)				
(3)	④		⑤	
(4)				

5 次の日本文を英語になおしなさい。　6 点×3(18 点)

(1) 私の父はとても忙(いそが)しいかもしれません。
(2) 彼女(かのじょ)は毎日ピアノを練習しなければなりません。　(8 語で)
(3) ここで靴(くつ)を脱(ぬ)ぐ必要はありません。　(9 語で)

(1)	
(2)	
(3)	

6 次のようなとき，英語でどのように言うか書きなさい。　(6 点)

自分が言ったことに対して，「ほんの冗談(じょうだん)だよ」と言うとき。

解答 p.46

第9回 予想問題 Lesson 7 〜 Reading 2 ②

読 聞 書 話

30分 /100

1 LISTENING (1)〜(3)の読まれた英文を書き取りなさい。

t09 5点×3(15点)

(1)	
(2)	
(3)	

2 次の日本文に合うように, ＿＿ に適する語を書きなさい。

4点×4(16点)

(1) 今日はとても寒いですか。

＿＿＿＿ ＿＿＿＿ very cold today?

(2) どうぞ靴(くつ)を脱(ぬ)いでください。

Please ＿＿＿＿ ＿＿＿＿ your shoes.

(3) 私たちは多くの種類の標識を見ることができます。

We can see ＿＿＿＿ ＿＿＿＿ of signs.

(4) 日本ではだれでもこれらの記号を知っています。

＿＿＿＿ ＿＿＿＿ these symbols in Japan.

(1)			(2)		
(3)			(4)		

3 〔 〕内の語句を並べかえて，日本文に合う英文を書きなさい。

5点×4(20点)

(1) アヤはグラス1杯(ぱい)のジュースを買いました。

〔 glass / bought / juice / a / Aya / of 〕.

(2) 私の母はふろに入っているかもしれません。

〔 a / be / mother / bath / may / my / taking 〕.

(3) あなたはじょうずに泳ぐことができますか。

〔 you / to / well / able / are / swim 〕?

(4) 彼(かれ)は私のとなりのテーブルの席につきました。

〔 down / me / the table / sat / next to / at / he 〕.

(1)	
(2)	
(3)	
(4)	

4 次の対話文を読んで，あとの問いに答えなさい。 (計 19 点)

Aya : What does this mean then?
Kenta : ①ペンギンはここで横断しなければなりません。
Aya : ②No, Kenta. Penguins cannot read the sign.
Kenta : ③I was just kidding. ④運転手はゆっくり行かなければなりません。
Aya : ⑤You're right! Penguins sometimes cross here.

(1) 下線部①，④の意味になるように，＿＿に適する語を書きなさい。 4 点×2(8 点)

① Penguins ＿＿＿＿ ＿＿＿＿ cross here.

④ Drivers ＿＿＿＿ ＿＿＿＿ slowly.

(2) アヤが下線部②のように言った理由を日本語で答えなさい。 (5 点)

(3) 下線部③，⑤を日本語になおしなさい。 3 点×2(6 点)

(1)	①			④		
(2)						
(3)	③			⑤		

5 次の日本文を英語になおしなさい。 5 点×4(20 点)

(1) あなたのコンピュータを使ってもいいですか。

(2) 私の父はスキーをすることができます。 (6 語で)

(3) ここでは日本語を話してはいけません。 (5 語で)

(4) あなたはこの質問に英語で答えなければなりません。 (7 語で)

(1)	
(2)	
(3)	
(4)	

6 次のようなとき，英語でどのように言うか書きなさい。 5 点×2(10 点)

(1) 会話中に，「ええと」と間(ま)をおくとき。

(2) 意味がわからない語があって，だれかに「この語はどういう意味ですか」と聞くとき。

(1)	
(2)	

解答 p.46

第10回 予想問題 Lesson 8

読 聞 書 話 30分 /100

1 LISTENING 天気予報を聞いて，その内容に合うように①～④に適する記号をア～エから1つ選び，記号で答えなさい。 t10 5点×4(20点)

	沖縄	福岡	大阪	東京	仙台	札幌
午前	①	(傘)	(傘)	③	(太陽)	(雪だるま)
午後	(傘)	(傘)	②	(太陽)	(太陽)	④

ア (太陽)
イ (雲)
ウ (傘)
エ (雪だるま)

①		②		③		④	

2 次の日本文に合うように，____に適する語を書きなさい。 4点×4(16点)

(1) 彼(かれ)らの夢は実現しましたか。
Did their dream ____ ____?

(2) 私はとうとうアメリカにいる友達に会いました。
I saw my friend in America ____ ____.

(3) このコンピュータとあのコンピュータの違(ちが)いは何ですか。
What are the differences ____ this computer ____ that one?

(4) 私たちは数週間，北海道に滞在(たいざい)しました。
We stayed in Hokkaido for ____ ____ weeks.

(1)			(2)		
(3)			(4)		

3 次の文を( )内の指示にしたがって書きかえなさい。 5点×4(20点)

(1) My father is busy now. (下線部を tomorrow にかえて6語で)
(2) Please look at this photo. (下線部を複数形にかえて)
(3) Aya has some plans for this weekend. (疑問文に)
(4) They are going to see a movie in Shibuya. (下線部をたずねる文に)

(1)	
(2)	
(3)	
(4)	

4 次の対話文を読んで，あとの問いに答えなさい。 （計18点）

Hanna: Are you taking your camera (①) you, Aya?
②We have lots of wonderful spots.
Aya: Yes, (③) course. ④今，雪が降っていますか。
Hanna: No, it isn't now. ⑤しかし明日は雪が降るでしょう。
Aya: Good! ⑥〔 photos / want / snow / take / of / I / scenes / to 〕.

(1) ①，③の( )に適する語を書きなさい。 2点×2(4点)

(2) 次の文が下線部②とほぼ同じ内容を表すように，＿＿に適する語を書きなさい。 (3点)

We have ＿＿＿＿ wonderful spots.

(3) 下線部④，⑤の意味になるように，＿＿に適する語を書きなさい。 3点×2(6点)

④ ＿＿＿＿ it ＿＿＿＿ now?

⑤ But it ＿＿＿＿ ＿＿＿＿ tomorrow.

(4) 下線部⑥が「私は雪の場面の写真を撮(と)りたいです」という意味になるように，〔 〕内の語を並べかえなさい。 (5点)

(1)	①		③		(2)	
(3)	④			⑤		
(4)						

5 次の日本文を英語になおしなさい。 5点×4(20点)

(1) アヤ(Aya)はまもなく私たちの家に着きます。

(2) あなたは自分の部屋(へや)を掃除(そうじ)するつもりですか。

(3) 私は明日新しいコンピュータを買う予定です。

(4) あなたはアメリカで英語を勉強するべきです。

(1)	
(2)	
(3)	
(4)	

6 次のようなとき，英語でどのように言うか書きなさい。 (6点)

広島は曇(くも)りだろう，と明日の天気の予想を述べるとき。

解答 p.47

第11回 予想問題 Lesson 9 〜 Further Reading

/100

1 LISTENING 次の絵を見て，(1)〜(3)の質問にそれぞれ３語の英語で答えなさい。

t11 3点×3(9点)

(1)		(2)	
(3)			

2 次の日本文に合うように，＿＿に適する語を書きなさい。 3点×4(12点)

(1) あなたのお母さんはとても悲しそうに見えます。
Your mother ＿＿＿＿ very ＿＿＿＿.

(2) その箱はサクランボでいっぱいでした。
The box was ＿＿＿＿ ＿＿＿＿ cherries.

(3) その水は彼(かれ)らには十分ではないでしょう。
The water ＿＿＿＿ be ＿＿＿＿ for them.

(4) あなたはずっと何を見ているのですか。
What are you looking at ＿＿＿＿ the ＿＿＿＿?

(1)			(2)		
(3)			(4)		

3 次の文を(　)内の指示にしたがって書きかえなさい。 3点×4(12点)

(1) A little girl falls asleep on the grass. (過去の文に)

(2) Ken sat on his front porch. (過去進行形の文に)

(3) There are <u>five</u> libraries in this city. (下線部をたずねる文に)

(4) There are seven days in <u>a week</u>. (下線部を主語にしてほぼ同じ内容を表す文に)

(1)	
(2)	
(3)	
(4)	

4 次の対話文を読んで，あとの問いに答えなさい。 （計 15 点）

Aya : Global warming is really serious.
Kenta : ①We have to save energy in our daily ②(life).
Aya : ③(ア What イ How ウ Which) can we save energy?
Kenta: ④There are many ways.
Mei : (⑤) example?
Kenta: I set the temperature of my air conditioner at 20 degrees in winter.
Aya : ⑥Air conditioners use a lot of energy.

(1) 次の文が下線部①，⑥とほぼ同じ内容を表すように，＿＿に適する語を書きなさい。
① We ＿＿＿＿＿＿ save energy 2 点×2(4 点)
⑥ Air conditioners use ＿＿＿＿＿＿ energy.
(2) ②の( )内の語を適する形になおしなさい。 (2 点)
(3) ③の( )内から適する語を選び，記号で答えなさい。 (2 点)
(4) 下線部④を日本語になおしなさい。 (2 点)
(5) ⑤の( )に適する語を書きなさい。 (2 点)
(6) ケンタはエネルギーを節約するためにどんなことをしていますか。日本語で答えなさい。 (3 点)

(1)	①		⑥		(2)	
(3)		(4)				
(5)						
(6)						

5 〔 〕内の語句を並べかえて，日本文に合う英文を書きなさい。 4 点×3(12 点)

(1) 彼は 1 枚の紙を見つけました。
〔 of / a / he / paper / piece / found 〕.
(2) 彼らは自分たちのごみの総計を減少させるべきです。
〔 reduce / trash / their / of / should / they / the amount 〕.
(3) あなたは何時に駅に到着(とうちゃく)しましたか。
〔 get / time / the station / you / what / to / did 〕?

(1)	
(2)	
(3)	

6 次の英文を読んで，あとの問いに答えなさい。 (計 16 点)

Japan burns 80 percent of ①(it) trash and recycles 20 percent. ②(これに対して), Singapore burns 38 percent of ①(it) trash and recycles 60 percent. Singapore is a small country, and ③[much / landfills / room / isn't / there / for], ④ちょうど日本のように. ⑤再利用はとても重要です。

(1) ①の( )内の語を適する形になおしなさい。 (3 点)

(2) ②の( )内の日本語を 4 語の英語になおしなさい。 (3 点)

(3) 下線部③の〔 〕内の語を並べかえて，意味の通る英文にしなさい。 (4 点)

(4) 下線部④，⑤の意味になるように，＿＿に適する語を書きなさい。 3 点×2(6 点)

④ ＿＿＿＿ ＿＿＿＿ Japan

⑤ ＿＿＿＿ is very ＿＿＿＿.

(1)		(2)		
(3)				
(4) ④			⑤	

7 次の日本文を英語になおしなさい。 4 点×4(16 点)

(1) 公園に小さなイヌが 1 匹(ぴき)いました。

(2) あなたは何を探しているのですか。

(3) だれも私に手紙を送りませんでした。

(4) 私は昨夜遅(おそ)く自分の数学の宿題を終えました。

(1)	
(2)	
(3)	
(4)	

8 次のようなとき，英語でどのように言うか書きなさい。 4 点×2(8 点)

(1) 相手が述べたことに「それはとても深刻そうに聞こえます」と伝えるとき。

(2) 悲しそうにしている相手に，「どうしたの」と声をかけるとき。

(1)	
(2)	

教科書ワーク 英語

無料アプリ

どこでもワーク

こちらにアクセスして，ご利用ください。
https://portal.bunri.jp/app.html

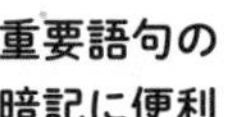

重要語句の暗記に便利

音声つき

▼文法特訓

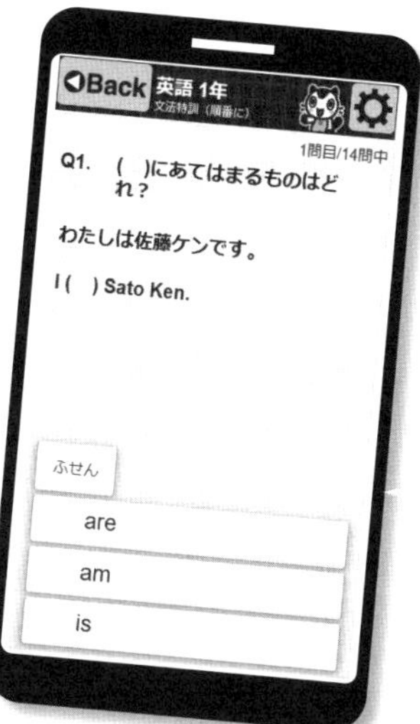

文法事項を三択問題で確認！

間違えた問題だけを何度も確認できる！

無料ダウンロード

ホームページテスト

無料でダウンロードできます。表紙カバーに掲載のアクセスコードを入力してご利用ください。
https://www.bunri.co.jp/infosrv/top.html

文法問題▶

テスト対策や復習に使おう！

リスニング試験対策にバッチリ！

▼リスニング問題

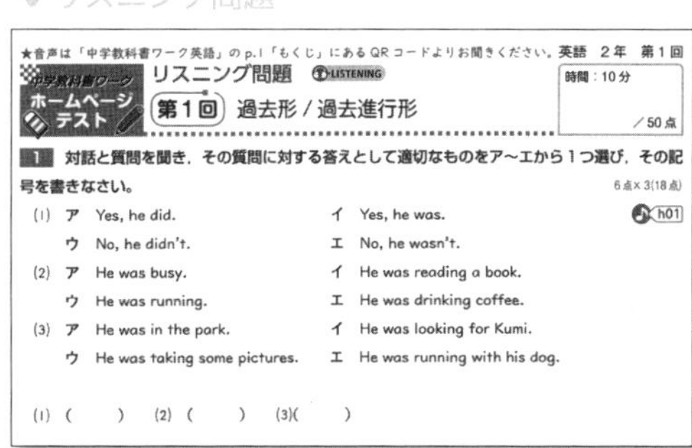

注意 ●アプリは無料ですが，別途各通信会社からの通信料がかかります。
●アプリの利用には iPhone の方は Apple ID，Android の方は Google アカウントが必要です。対応 OS や対応機種については，各ストアでご確認ください。
●お客様のネット環境および携帯端末により，ご利用いただけない場合，当社は責任を負いかねます。ご理解，ご了承いただきますよう，お願いいたします。

中学教科書ワーク

解答と解説

この「解答と解説」は，取りはずして使えます。

教育出版版 ワンワールド

英語1年

Springboard 4 ～ Lesson 1

p.6～7 ステージ1

❶ (1) When is

(2) What can

(3) What's your

(4) What do

❷ (1) birthday, January

(2) can speak

(3) sports (4) artist

❸ (1) What sports do you like?

(2) Talk about today's lunch menu.

(3) What do you want to

❹ (1) When is

(2) What time do you

(3) Where do you want

解説

❶ 答えの文から何をたずねているかを判断する。
(1)「私の誕生日は5月1日です」→「あなたの誕生日はいつですか」。「～はいつですか」は When is ～?。
(2)「私はテニスをすることができます」→「あなたは何をすることができますか」。「何」は what。
(3)「私の一番の思い出は音楽祭です」→「あなたの一番の思い出は何ですか」。「～は何ですか」は What's ～?。
(4)「私はピアニストになりたいです」→「あなたは何になりたいですか」。「何」は what。

❷ (2)「～することができる」は can ～。

❸ (1) what sports(どんなスポーツ)で始める。
(2)「～について話す」は talk about ～。
(3) what(何)を文の始めに置く。「～したい」は want to ～。

❹ (1)「～はいつですか」は When is ～?。
(2)「あなたは何時に～しますか」は What time do you ～?。get up は「起きる」という意味。
(3)場所は where を使ってたずねる。Where do you want to go? で「あなたはどこへ行きたいですか」を表す。

ポイント 質問で使う語
- who「だれ」
- what「何(の)」
- when「いつ」
- what time「何時に」
- where「どこに」

p.8 ステージ1

Wordsチェック (1)～を…と呼ぶ

(2) hello

❶ (1) I'm Bob.

(2) I am Bob.

❷ (1) Great (2) nice

(3) I'm / Please call

(4) meet you

解説

❶「私は～です」は I'm[I am] ～. で表す。

❷ (3)「(私を)～と呼んでね」は Please call me ～. で表す。

(4)初対面のあいさつ。Nice to meet you. には Nice to meet you, too. と返す。

ポイント 自己紹介の表現
・I'm[I am] ～.　「私は～です」
・Please call me ～.　「(私を)～と呼んでね」

p.9 ステージ1

Wordsチェック (1)理科，科学

(2) music

❶ (1) play the violin

(2) I play

(3) I play soccer.

❷ (1) I like

(2) I like math

解説

❶ (1)ミス注意！「(楽器)を演奏する」は〈play the＋楽器名〉。楽器名の前に the をつける。

(2)(3)「(スポーツ)をする」は〈play＋スポーツ名〉。スポーツ名の前に the はつけない。

❷「私は～が好きです」は I like ～. で表す。

p.10 ステージ1

Wordsチェック (1)～が大好きである，～を愛する

(2) interesting

❶ (1) like playing

(2) like reading

(3) I like swimming.

❷ (1) want to

(2) to join

解説

❶「私は～することが好きです」は I like ～ing .... で表す。

❷「私は～したいです」は I want to ～. で表す。

p.11 ステージ1

Wordsチェック (1)教科

(2) exciting

❶ (1) My favorite subject is English.

(2) My favorite sport is baseball.

❷ (1) Thank you

(2) Any (3) love

(4) It's interesting

解説

❶「私の大好きな～は…です」は My favorite ～ is .... で表す。favorite は「お気に入りの，大好きな」という意味。

❷ (2)「何か質問はありますか」は Any questions?。any は「何か，いくつか」という意味。

(3)「私は～が大好きです」は I love ～. で表す。

(4)「それは～です」は It's[It is] ～. で表す。

p.12 ステージ1

❶ (1) What time

(2) What's, sport

(3) Who / like

❷ What do you do in your free time?

解説

❶ (1)「私は6時に起きます」と答えている。「あなたは何時に～しますか」は What time do you ～? で表す。

(2)「それはバスケットボールです」と答えている。「あなたの大好きなスポーツは何ですか」という文にする。「～は何ですか」は What's ～?

(3)人の名前を答えている。「あなたの大好きなテニス選手はだれですか」「私は大阪なおみが好きです」という対話。「～はだれですか」は Who is ～?。

❷ What do you do(あなたは何をしますか)のあとに，in your free time(自由な時間に)を続ける。

p.13 ステージ1

Wordsチェック (1)親愛なる～ (2)あなた自身

(3) but (4) popular

❶ (1)私はサーフィンが好きです。

(2)私はスポーツをするのが大好きです。

❷ (1) I don't[do not] like fish.

(2) I don't[do not] read manga.

❸ (1) a little

(2) See you

解説

❶ (1)I like ～.「私は～が好きです」

(2)I love ～.「私は～が大好きです」

❷ 一般動詞(like，read など)の否定文は，動詞の前に don't[do not]を置く。don't は do not の短縮形。

(1)I don't like ～.「私は～が好きではありません」

(2)I don't read ～.「私は～を読みません」

❸ (1)「少し」は a little。

(2)「～の授業で会いましょう」は See you in ～ class.。

ポイント 「私は～しません」(否定文)
〈I don't[do not]＋一般動詞 ～.〉

p.14 文法のまとめ①

1 (1) I am

(2) Are you

(3) is exciting

(4) I play / Do you play

解説

1 (1)「私は～です」と自分のことを述べるときは I'm[I am] ～. で表す。

(2)「あなたは～ですか」と相手のことをたずねるときは Are you ～? で表す。

(1)～(3)ミス注意!「A は B です」と主語を説明するときは，be 動詞(am，are，is)を使う。主語が I のときは am，you のときは are，soccer のときは is を使う。

(4)ミス注意!「野球をする」は play baseball。「あなたは～しますか」と動作・行動などをたずねるときは Do you ～? で表す。Are you ～?(あなたは～ですか)と混同しないように注意。

p.15 文法のまとめ②

1 (1) Where do

(2) What is

(3) How many, do

2 Please play the violin for me.

解説

1 答えの文から何をたずねているかを判断する。

(1)ミス注意!「私は横浜に住んでいます」→「あなたはどこに住んでいますか」。場所をたずねるときは，where(どこ)を文の最初に置く。live(一般動詞)の疑問文なので，where のあとに do you ～を続ける。are you ～としないように注意。

(2)「それは黄色です」→「あなたの大好きな色は何ですか」。「～は何ですか」は What is[What's] ～? で表す。

(3)ミス注意!「私は帽子を 3 つ持っています」→「あなたはいくつ帽子を持っていますか」。数をたずねるときは，how many ～(いくつの～)を文の最初に置く。have(一般動詞)の疑問文なので，are ではなく do を you の前に置く。

2 「～してください」は Please ～. で表す。please は人に何かをお願いするときに使う語。「私のために」は for me。

p.16～17 ステージ2

❶ LISTENING ア

❷ (1) I'm from

(2) Please write

(3) like playing

(4) This is

❸ (1) Do you

(2) don't speak

(3) When is

(4) What time

❹ (1) I am (2) the

(3)③ Please call me Bob.

④ favorite subject is science

(4)音楽，ピアノ

❺ (1) What can

(2) What do

❻ (1) I love playing sports.

(2) I want to join the tennis team.

解説

❶ LISTENING 「あなたはカナダ出身ですか」「いいえ，ちがいます。私はオーストラリア出身です」

音声内容
A：Are you from Canada?
B：No, I'm not. I'm from Australia.

❷ (1)「私は～出身です」は I'm[I am] from ～.。
(2)「～してください」とお願いするときは please を使う。「～について書く」は write about ～。
(3)ミス注意！「～するのが好きだ」は like ～ing。英語では，動詞をそのまま２つ並べて使うことはしない(×like play)。like のあとにくる動詞(play)には ing をつける。
(4)「これは～です」は This is ～.。

❸ (1)一般動詞(like)の文なので，疑問文は do を主語(you)の前に置く。Do you like ～?「あなたは～が好きですか」
(2)「私は～しません」という否定文は，一般動詞(speak)の前に don't[do not]を置く。「私は英語を話しません」という文になる。
(3)ミス注意！「あなたの誕生日はいつですか」という文にする。be 動詞(is)の疑問文なので，主語(your birthday)の前に be 動詞を置く。do を使わないように注意。
(4)「あなたは６時 30 分に夕食を食べます」→「あなたは何時に夕食を食べますか」。時刻をたずねるときは，what time を文の最初に置く。

❹ (2)「(楽器)を弾く」と言うときは，楽器名の前に the をつける。
(3)③ Please call me ～.「(私を)～と呼んでください」 ④ My favorite ～ is ....「私の大好きな～は…です」
(4)本文２行目参照。

❺ (1) I can ～.「私は～することができます」と答えているので，「あなたは何をすることができますか」という疑問文にする。
(2) I want to be a ～.「私は～になりたいです」と答えているので，「あなたは何になりたいですか」という疑問文にする。

❻ (1) I love ～ing ....「私は～することが大好きです」
(2) I want to join the ～ team[club].「私は～部に入りたいです」

p.18～19 ステージ3

❶ LISTENING (1)ウ (2)エ (3)エ

❷ (1) Nice to meet

(2) See you in

(3) want to join

(4) no brothers

❸ (1) Can you

(2) What's, name

(3) Who is

(4) How many

❹ (1)私はスポーツをするのが大好きです。

(2)② surfing ④ sushi

(3)③ a little

⑤ sometimes (4) don't

❺ (1) Where do you live?

(2) What do you do in your free time?

❻ Please write about your favorite book.

解説

❶ LISTENING (1)「私は看護師になりたいです。あなたは何になりたいですか」 ウ「私は科学者になりたいです」

(2)「私は鎌倉に住んでいます。あなたはどこに住んでいますか」 エ「私は名古屋に住んでいます」

(3)「私は青が好きです。あなたは何色が好きですか」 エ「私は白が好きです」

音声内容

(1) I want to be a nurse. What do you want to be?

(2) I live in Kamakura. Where do you live?

(3) I like blue. What color do you like?

❷ (3)「私は～したいです」は I want to ～. で表す。

(4)ミス注意! 「私には～はいません」は I don't have any ～. または I have no ～. で表す。no は「だれも～ない」という意味。brothers と s をつけることに注意。

❸ (1) Yes, I can. と答えているので, Can you ～?「あなたは～することができますか」と can を使った疑問文にする。「あなたはスパゲッティを料理できますか」「はい, できます」。

(2)イヌの名前を答えているので, What's ～?「～は何ですか」を使った疑問文にする。「あなたのイヌの名前は何ですか」「(それは)クロです」。

(3)人の名前を答えているので, Who is ～?「～はだれですか」を使った疑問文にする。「あなたの大好きな歌手はだれですか」「私はアヤカが好きです」。

(4)数を答えているので, How many ～ do you have?「あなたには何人～がいますか, あなたはいくつ～を持っていますか」を使った疑問文にする。「あなたには姉妹(しまい)が何人いますか」「私には姉妹が2人います」。

❹ (1) love ～ing「～するのが大好きだ」

(2)それぞれ直前の文を参照。

(4)「私は魚が好きですが, タコは好きではありません」という意味になるので don't を入れる。I don't like ～.「私は～が好きではありません」

❺ (1)「あなたは横浜に住んでいます」→「あなたはどこに住んでいますか」。場所は where でたずねる。

(2)ミス注意! 「あなたは自由な時間にマンガを読みます」→「あなたは自由な時間に何をしますか」。「あなたは何をしますか」は What do you do? で表す。What do you read? とすると「あなたは何を読みますか」の意味になる。

❻「～について書いてください」は Please write about ～. で表す。「お気に入りの」は favorite。

Lesson 2

p.20 ステージ1

Wordsチェック (1)家族

(2) early

❶ (1) I like

(2) You play

❷ (1) Do you get up early?

(2) I do (3) I don't[do not]

❸ 私はテニス部に入っています。

解説

❶ 主語(「～は」にあたる語)のすぐあとに「～します」を表す一般動詞を続ける。

❷ get up early は「早く起きる」という意味。一般動詞の疑問文は，主語の前に do を置く。答えるときも do を使う。

❸ I'm on the ～ team. で「私は～部に入っています」の意味を表す。

ポイント 「あなたは～しますか」と答え方
【疑問文】〈Do you＋一般動詞 ～?〉
【答え方】Yes, I do. / No, I don't[do not].

p.21 ステージ1

Wordsチェック (1)お気に入りの，大好きな
(2) every

❶ (1) You are good at table tennis.
(2) Keiko is good at cooking.

❷ (1) Are you good at math?
(2) I am (3) I'm[I am] not

解説

❶ ミス注意 「～がじょうずである」は be good at ～で表す。be は主語に応じて am, is, are を使い分ける。

❷ be 動詞(am, is, are)の疑問文は，主語の前に be 動詞を置く。答えるときも be 動詞を使う。

ポイント① be 動詞(am, is, are)の使い分け
・主語が I(自分) → am
・主語が you(相手) → are
・主語が自分と相手以外の 1 人の人 → is

ポイント② 「あなたは～ですか」と答え方
【疑問文】Are you～?
【答え方】Yes, I am. / No, I'm[I am] not.

p.22 ステージ1

Wordsチェック (1)料理
(2) meter

❶ (1) can swim
(2) can play

❷ (1) Can you skate?
(2) I can (3) I can't[cannot]

解説

❶ 「～することができる」は〈can＋動詞〉で表す。

❷ can の疑問文は，主語の前に can を置く。答えるときも can を使う。

ポイント 「あなたは～できますか」と答え方
【疑問文】〈Can you＋動詞 ～?〉
【答え方】Yes, I can. / No, I can't[cannot].

p.23 ステージ1

Wordsチェック (1)または，あるいは
(2) often

❶ (1) Frozen pizza is always in the fridge.
(2) I often eat bananas for breakfast.

❷ (1) Me, too.
(2) You're right.

解説

❶ ミス注意 (1) always は「いつでも，常に」，(2) often は「しばしば」という意味。このような頻度を表す語は，(1) be 動詞(is)の文では直後に，(2)一般動詞(eat)の文では直前に置く。

❷ (1) ミス注意 「私も(です)」は Me, too. で表す。I は使わない。
(2)「あなたの言うとおりです」は You're right.。right は「正しい，まちがいない」という意味。

p.24 ステージ1

Wordsチェック (1)～のあとに
(2) story

❶ (1) them (2) They

(3) He

❷ (1) right (2) after

解説

❶ (1) ミス注意! math and science（数学と理科）なので「それら」で表す。複数のものは，主語のときは they，主語以外の場合は them を使う。
(2) those girls は「あの少女たち」という意味。複数の人で主語なので they（彼女らは）を使う。
(3) Mr. は男性に使う敬称。Mr. Yamada（ヤマダさん[先生]）は1人の男性で主語なので he（彼は）。

❷ (1)「～ですよね」と確認したり，念を押したりするときは，～, right? を文の最後につける。上げ調子（↗）で言う。
(2)「～のあとに」は after ～で表す。

ポイント 代名詞
【主語】he（彼は） she（彼女は） it（それは）
they（彼[彼女]らは，それらは）
【主語以外】him（彼） her（彼女） it（それ）
them（彼[彼女]ら，それら）

p.25 ステージ1

Wordsチェック (1)～を飼う，～を保有する
(2) live

❶ (1) pieces (2) stories
❷ (1)ア (2)ア (3)イ (4)イ
❸ (1) see (2) That cat
(3) on, Internet

解説

❶ (1)名詞の複数形は，ふつう語尾に s または es をつけてつくる。
(2) ミス注意! y で終わる名詞は，y を i にかえて es をつける（story → stories，city → cities）。ay, ey，uy，oy で終わる名詞はそのまま s をつける（monkey → monkeys，boy → boys）。

❷ (1)あとに続く名詞が単数形（comic book）なので，「1つの」を表す a を使う。
(2)あとに続く名詞が複数形（apples）なので，「いくつかの」を表す some を使う。
(3) ミス注意! あとに続く名詞が複数形（balls）。疑問文・否定文では，some ではなく any を使う。

❸ (1)「なるほど」は I see. で表す。この see は，「～に会う」「～を見る」という意味ではなく「（～を）理解する，わかる」という意味。
(2)「あの～」は〈that＋名詞〉で表す。
(3)「（テレビ・電話・インターネット）で」を表すときは，on を使う。Internet は，ふつう文の途中でも最初の文字は大文字で書く。

ポイント some と any
・some：肯定文で使う。「いくつかの」の意味。
・any：疑問文・否定文で使う。
疑問文では「何か，いくつか」，否定文では「少しも，1つも（～ない）」の意味。
・あとにくる数えられる名詞は複数形。

p.26 ステージ1

Wordsチェック (1)スノーボードをする
(2) character

❶ (1) can
(2) How about
(3) Do, too
(4) Are, on

解説

❶ (1) I can ～.（私は～できます）という相手の発言を，You can ～?（あなたは～できるのね？）とくり返す相づちの表現。「～」の部分は省略して言うことが多い。
(2)「あなたはどうですか」と相手に話題をふるときは How about you? を使う。
(3)一般動詞（like）の疑問文なので，主語の前に do を置く。「～も（また）」は，too を文の最後につけて表す。
(4)「～部に入っている」は be on the ～ team で表す。be 動詞の疑問文なので，主語の前に be 動詞を置く。

p.27 文法のまとめ①

[1] (1) It (2) He
(3) It (4) She (5) She

2 (1) Is he on the soccer team?

(2) Is she from America?

《解説》

1 (1) sushi(すし)は人以外の1つのもの → It(それは)。

(2) Mr. は男の人の姓・姓名につける敬称。Mr. Ito(イトウさん)は1人の男性 → He(彼は)。

(3) that cat(あのネコ)は人以外の1つのもの → It(それは)。

(4) Mayumi は my sister(私の姉[妹])で1人の女性 → She(彼女は)。

(5) Ms. は女の人の姓・姓名につける敬称。Mr. Chiba(チバさん)は1人の女性 → She(彼女は)。

2 be 動詞の疑問文は主語の前に be 動詞を置く。

p.28 文法のまとめ②

1 (1) This is

(2) Is that

2 (1) We (2) They

(3) You

《解説》

1 (1)「こちらは~です」と人を紹介するときは，This is ~. で表す。

(2)「あれは~ですか」は Is that ~? で表す。

2 (1) ミス注意! Koji and I(コウジと私)は，自分(I)を含めた複数の人 → We(私たちは)。

(2) Ryo and Kei(リョウとケイ)は複数の人 → They(彼[彼女]らは)。

(3) ミス注意! You and Aya(あなた(たち)とアヤ)は，相手(you)を含めた複数の人 → You(あなたたちは)。

p.29 文法のまとめ③

1 (1) can swim

(2) can't[cannot] ski

(3) Can , cook

2 (1)イ (2)ア (3)イ

《解説》

1 (1)「~することができる」は〈can＋動詞〉。

(2)「~することができない」は〈can't[cannot]＋動詞〉。

(3)「~することができますか」は〈Can＋主語＋動詞 ~?〉。

2 肯定文では some を，疑問文・否定文では any を使う。some や any は，必要がなければ日本語では表さないことが多い。

(1)「あなたは動物についての本を(何か)持っていますか」 疑問文の any は「何か」という意味。「どんな本でも」「(数に関係なく)1冊でも」という意味で，「持っているかどうか」をたずねることに重点がある。

(2)「私はかばんに(いくつかの)ボールを持っています」 some は「いくつかの」とあいまいな数を表す。数は重要ではなく，「持っている」を伝えることに重点がある。

(3)「私は英語の歌を(1曲も)歌うことができません」 否定文での any は，「少しも，1つも」という意味。強調したいときは any を強く言う。

p.30~31 ステージ2

1 LISTENING ウ

2 (1) can speak

(2) That bird

(3) play , on

(4) is on

3 (1) Do , any / don't

(2) can't[cannot] , any

(3) Is she

(4) He is

4 (1) What do you usually eat for breakfast? (2) or

(3)私はオムレツをつくるのがじょうずです。

(4) That's great!

(5) Yes, she can.

5 (1) They are

(2) we are

6 (1) Do you read Japanese comic books?

(2) I sometimes cook for my family.

解説

1 LISTENING 「私たちはこの絵の中に1匹のイヌと2匹のネコを見ることができます」

♪音声内容
We can see a dog and two cats in this picture.

2 (1)「～することができる」は〈can＋動詞〉。

(2)「あの～」は that ～で表す。that は，自分から離れたところの1つのものや1人の人をさす。

(3)「インターネットで」は on the Internet。

(4)「～部に入っている」は be on the ～ team。主語が Ken なので is を使う。

3 (1)ミス注意！ 一般動詞(have)の文。疑問文は do を主語の前に置く。答えるときも do を使う。疑問文ではふつう，some ではなく any を使う。

(2)ミス注意！ can の否定文「～することができない」は，〈can't[cannot]＋動詞〉で表す。否定文では，some ではなく any を使う。

(3) be 動詞の疑問文は be 動詞を主語の前に置く。

(4) Mr. は男性に使う敬称。he(彼は)で表す。

4 (1)ミス注意！ what(何)を文頭に置き，疑問文の形〈do you＋一般動詞 ～?〉を続ける。頻度を表す usually(ふつうは，たいていは)は一般動詞の前に置く。

(3) I'm good at ～ing ....「私は～するのがじょうずです」

(5)ミス注意！ 「メイはオムレツをつくることができますか」という問い。本文3行目参照。Can ～? には can を使って答える。Mei は女性なので，答えの文では she(彼女は)を使う。

5 (1) those boys(あの少年たち)は複数の人。答えの文では they(彼らは)を使う。

(2)ミス注意！ you and Erika は「あなた(たち)とエリカ」。答えの文では，自分を含む複数の人を表す we(私たちは)を使う。

6 (1)「あなたは～しますか」は〈Do you＋一般動詞 ～?〉で表す。「～を読む」は read。

(2)ミス注意！ 「料理する」は cook。頻度を表す sometimes(ときどき)は一般動詞の前に置く。「～のために」は for ～で表す。

p.32～33 ステージ3

1 LISTENING (1)イ (2)ウ (3)ア

2 (1) is always in

(2) love, right

(3) It's interesting

(4) Those boys, well

3 (1) Are you on the basketball team?

(2) is good at making rice balls

(3) What kind of music do you

(4) want to be a good player like

4 (1)① What ④ on ⑤ don't

(2)チェス

(3) Do you play with your family?

(4)⑥ any ⑦ some

❺ (1) can't (2) How / them

❻ I like reading at home.

解説

❶ LISTENING (1)「私はバスケットボールが好きです。あなたはどうですか」 イ「私は卓球が好きです」
(2)「あなたはいつアニメを見ますか」 ウ「夕食のあとに(見ます)」
(3)「あなたはマンガ本を何冊(さつ)持っていますか」 ア「約 100 冊(持っています)」

音声内容
(1) I like basketball. How about you?
(2) When do you watch anime?
(3) How many comic books do you have?

❷ (1)ミス注意!「～にある，入っている」は be 動詞で表す。頻度(ひんど)を表す always(いつでも，常に)は be 動詞のあとに置く。
(2)「～ですよね」と確認するときは，～, right? を文の最後につける。
(3)「それは」は it。it is の短縮形は it's。
(4)ミス注意!「少年たち」と複数なので，「あの」は that の複数形 those を使う。名詞は複数形 boys。「じょうずに」は well。

❸ (1) are に着目して Are you ～?(あなたは～ですか)の文にする。be on the ～ team で「～部に入っている」。「あなたはバスケットボール部に入っていますか」
(2) be good at ～ing で「～するのがじょうずである」。「私の母はおにぎりをつくるのがじょうずです」
(3) what kind of ～で「どんな種類の～」。「あなたはどんな種類の音楽が好きですか」
(4)ミス注意! like は「～が好きである」(動詞)のほかに，「～のような」の意味でも使う。want に着目して，I want to be ～.(私は～になりたい)の文にする。「私はあなたのようなじょうずな選手になりたいです」

❹ (1)①自由な時間に「何をするか」をたずねている。④ on the Internet「インターネットで」⑤文脈から「私はチェスのこまを持っていません」という否定文にする。
(2)直前の文を参照。
(3) with ～は「～と(いっしょに)」。「あなたは家族といっしょにするのですか」
(4)⑥疑問文では any，⑦肯定文では some を使う。

❺ (1) I can't ～.(私は～することができません)に「そうなのですね」と相づちを打つ表現。You can't (ride a bicycle)? の(　)を省略した形。
(2)ミス注意! 相手に話題をふるときは How about you?(あなたはどうですか)を使う。TV dramas と複数形なので，答えの文では「私もそれらが好きです」とする。主語ではなく，like のあとにくるので them を使う。

❻ ミス注意!「～するのが好きである」は like ～ing で表す。「家で」は at home。

Lesson 3

p.34～35 ステージ1

Wordsチェック (1)自転車 (2)練習する
(3) come (4) weekend

❶ (1) likes
(2) Hana cooks *tempura*.
(3) Tom studies Japanese.

❷ (1)ア (2)イ (3)ア (4)ア

❸ (1) Aya studies
(2) He, watches
(3) doesn't read
(4) doesn't have

❹ (1) comes[is] from
(2) goes shopping
(3) like, very much

❺ 私は古いラケットを使っています。私は新し

いものがほしいです。

解説

❶ (3)ミス注意！ 語尾が〈子音字＋y〉で終わる動詞は，y を i にかえて es をつける。

❷ (1)主語が I → don't を使う。
(2)主語の Your sister は 3 人称単数 → doesn't を使う。
(3) don't または doesn't のあとは動詞の原形。
(4)ミス注意！ 主語は Taro and Jiro で複数。

❸ (2)ミス注意！ 語尾が ch で終わる動詞は es をつける。
(4)ミス注意！ has の原形は have。

❹ (1)「〜出身である」は come from 〜。主語が 3 人称単数なので comes とする。また，Pedro is from Brazil. としてもよい。
(2)ミス注意！「買いものに行く」は go shopping。語尾が o で終わる動詞は es をつける。
(3)「〜が大好きである」は like 〜 very much。

❺ 代名詞 one は直前の文の racket をさす。

ポイント 主語が 3 人称単数の文
・「3 人称単数」は，自分と相手以外の 1 人の人。
・一般動詞に s または es をつける。

p.36〜37 ステージ1

Wordsチェック (1)〜を育てる (2)ほかの
(3)もう 1 つの，別の
(4)彼らの，彼女らの，それらの (5)バラ
(6)趣味
(7) garden (8) busy

❶ (1) Does, study / he does
(2) Does, like / she doesn't

❷ (1)イ (2)ア (3)ア

❸ (1) I have a lot of books.
(2) What does your father grow?

❹ (1) Sounds nice
(2) That's right
(3) years old
(4) another (5) sure

WRITING Plus (1)例1 Her name is Hana.
例2 His name is Masato.
(2)例 Yes, she[he] does. / No, she[he] doesn't.
(3)例1 She[He] listens to music.
例2 She[He] reads comic books.

解説

❶ 疑問文も答えの文も does を使う。doesn't は does not の短縮形。

❷ (2)ミス注意！ does のあとは動詞の原形。

❸ (1)「たくさんの〜」は a lot of 〜。

❹ (4)「〜の別の…」は another ... of 〜。
(5)「確かではありませんが，〜」は I'm not sure, but 〜。

WRITING Plus (1)「あなたの親友の名前は何ですか」という質問。女の子なら her name(彼女の名前)，男の子なら his name(彼の名前)で答える。
(2)「彼女は[彼は]ペットを飼っていますか」という質問。Does 〜? には does を使って答える。
(3)「彼女は[彼は]自由な時間に何をしますか」という質問。動詞に(e)s をつけるのを忘れないこと。

ポイント 主語が 3 人称単数の否定文・疑問文
【否定文】〈主語＋doesn't＋動詞の原形 〜.〉
【疑問文】〈Does＋主語＋動詞の原形 〜?〉
【答え方】Yes, 〜 does. / No, 〜 doesn't.

p.38 ステージ1

Wordsチェック (1)皆さん，みんな，だれでも
(2)プロの，職業上の (3)勝つ
(4)パフォーマンス
(5) tall (6) hard

❶ (1)イ (2)ア (3)イ (4)イ

❷ (1) Look at

(2) member of

(3) tell (4) hope

解説

❶ (1)名詞の前。「あれは彼女のコンピュータです」

(2)主語。「彼女はピアノを弾きますか」

(3) about のあと。主語以外なので her を使う。

(4) with のあと。主語以外なので him を使う。

❷ (1)「～を見る」は look at ～。

(2)「～のメンバー」は a member of ～。

(3)「私は～について話します」は I will tell you about ～. で表す。

(4)「～が…するといいなと思います」は I hope ～ will .... で表す。

p.39 文法のまとめ①

1 (1)イ (2)ア (3)イ (4)イ (5)ア

2 (1) has (2) sees

(3) does (4) comes

(5) studies (6) buys

解説

1 (1)(3)(4)主語が3人称単数。

(2)(5)主語が複数。

2 主語がすべて3人称単数。

(1) have は has になる。

(3)ミス注意! 語尾が o → es をつける。

(5)ミス注意! 語尾が〈子音字(a, i, u, e, o 以外の文字)＋y〉→ y を i にかえて es をつける。

p.40 文法のまとめ②

1 (1) boys (2) lives

(3) countries (4) water

(5) benches (6) potatoes

2 (1) pets (2) stories

(3) roses (4) boxes

(5) tomatoes (6) photos

解説

1 名詞の複数形のつくり方は，一部を除いて，一般動詞の3人称単数形のつくり方と同じ。

(2)ミス注意! 語尾が f, fe → f, fe を v にかえて es をつける。

(3)語尾が〈子音字＋y〉→ y を i にかえて es をつける。

(4)ミス注意! water(水)は数えられない名詞。

(5)語尾が ch → es をつける。

(6)ミス注意! potato(ジャガイモ)は es をつける。

2 すべて複数形にする。

(2)語尾が〈子音字＋y〉→ y を i にかえて es をつける。

(4)語尾が x → es をつける。

(5)(6)ミス注意! o で終わる名詞は，s をつけるものと es をつけるものがある。tomato(トマト)は es をつける。

p.41 文法のまとめ③

1 (1) my (2) me

(3) I (4) me

2 (1)イ (2)イ (3)ウ (4)イ (5)ウ (6)イ

解説

1 (1)名詞の前。「こちらは私の兄[弟]のシュンです」

(2) with のあと。主語以外なので me を使う。

(3)ミス注意! and は「～と…」という意味。Emi and ～が主語なので I を使う。

(4)動詞のあと。主語以外なので me を使う。

2 (1) my grandma(私のおばあちゃん)は女性 → She (彼女は)。

(2)(6)名詞の前 → her(彼女の), his(彼の)。

(3) with のあと。主語以外なので him を使う。

(4) That girl(あの少女)は女性 → 動詞のあとなので her(彼女を[に])を使う。

(5)ミス注意! 前の文の Sho and Mai を受けている。複数なので they(彼ら[彼女ら]は)。

p.42～43 ステージ2

❶ LISTENING エ

❷ (1) studies English

(2) doesn't use

(3) Does , read / he does

3 (1) What does he want to do?

(2) My brother speaks Chinese very well.

(3) She doesn't watch soccer games on TV.

4 (1) years old (2) many

(3)彼は花屋を経営しています。

(4)ウ (5) her

5 (1)イ (2)イ (3)イ (4)イ

6 (1) Ayano has a new pen.

(2) She doesn't[does not] know much about Ken.

(3) Where does your father play tennis?

解説

1 LISTENING 「あなたのお父さんはサッカーをしますか」とたずねている。No と答え，But he plays baseball.(しかし，彼は野球をします)と言っている。

> 音声内容
> A： Does your father play soccer?
> B： No, he doesn't. But he plays baseball.

2 (1)主語が３人称単数になる。study → studies。

(2)(3) ミス注意! 主語が３人称単数の否定文・疑問文は，does を使ってつくる。動詞は原形。

3 (1)主語が３人称単数の疑問文なので，does を補う。

(2)動詞を補う。主語が３人称単数なので，speak に s をつける。

(3)主語が３人称単数の否定文。doesn't を補う。

4 (1)「～歳(さい)」は～ year(s) old。

(2)〈a lot of＋複数名詞〉は〈many＋複数名詞〉で表すこともできる。

(3) run には「走る」のほかに「～を経営する」という意味もある。

(4) but「しかし，ところが」

(5)あとに名詞 garden があるので，her(彼女の)。

5 (1) come from ～「～出身である」

(2) look at ～「～を見る」

(3) for example「たとえば」

(4) I will tell you about ～.「～について話します」

6 (1) ミス注意! 主語が３人称単数なので，have ではなく has を使う。

(2)主語が３人称単数の否定文。「あまり～ない」は not ～ much で表す。

(3)主語が３人称単数の疑問文。Where(どこで)で文を始め，〈does＋主語＋動詞の原形 ～?〉を続ける。

p.44～45 ステージ3

1 LISTENING (1)イ (2)ウ (3)エ

2 (1) has (2) eat

(3) goes (4) get

(5) washes

3 (1) Does your sister study math every Monday? / No, she doesn't[does not].

(2) My brother doesn't[does not] do judo in the gym.

(3) What does Taku want?

4 (1)① everyone

③ a member of

(2) I will tell you about Karin.

(3)④ at ⑤ but

5 (1) comes[is]

(2) sings, well

(3) plays the piano

6 (1) Riku often plays tennis with his father.

(2) What does your mother do in her free time?

解説

1 LISTENING (1)「あなたのお姉さん[妹]はネコがほしいのですか」という質問。Does ～? には does を使って答える。

(2)「サトシは手に何を持っていますか」という質問。ウ「彼(かれ)はボールを持っています」

(3)「エミは毎週日曜日に何をしますか」という質問。エ「彼女(かのじょ)はギターを弾(ひ)きます」

音声内容

(1) Does your sister want a cat?

(2) What does Satoshi have in his hand?

(3) What does Emi do on Sundays?

2 主語がすべて3人称(にんしょう)単数の文。

(1) have(～を持っている)は has とする。

(2)否定文では動詞は原形。eat「～を食べる」

(3)ミス注意 go は es をつける。go to ～「～へ行く」

(4)疑問文では動詞は原形。get up「起きる」

(5)ミス注意 wash は es をつける。wash「～を洗う」

3 (1)ミス注意 疑問文では動詞は原形。studies の原形は study。your sister は，答えの文では she で受ける。

(3)「タクは新しいラケットをほしがっています」→「タクは何がほしいのですか」という文にする。

4 (2)「私はカリンについてあなたたちに話します」という文にする。about ～「～について」

(3)④ look at ～「～を見る」

⑤ but「しかし，ところが」

5 (2) very well「とてもじょうずに」

(3)ミス注意「(楽器)を弾く」は〈play the＋楽器名〉。楽器名の前には，a ではなく the をつける。

6 (1)「(スポーツ)をする」は〈play＋スポーツ名〉。スポーツ名の前には，a や the はつけない。sometimes(ときどき)や often(しばしば)のような頻度(ひんど)を表す語は，一般(いっぱん)動詞の前に置く。

(2) What(何を)のあとに〈does＋主語＋動詞の原形 ～?〉を続ける。「する」は do で表す。

Lesson 4 ～ Reading 1

p.46～47 ステージ1

Wordsチェック (1)その代わりに

(2)難しい，困難な

(3) evening (4) soon

1 (1) went to the library yesterday

(2) didn't[did not] get up early yesterday

2 (1)ア (2)イ (3)イ

3 (1) I studied English yesterday.

(2) Maki didn't[did not] play basketball.

(3) My father was busy yesterday.

(4) The boys weren't[were not] in the gym.

4 (1) danced to
(2) didn't, any
(3) saw, lot
(4) wasn't so

5 (1) walked (2) saw
(3) ate[had] (4) went

解説

1 昨日のことを言うときは，動詞の過去形を使う。過去形は主語が３人称単数でも同じ形。
(1) go の過去形は went。
(2)過去の否定文は〈主語＋didn't＋動詞の原形 ～.〉。

2 (1)過去を表す yesterday があるので，is の過去形 was が適切。
(2)(3)主語が複数なので were が適切。
(3) weren't は were not の短縮形。

3 (1) ミス注意 動詞を過去形にする。study の過去形は，y を i にかえて ed をつける。
(2) played は play の過去形。一般動詞の過去の否定文は，動詞の前に didn't[did not]を置く。動詞は原形を使う。
(3) be 動詞を過去形にする。is の過去形は was。
(4) were は are の過去形で，be 動詞。be 動詞の否定文は，be 動詞のあとに not を置く。

4 (1)「音楽に合わせて踊る」は dance to music。dance の過去形は，d だけをつける。
(2)一般動詞の過去の否定文。didn't を使う。否定文で「少しも，１つも」は any で表す。
(3)「たくさんの～」は a lot of ～。「見ました」は see の過去形で saw になる。
(4) ミス注意 「(難しく)ありませんでした」は wasn't[weren't]で表す。not so ～で「そんなに～ない」。not very ～もほぼ同じ意味を表す。

5 昨日したことなので，動詞は過去形を使う。
(1)「歩いて～へ行く」は walk to ～。walk の過去形は ed をつける。
(2) see(～に会う)の過去形は saw。
(3)「～を食べる」は eat または have で表す。eat の過去形は ate，have の過去形は had。
(4)「買いものに行く」は go shopping。go の過去形は went。

ポイント１ 一般動詞の過去形(不規則に変化する動詞)

do → did　eat → ate　get → got
go → went　have → had　see → saw

ポイント２ be 動詞の過去形

am, is → was　are → were

p.48～49 ステージ1

Wordsチェック (1)たくさん (2)国立公園
(3) during (4) stay

1 Did / didn't / saw

2 Were you / I was

3 (1) Were Jim and Aya in Kobe? / Yes, they were.
(2) Did Bob stay in Singapore? / No, he didn't[did not].
(3) How was the movie?

4 (1) time, see
(2) How about
(3) a lot
(4) back to
(5) very much

WRITING Plus (1)例1 I ate bread and an omelet.
例2 I ate rice, *natto*, and

miso soup.

(2)例1 Yes, I was.

例2 No, I wasn't[was not].

解説

❶ *A* は，see(一般動詞)と yesterday があるので，Did を使って「あなたは昨日サッカーの試合を見ましたか」という一般動詞の過去の疑問文にする。*B* は，did を使って答える。「いいえ，見ませんでした」のあとに，「私は野球の試合を見ました」と続ける。see の過去形は saw。

❷ ミス注意 be 動詞の過去の疑問文は〈Was[Were]＋主語 ～?〉。答えるときも was[were]を使う。主語が you → were, I → was と使い分ける。

❸ (1) were(be 動詞)の疑問文は，were を主語の前に置く。
(2)一般動詞の過去の疑問文は Did を文頭に置き，動詞は原形を使う。
(3)ミス注意 interesting は「おもしろい」。「その映画はどうでしたか」と状態・感想をたずねる文にする。状態や感想は how を使ってたずねる。

❹ (1) long time(長い間)＋no see(会わない)で「久しぶり」の意味になる。
(3)(5) a lot も very much も動詞の意味を強める語句。(3)を very much，(5)を a lot としてもよい。

WRITING Plus (1)「あなたは今朝，朝食に何を食べましたか」という質問。eat の過去形 ate を使って答える。ate の代わりに，have の過去形 had を使って答えてもよい。
(2)「あなたは昨日忙しかったですか」という質問。

ポイント 一般動詞の過去の否定文・疑問文
【否定文】〈主語＋didn't＋動詞の原形 ～.〉
【疑問文】〈Did＋主語＋動詞の原形 ～?〉
【答え方】Yes, ～ did. / No, ～ didn't.

p.50 ステージ1

Wordsチェック (1)午前 (2)～と[を]言う (3)(時間の)分 (4)昨夜 (5) parent (6) attack (7) sleep (8) build

❶ (1) Use (2) Listen to

❷ (1)イ (2)ア (3)イ (4)イ

❸ (1)イ (2)エ (3)ア

解説

❶ 命令文では，主語の you は省略する。

❷ (1)ミス注意 kind of ～ で「ちょっと～」。kind には「親切な，やさしい」の意味で形容詞の使い方もあるので注意。
(2)ミス注意 この like は「～のような[に]」。like this で「このような[に]」という意味になる。動詞の like(～が好きである)ではないので注意。
(3) after「～のあとに」

❸ (1) lucky は「幸運な」という意味。

p.51 文法のまとめ

1 (1) used (2) were
(3) Did, stay
(4) Was he
(5) didn't study

解説

1 (1)ミス注意 uses は use(～を使う)の3人称単数現在形。uses に ed をつけないこと。use の過去形は，d だけをつけて used となる。一般動詞の過去形は，主語が何であっても同じ形。
(2) are の過去形は were。
(3)一般動詞の過去の疑問文は〈Did＋主語＋動詞の原形 ～?〉。
(4) be 動詞の過去の疑問文は〈Was[Were]＋主語 ～?〉。
(5)ミス注意 一般動詞の過去の否定文は〈主語＋didn't＋動詞の原形 ～.〉。studied の原形は study。

p.52 Try! READING

Question (1) One day
(2)② him ⑤ told
(3) you are no match for me
(4) the king of animals

Word Box BIG (1)簡単な，やさしい，たやすい
(2)〜について来る[行く] (3)すぐに
(4)いくつかの (5)ふるまう
(6)近ごろでは，このごろ
(7) find (8) believe

解説

Question (1) one day には，「(過去の)ある日」のほかに「(未来の)いつか」の意味もある。
(2)②動詞(attacks)のあと。「〜を[に]」の形にする。⑤ tell の過去形は told。
(3) be no match for 〜で「〜にとって(対戦)相手ではない」。Tiger(トラ)のセリフなので，you は Fox(キツネ)，me は Tiger をさす。
(4)本文6行目参照。キツネは，自分は「動物の王様」だとトラに言っている。

p.53 Try! READING

Question (1)① Wait
② tricked you
(2)③オ ④イ ⑤エ
(3)やはり，キツネは私のただ一人の友達です。

Word Box BIG (1) catches, cold
(2) no see
(3) happened to
(4) No one

解説

Question (1)②「〜をだます」は trick。ed をつけて過去形にする。
(2)話の流れをつかみ，だれのセリフかに注意して適する語を選ぼう。③ be afraid of 〜は「〜を恐(おそ)れる」。you は Tiger をさす。④ be with 〜は「〜と(いっしょに)いる」。him は Fox をさす。with のあとなので，he は入らない。himself は「彼自身」という意味。⑤ me は Tiger をさす。
(3) after all「やはり，結局」

Word Box BIG (1)「ある日，〜は…する」というような脚本(きゃくほん)のト書きなどでは，ふつう現在形を使う。「かぜをひく」は catch a cold。主語が3人称単数で，catch は ch で終わるので es をつける。
(3)「起こる」は happen。ed をつけて過去形にする。
(4)「だれも〜ない」は no one 〜。主語に no という否定語が入るので，否定文にはしない。

p.54〜55 ステージ2

❶ LISTENING ウ

❷ (1) built (2) slept
(3) told (4) shot

❸ (1) They had a wonderful evening.
(2) Did Bob see any other animals?
(3) The buffalo didn't[did not] attack me.

❹ (1) Look (2) Let's
(3) these days
(4) afraid of

❺ (1) during (2) was
(3) Did you go back to Singapore?
(4) went
(5)私たちは夏祭りをたくさん楽しみました。

❻ (1) we weren't
(2) What did

❼ (1) I watched a baseball game on TV last night.
(2) Taku and I were in Kyoto

yesterday.

解説

❶ LISTENING 「あなたは昨日，公園へ行きましたか」とたずねている。No と答え，I went to the library.(私は図書館へ行きました)と言っている。

音声内容
A：Did you go to the park yesterday?
B：No. I didn't.　I went to the library.

❷ すべて不規則動詞。不規則動詞の過去形は，ひとつひとつ形を覚えよう。

❸ (1) have は不規則動詞。過去形は had。この have は「～を経験する，過ごす」という意味。
(2) ミス注意! saw は see の過去形。疑問文では，動詞は原形を使う。some は疑問文では any に。
(3) ミス注意! attacked は attack の過去形。否定文では，動詞は原形を使う。

❹ (1)命令文なので動詞の原形で文を始める。「～を見る」は look at ～。
(2)「～しましょう」は〈Let's＋動詞の原形 ～.〉。
(3)「このごろ，近ごろでは」は these days。
(4)「～を怖(こわ)がる，恐(おそ)れる」は be afraid of ～。

❺ (2) ミス注意! be 動詞の疑問文には be 動詞を使って答える。答えの文の主語は I なので，were ではなく was を使う。
(3)「あなたはシンガポールへ帰りましたか」という，一般(いっぱん)動詞の過去の疑問文。
(4) go は不規則動詞。過去形は went。
(5) it は直前の文の the summer festival をさす。

❻ (1) ミス注意! 主語の you and ～(あなたと～は)は，答えの文では we(私たちは)で受ける。
(2)「あなたは昨日，何をしましたか」とたずねる。What(何)を文頭に置く。

❼ (1) watch(～を見る)は規則動詞。過去形は ed をつける。「昨夜」は last night。
(2) ミス注意! 「～と私は」は～ and I で表す。主語は複数なので were を使う。I につられて was を使わないように注意しよう。

p.56～57 ステージ3

❶ LISTENING (1)ウ　(2)エ　(3)イ

❷ (1)ウ　(2)ア　(3)ウ　(4)エ　(5)ア

❸ (1) is　afraid　of
(2) Did, go　back
(3) enjoyed, a　lot

❹ (1) Why were you always with Aya?
(2) They saw a lot of food stalls.

❺ (1)① came　② built　③ slept
(2)テント
(3)水はおよそ 90 分ごとに噴(ふ)き出しました。
(4) was kind of scary
(5) They saw geysers.

❻ (1) We walked to the summer festival.
(2) Did you dance to Japanese music last night?
(3) Was she in America[the USA] during the summer vacation?
(4) I didn't[did not] watch a soccer game on TV yesterday.

解説

❶ LISTENING (1)「あなたはけさ，朝食を食べましたか」という質問。Did ～? には did で答える。
(2)「ケイコと彼女のお母さんは昨日どこにいましたか」という質問。主語の Keiko and her mother は，答えの文では they(彼女(かのじょ)らは)で受ける。

wentはgoの過去形。

(3)「ケンは昨日何のスポーツをしましたか」という質問。イ「彼はテニスをしました」

音声内容
(1) Did you eat breakfast this morning?
(2) Where were Keiko and her mother yesterday?
(3) What sport did Ken play yesterday?

2 (1) yesterday(昨日)があるので過去の疑問文。

(2) **ミス注意** 主語がThe story(単数)なのでwasn'tが適切。didn'tやdoesn'tは，一般動詞とともに使う。

(3) last night(昨夜)があるので過去の文。

(4) **ミス注意** yesterdayがあるので過去の文。主語はMai and I(複数)なのでwereが適切。

(5) didn'tのあとは動詞の原形。

3 (1) **ミス注意** 「～を恐れる」はbe afraid of ～。everyone(みんな)は単数扱いなので，be動詞はis(過去の場合はwas)を使う。

(3) enjoy(～を楽しむ)は規則動詞。過去形はedをつける。a lotはvery muchでもよい。

4 (1) Why(なぜ，どうして)は文頭に置く。be動詞がwereなので，主語はAyaではなくyouとわかる。withは「～と(いっしょに)」。「どうしてあなたはいつもアヤといっしょにいたのですか」

(2) a lot of ～で「たくさんの～」。「彼らはたくさんの食べものの屋台を見ました」

5 (1)過去のことを書いたブログなので，動詞は過去形にする。すべて不規則動詞。

(3) shotはshootの過去形。shoot outは「噴き出す」，everyは「～ごとに」という意味。

(4) kind of scaryで「ちょっと怖い，恐ろしい」。

(5)「ボブと彼の家族は昼食後に何をしましたか」という質問。本文4行目参照。

6 (1)「歩いて～に行く」はwalk to ～。walkは規則動詞。edをつけて過去形にする。

(2)「～に合わせて踊る」はdance to ～。danceは規則動詞。eで終わるので，過去形はdだけをつける。

(3)「～にいる」は〈be動詞＋in＋場所〉で表す。主語がsheなので，isの過去形wasを使う。「夏休みの間」はduring the summer vacation。

(4)一般動詞の過去の否定文〈主語＋didn't＋動詞の原形 ～.〉。「テレビで」はon TV。

Lesson 5

p.58 ステージ1

Wordsチェック (1)皆さん，みんな，だれでも (2) 1番目の，最初の (3) **lawn** (4) **bring** (5) **bench** (6) **we're**

1 (1) **I am[I'm] dancing now.**
(2) **My sister is cooking now.**
(3) **Mike and I are swimming now.**

2 (1) **It's** (2) **What time**
(3) **have, for, after**

解説

1 「(今)～しているところです」という現在進行形は〈be動詞(am / is / are)＋動詞の -ing形〉で表す。主語に合わせてbe動詞を使い分ける。

(1) danceはeをとってingをつける。

(2) **ミス注意** ingは動詞の原形につける。cooksはcook(料理する)の3人称単数現在形。cooksにingをつけないこと。

(3) **ミス注意** swimは語尾の子音字mを重ねてingをつける。

2 (1)時刻は〈It's[It is]＋時刻.〉で表す。

(2)「何時に～しますか」とたずねるときは，What timeを文頭に置く。

(3)「～がある」はhaveで表す。「～分間」はfor ～ minute(s)。

ポイント 現在進行形
「(今)～しているところです」
〈be動詞(am / is / are)＋動詞の -ing形〉

p.59 ステージ1

Wordsチェック (1)短い休み (2)同級生，クラスメート (3)競争する (4)～のうしろの[に] (5) **prize** (6) **thing** (7) **someone** (8) **different**

1 (1) **Are you studying English?**
(2) **Are you listening to music? / Yes, I am. [Yes, we are.]**
(3) **What is[What's] Erika doing?**

2 (1) **great[wonderful]** (2) **see, behind**
(3) **can read**

解説

1 (1)現在進行形の疑問文は〈be動詞(Am / Is / Are)＋主語＋動詞の -ing形 ～?〉で表す。

(2) be動詞(are)を主語の前に置く。be動詞を使って答える。

(3)ミス注意! 進行中の動作をたずねる。「エリカは何をしていますか」

❷ (2)「～のうしろに」は behind。

(3)「～することができる」は〈can＋動詞の原形〉。主語が She(3人称単数)でも同じ形。

ポイント 現在進行形の疑問文
【疑問文】「(今)～しているところですか」
〈be動詞＋主語＋動詞の -ing形 ～?〉
【答え方】〈Yes, 主語＋be動詞.〉
〈No, 主語＋be動詞＋not.〉

p.60 ステージ1

❶ (1)ア (2)イ (3)ア (4)ア (5)イ (6)イ

❷ (1) **What time** (2) **How long**

❸ (1) **clean** (2) **wash** (3) **mop** (4) **wave** (5) **put** (6) **feed**

解説

❶ あとに続く，時や場所を表す語句に注意して，文の意味に合う正しい前置詞を選ぼう。

(1)「～時に」は〈at＋時刻〉。「コウスケは6時に起きます」

(2)場所には in を使う。「オーストラリアは7時30分です」

(3) near は「～の近くに」，on は「～の上に」。「私の家は駅の近くにあります」

(4) by は「～のそばに」，in は「～の中に」。「マユミはテーブルのそばにいます」

(5) in は「～の中に」，on は「～の上に」。「あなたのかばんはいすの上にあります」

(6)日付・曜日には on を使う。「私たちは土曜日に買いものに行きます」

❷ ミス注意! 時刻は What time ～?，時間の長さは How long ～? を使ってたずねる。

(1)「あなたは何時に朝食を食べますか」「私はたいてい7時30分に朝食を食べます」

(2)「休みはどれくらい(の時間)ですか」「30分です」

p.61 文法のまとめ

1 (1) **is swimming** (2) **isn't playing**
(3) **Are, listening** (4) **What are, reading**

2 (1) **I am[I'm] watching TV now.**
(2) **My sister is not[isn't] doing her homework.**
(3) **Are Hiroshi and his brother running in the park?**
(4) **What is[What's] Keiko doing?**

解説

1 (1)ミス注意! swim は m を重ねて ing をつける。

(2)否定文は be動詞のあとに not を置く。空所が2つなので，is not の短縮形 isn't を使う。

2 (4)「ケイコはケーキをつくっています」→「ケイコは何をしていますか」。進行中の動作をたずねるときは，do(～をする)の -ing形を使う。

ポイント 現在進行形の否定文
「～していません」
〈主語＋be動詞＋not＋動詞の -ing形 ～.〉

p.62～63 ステージ2

❶ LISTENING エ

❷ (1) **on** (2) **near** (3) **for** (4) **with** (5) **at**

❸ (1) **Hana is helping her mother.**
(2) **Is Bob listening to music? / No, he isn't[is not].**
(3) **What is[What's] Ryota doing?**
(4) **What is[What's] Mao making?**

❹ (1) **They are having lunch now.**
(2) **We love our pets.**
(3) **Yumi is putting a poster on the wall.**

❺ (1) **It's, in**
(2)あなたたちは芝生にすわっていますよね。
(3)③ **having** ⑤ **eating** (4) **for**

❻ (1) **She's writing** (2) **can read**
(3) **someone behind** (4) **girls are**

❼ (1) **He isn't[is not] doing his homework in the library.**
(2) **What are you and Saki reading?**
(3) **They are[They're] chatting on the bench.**

解説

❶ LISTENING 「トムは今何をしていますか」という質問。エ「彼はリンゴを食べています」

音声内容
What is Tom doing now?
ア He is drawing a picture.
イ He is reading a book.
ウ He is playing the guitar.
エ He is eating an apple.

❷ (1) on TV「テレビで」
(2) near the zoo「動物園の近くに」

(3) for the contest「コンテストのために」
(4) with Mai「マイといっしょに」
(5) at six「6 時に」

3 (1) ミス注意! 動詞の -ing 形は，原形に ing をつける。helps に ing をつけないように注意。
(2)疑問文は be 動詞(is)を主語の前に置く。
(3) ミス注意! 進行中の動作をたずねるので，doing を使う。「リョウタは何をしていますか」
(4) ミス注意! (今)つくっているものをたずねるので，making を使う。「マオは何をつくっていますか」

4 (1)「～を持っている」の意味の have は，状態を表すので進行形にしないが，「～を食べる」の意味のときは進行形にできる。have が不要。
(2) love(～を愛している)は，一時的な気持ちではないので，ふつう現在形で表す。loving が不要。
(3)「～に…をはる」は put ... on ～。on を補う。

5 (2)～, right? は，「～ですよね」と確認する表現。right は「正しい，まちがいない」という意味。
(3)直前に be 動詞があるので，現在進行形の文。動詞は -ing 形にする。③の We're は We are の短縮形。have は e をとって ing をつける。
(4)時間の長さを表して「～の間」は for を使う。for 30 minutes「30 分間」

6 (1) ミス注意! 空所が 2 つなので，She is の短縮形 She's を使う。write(～を書く)の -ing 形は，e をとって ing をつける。
(2)「～することができる」は〈can＋動詞の原形〉。
(3)「だれか」は someone，「～のうしろに」は behind。
(4) ミス注意! some のあとの名詞は複数形 girls。主語が複数なので be 動詞は are を使う。

7 (1)「～していません」は〈主語＋be 動詞＋not＋動詞の -ing 形 ～.〉で表す。
(2) What(何)を文頭に置き，〈be 動詞＋主語＋動詞の -ing 形 ?〉を続ける。
(3) ミス注意! chat(おしゃべりをする)の -ing 形は，t を重ねて ing をつける。

p.64～65 ステージ3

1 LISTENING (1) **Question 1 バイオリンを弾(ひ)いている**
Question 2 (彼女(かのじょ)の)教室(にいる)
(2) **Question 1 サッカーの試合(を見ている)**
Question 2 数学(の宿題をしている)

2 (1) **studies** (2) **playing** (3) **know**
(4) **having** (5) **running**

3 (1) **can, only** (2) **are standing by**
(3) **brings, from home** (4) **are in**

4 (1) **Is Bob swimming?**
(2) **We aren't [We're not / We are not] watching TV.**
(3) **What is [What's] Akira doing?**
(4) **What time is it in Canada now?**

5 (1) **Some girls are practicing for**
(2)**私たちは賞を競(きそ)います。**
(3) **Sounds interesting!** (4)**イ** (5)**イ**

6 (1) **How long** (2) **I'm not** (3) **Where are**

7 (1) **We're having lunch in the park.**
(2) **Those students are sitting on the bench.**

解説

1 LISTENING (1) Question 1 は「ヨウコは今何をしていますか」。最初の発言「だれがバイオリンを弾いているのですか」に Yoko is. と答えている。Question 2 は「ヨウコは今どこにいますか」。最後の発言に She's in her classroom. とある。
(2) Question 1 は「メアリーは今テレビで何を見ていますか」。2 つ目の発言に I'm watching a soccer game on TV. とある。Question 2 は「タクは何の宿題をしていますか」。3 つ目の発言に I'm doing my math homework. とある。

音声内容

(1) A : Who is playing the violin?
B : Yoko is.　She plays the violin very well.
A : Where is she?
B : She's in her classroom.
Question 1 : What is Yoko doing now?
Question 2 : Where is Yoko now?

(2) A : What are you doing, Mary?
B : I'm watching a soccer game on TV. How about you, Taku?
A : I'm doing my math homework.
B : Oh, really?
Question 1 : What is Mary watching on TV now?
Question 2 : What homework is Taku doing?

2 (1)(3)現在の文。(1)は主語が She(3 人称単数)なので，y を i にかえて es をつける。
(2)(4)(5) be 動詞があるので現在進行形の文。動詞

は -ing 形にする。

(4) We're＝We are。have は e をとって ing をつける。

(5) ミス注意! run は n を重ねて ing をつける。

3 (1) ミス注意! 「…しか～できない」は，only を使って「(唯一)…だけ～できる」と表す。否定文にはしない。

(2)「～のそばに」は by で表す。

(3)「家から～を持ってくる」は bring ～ from home。主語が Emma(3人称単数)なので，bring に s をつける。

(4) ミス注意! 主語の My family and I は複数。「(～に)いる」を表す be 動詞は are を使う。I につられて am としないこと。

4 (1) ミス注意! swim の -ing 形は，m を重ねて ing をつける。

(3)「アキラは父親を手伝っています」→「アキラは何をしていますか」

(4)「カナダは今 12 時 30 分です」→「カナダは今，何時ですか」。時刻は What time でたずねる。

5 (1) for は「～のために」と目的を表す。

(2) prize は「賞」。

(3) ミス注意! 「おもしろそうですね」のように感想を言うときは〈Sounds＋形容詞.〉で表す。Sound に s をつけることに注意。sound は「～に聞こえる，思える」という意味の動詞。

(4)直後でアヤが she's writing ～.(彼女は～を書いています)と現在進行形で答えている。イ「彼女は何をしていますか」

(5) know は「知っている」，read は「読む」，speak は「話す」，write は「書く」という意味。

6 (1) fifty minutes long と時間の長さを答えている。「どれくらい(の時間)」は How long。

(3) in the school ground と場所を答えている。Where(どこで)で始まる現在進行形の疑問文にする。

7 (1) have の -ing 形は，e をとって ing をつける。「公園で」は in the park。

(2) ミス注意! 「生徒たち」と複数なので，「あの」は that ではなく those(あれらの)を使う。sit の -ing 形は，t を重ねて ing をつける。「ベンチに」は on the bench。

Lesson 6 ～ Useful Expressions

p.66～67 ステージ1

Words チェック (1)色彩豊かな，カラフルな (2)～を勧める (3) gate (4) sign (5) its (6) which

1 (1)あなたはどの季節が好きですか。

(2)私は春が好きです。

2 (1) **Why do you like winter?**

(2) **Because I can ski.**

3 (1) **What** (2) **Which** (3) **Why**

4 (1) **Which animal** (2) **Why did**

(3) **What, say** (4) **It says**

(5) **Its color**

5 (1) **Look at** (2) **Let's eat** (3) **very much**

(4) **What does, say**

WRITING Plus (1) 例1 **I want to go to China.**

例2 **I want to go to Italy.**

(2) 例1 **Because I want to see pandas.**

例2 **Because I like pizza.**

解説

1 (1) Which season は「どの季節」という意味。

2 (1)「なぜ～なのですか」と理由をたずねるときは，Why を文頭に置き，疑問文の形〈do[does]＋主語＋動詞の原形 ～?〉を続ける。

(2)理由を答えるときは Because を文頭に置き，理由を表す文を続ける。

3 答えの文から何をたずねているかを考える。

(1)「fried noodles とは何ですか」「日本語で焼きそばです」。「何」は what。

(2)「あなたはどのラケットを使いますか」「私はあのラケットを使います」。「どの～」は which ～。

(3)「あなたはなぜこの公園を勧めるのですか」「とても美しいからです」。「なぜ」は why。

4 (2) ミス注意! 過去のことをたずねているので，Why のあとに過去の疑問文〈did＋主語＋動詞の原形 ～?〉を続ける。

(3)「～と書いてある」は say で表す。

(4) ミス注意! that(あれは)は答えの文では it(それは)で受ける。it が主語なので says となる。

(5)「それの」は its で表す。

5 (2)「～しましょう」は〈Let's＋動詞の原形～.〉。

(3) love は「～が大好きである」という意味。like ～ very much とほぼ同じ意味。

(4) ミス注意 「あの標識は『代々木公園』と書いてあります」→「あの標識は何と書いてあるのですか」。主語が that sign なので What のあとに〈does＋主語＋動詞の原形？〉を続ける。

WRITING Plus (1)「あなたはどの国に行きたいですか」という質問。具体的な国名を答える。

(2)「あなたはなぜそこに行きたいのですか」という質問。(1)で答えた理由を Because に続けて答える。

ポイント 疑問詞の意味

which＋名詞「どちらの～，どの～」

why 「なぜ，どうして」

what 「何，どんなもの［こと］」

p.68 ステージ1

Wordsチェック (1)いっぱいの，満腹で (2)両方 (3) **everything** (4) **order**

1 (1) **Who washes the car? / We do.**

(2) **Who makes breakfast? / My father does.**

2 (1) **lot** (2) **time for** (3) **Which do**

(4) **Can［May］I** (5) **Everything was**

解説

1 ミス注意 Who のあとの動詞には(e)s をつける。〈Who＋一般動詞(現在) ～?〉には，〈主語＋do.〉または〈主語＋does.〉で答える。

2 (1)「たくさん」は a lot。

(2)「～の時間」は time for ～。

(3)「どれ，どちら」は which。

(4)「～してもいいですか」と許可を求めるときは Can I ～? を使う。May I ～? というていねいな言い方もある。

(5) ミス注意 everything(何もかも)は単数扱い。be 動詞は，現在の文なら is，過去の文なら was を使う。

ポイント who が主語の疑問文

〈Who＋一般動詞(現在) ～?〉「だれが～しますか」

※ who は 3 人称単数として扱う。

【答え方】〈主語＋do［does］.〉

p.69 ステージ1

Wordsチェック (1)それでは，それじゃ (2)見事な (3) **phone** (4) **take**

1 (1) **Whose cap / my father's**

(2) **Whose bike is this? / It's mine.**

(3) **Whose ball is this? / It's yours.**

2 (1) **Is，yours** (2) **it's，mine**

(3) **take，picture［photo］** (4) **How often**

(5) **Three times**

解説

1 (1)人名(Bill)や人を表す名詞(father)を使って「～のもの」を表すときは，〈's〉をつける。

(2) I は「私は［が］」，「私のもの」は mine。

(3) you は「あなた(たち)は［が］」「あなた(たち)に［を］」，「あなた(たち)のもの」は yours。

2 (1) ミス注意 「あなたのもの」は yours。your(あなたの)は名詞の前に置いて使う。混同しないように注意しよう。

(2) ミス注意 「私のもの」は mine。my(私の)は名詞の前に置いて使う。使い方を区別しよう。

(3)「写真を撮る」は take a picture［photo］または take pictures［photos］で表す。

(4)「どのくらいよく～しますか」と頻度をたずねるときは How often ～? を使う。

(5) ミス注意 「1 週間に 3 回」は three times a week。times と複数形にするのを忘れないこと。

ポイント1 持ち主をたずねる文

〈Whose＋名詞 ～?〉「だれの～ですか」

ポイント2 頻度をたずねる文

How often ～?「どれくらいの頻度で～しますか」

p.70 文法のまとめ

1 (1) **Who** (2) **Whose** (3) **Which**

(4) **Why** (5) **How often**

2 (1) **Who wants** (2) **Whose racket**

(3) **Who is** (4) **How often**

解説

1 (1)「あの女の子はだれですか」「彼女は私の妹［姉］です」。「だれ」は who。

(2)「これはだれのカップですか」「タケシのです」。「だれの」は whose。

(3)「サッカーと野球では，あなたはどちらのスポーツが好きですか」「私はサッカーが好きです」。「どちらの」は which。Which ～? の文では，この文のように *A* or *B*(A または B では)と選ぶものをつけ加えてたずねることもある。

(4)「あなたはなぜ冬が好きなのですか」「スケートが好きだからです」。「なぜ」は why。

(5)「あなたはどのくらいよく図書館に行きますか」「週に 1 回です」。「どのくらいよく」は how often。

2 (1)ミス注意!「私は新しいコンピュータがほしいです」→ who(だれが)。who が主語のとき，一般動詞には(e)s をつける。
(2)「あれはケンタのラケットです」→ whose(だれの)。
(3)「あの女の人はケンタのお母さんです」→ who(だれ)。
(4)「ケンは1週間に3回バスケットボールをします」→ how often「どのくらいよく」

p.71 ステージ1

1 (1) **May I** (2) **What would, like**
(3) **I'd like** (4) **Would you like** (5) **glass of**
2 (1)ウ (2)イ (3)エ

解説

1 (1) May I ～? は「～てもよろしいですか」と店などでよく使われるていねいな表現。
(3)注文をするときは I'd like ～. を使う。
(4) Would you like ～? は「～はいかがですか」と人にものを勧める表現。
(5)「グラス1杯の～」は a glass of ～。
2 (1) Sure.「はい，もちろん」
(2)(3) I'd like ～.「～がほしいです→～をください」
(3) a cup of ～「カップ1杯の～」

p.72～73 ステージ2

1 LISTENING (1)ウ (2)イ (3)ウ
2 (1) **Everything was** (2) **isn't mine**
(3) **Who plays** (4) **My sister does**
3 (1) **Who wants** (2) **How many**
(3) **this, yours** (4) **take any**
4 (1) **What does that sign say?**
(2) **Which do you want to order?**
5 (1) **Which restaurant do you recommend**
(2) **Let's eat at this restaurant.**
(3)③ **Why** ⑤ **What** ⑥ **in** (4) **its**
(5) **He loves spring rolls.**
6 (1) **May I** (2) **What would**
(3) **I'd like** (4) **All**
7 (1) **How often do you play tennis? / About twice a week.**
(2) **Whose car is that? / It's my father's.**

解説

1 LISTENING (1)「どちらのノートがあなたのものですか」 This one.「このノートです」 one は同じ名詞(notebook)をくり返すかわりに使う代名詞。
(2)「このケーキを食べてもいいですか」 Sure.「もちろん(いいですよ)」
(3)「だれがコンピュータをほしいのですか」 Ken does.「ケンです」

音声内容
(1) Which notebook is yours?
ア Yes, it is. イ It's not mine.
ウ This one.
(2) Can I eat this cake?
ア Yes, you do. イ Sure.
ウ No, you can't.
(3) Who wants a computer?
ア Ken can. イ My friend is.
ウ Ken does.

2 (1)ミス注意! everything(何もかも)は単数扱い。過去の文なので be 動詞は was を使う。
(2)空所が2つなので，is not の短縮形 isn't を使う。「私のもの」は mine。
(3)ミス注意! 主語は who。動詞に s をつける。
(4)主語が my sister(3人称単数)なので does を使う。
3 (1)「私はマンゴー・プリンがほしいです」→「だれが(who)マンゴー・プリンをほしいのですか」
(2)「アヤはぎょうざを7個食べました」→「アヤはいくつ(how many)ぎょうざを食べましたか」
(3)「これはあなたのスマートフォンですか」→「このスマートフォンはあなたのものですか」
(4)ミス注意! took は take の過去形。疑問文では動詞は原形を使う。また，「いくつかの」を表す some は，疑問文では any を使う。
4 (1)「～には何と書いてありますか」は What do[does] ～ say?。
(2)「～したい」は want to ～。
5 (1)「メイ，あなたはどのレストランを勧めますか」の意味になるようにする。
(2)ミス注意!「～しましょう」は Let's ～. で表す。「(レストラン)で」と場所を表す語 at を忘れないこと。
(3)③「なぜ，どうして」と理由をたずねている。
⑤「spring rolls とは何ですか」
⑥ in Japanese「日本語で」
6 (1) May I ～?「～してもよろしいですか」

(2)「何になさいますか」と注文を取るときの決まり文句。

(3) I'd like ～.「～がほしいです，～をください」

(4) All right.「承知しました」

7 (1)「どのくらいよく～しますか」は〈How often＋do[does]＋主語＋動詞の原形 ～?〉。「1回」は once，「2回」は twice。

(2)「あれはだれの～ですか」は〈Whose＋名詞＋is that?〉。

p.74～75 ステージ3

1 LISTENING (1)イ (2)エ (3)ウ

2 (1) **Let's go** (2) **time for breakfast**

(3) **Can[May] I order** (4) **I'd like, cup**

(5) **All right**

3 (1) **Who cleans this park?**

(2) **Whose bicycle is that?**

(3) **This notebook is mine.**

4 (1) **Which picture do you like?**

(2) **That gate is really colorful.**

(3) **May I take your order?**

5 (1)① **yours** ⑤ **took** (2) **mine**

(3)③ **whose** ⑥ **often** (4) **Thanks**

(5)(自分のブログの)写真をアップロードすること。

6 (1) **Because he** (2) **It says**

(3) **Which book** (4) **What is**

7 (1) **Would you like a drink?**

(2) **I'd like a glass of water.**

解説

1 LISTENING (1)エミに夏は好きかとたずねて，理由とともに答えている。「エミはどの季節が好きですか」という質問。季節を答えているものを選ぶ。summer「夏」

(2)あの本はトムのものかどうかをたずねている対話に対して「あれはだれの本ですか」という質問。～'s の形で答えているものから選ぶ。

(3)「マイはどのくらいよくバドミントンをしますか」という質問。Once a week.「週に1回です」

音声内容

(1) *A* : Do you like summer, Emi?
B : Yes, I do. Because I like swimming.
Question : Which season does Emi like?

(2) *A* : Is that your book, Tom?
B : No, it's not mine. It's my brother's.
Question : Whose book is that?

(3) *A* : You play badminton very well, Mai!
B : Thank you. I play badminton once a week.
Question : How often does Mai play badminton?

2 (1) Let's ～.「～しましょう」

(2) time for ～「～の時間」

(3) Can I ～?「～してもいいですか」

(4) a cup of ～「カップ1杯の～」

3 (1) ミス注意 「だれが～しますか」とたずねる文にする。「だれが」は who。動詞の形 cleans に注意。

(2)「だれの～ですか」とたずねる文にする。「だれの～」は〈whose＋名詞〉。

(3)「このノートは私のものです」という文にする。「私のもの」は mine。

4 (1)「あなたはどの写真[絵]が好きですか」〈Which＋名詞〉を文頭に置き，疑問文の形を続ける。

(2)「あの門は本当にカラフルです」 really(本当に)は very(とても)とほぼ同じ意味を表す。

(3)「ご注文をうかがってもよろしいですか」「～てもよろしいですか」は May I ～?。

5 (1)① yours「あなたのもの」

⑤ Did ～? と過去の疑問文に対する答えなので過去形にする。take の過去形は took。

(2) mine「私のもの」

(3)③「これはだれの電話ですか」

⑥ How often do you ～?「あなたはどのくらいよく～しますか」

(5)本文最後の2行参照。upload「アップロードする」

6 (1) Why ～?「なぜ～ですか」には，Because ....「…だからです」と答える。

(2) ミス注意 It says ～.「それには～と書いてあります」 動詞の形 says に注意。

(3)「あなたはどの[どちらの]本を勧めますか」

(4)「これは何ですか」

7 (1) Would you like ～? は人にものを勧めるときの表現。

(2) I'd like ～. は I want ～. のていねいな表現。

Lesson 7 ~ Reading 2

p.76~77 ステージ1

Wordsチェック (1)隣人 (2)くつろぐ
(3) idea (4) mean

1 (1) have to (2) has to (3) have to

2 (1) have to work (2) doesn't have to

3 (1) Aya has to make lunch.
(2) He doesn't[does not] have to wash his father's car.
(3) We can relax here.
(4) Everyone knows these symbols.

4 (1) You have to take off your
(2) We don't[do not] have to go there.
(3) What do these symbols mean?
(4) This is a souvenir from my father.

5 (1) He has to finish his homework.
(2) She doesn't[does not] have to save money.
(3) Do you want another hint?

6 (1) Let, see (2) got it (3) Can, guess
(4) hot spring (5) have no idea

解説

1 「…は～しなければなりません」(必要)は，〈主語＋have[has] to＋動詞の原形 ～.〉で表す。
(2) ミス注意！ 主語が Nancy(3人称単数)なので，has を使う。
(3)主語は複数。

2 (2)「…は～する必要はありません」は〈主語＋don't[doesn't] have to＋動詞の原形～.〉で表す。主語が he(3人称単数)なので，doesn't を使う。

3 (2) ミス注意！ has to ～(～しなければならない)の否定形は doesn't have to ～(～する必要はない)。
(4) everyone(みんな，だれでも)は3人称単数扱い。動詞 know に s をつける。

4 (1)「～を脱ぐ」は take off ～。
(3)「～はどういう意味ですか」は What do[does] ～ mean?。

5 (1)主語は3人称単数。「～しなければならない」は has to ～で表す。
(2)主語は3人称単数。「～する必要はない」は doesn't have to ～で表す。
(3)「もう1つの[別の]～」は another ～。

ポイント 必要・不必要を表す文
・「～しなければならない」
〈have[has] to＋動詞の原形〉
・「～する必要はない」
〈don't[doesn't] have to＋動詞の原形〉

p.78~79 ステージ1

Wordsチェック (1)ゆっくり (2)～に答える
(3) cross (4) driver

1 (1) must clean (2) must help her mother
(3) must go to the library

2 (1)私たちはコンピュータを使わなければなりません。
(2)あなた(たち)はここで泳いではいけません。

3 (1) May I speak (2) May I eat
(3) May I watch TV?

4 (1) Ready (2) can rest (3) How about
(4) cannot[can't] read (5) What, mean
(6) May[Can] / Sure[OK]

5 (1) I was just kidding.
(2) We sometimes cross here.

WRITING Plus (1) 例1 I don't[do not] have to do my homework today.
例2 I have to read a Japanese textbook.
(2) 例 You mustn't[must not] speak[talk] in the library.

解説

1 「…は～しなければなりません」(義務)は，〈主語＋must＋動詞の原形～.〉で表す。主語が何でも同じ形。

2 (2) mustn't ～は「～してはいけない」と禁止を表す。

3 「～てもよろしいですか」は〈May I＋動詞の原形 ～?〉で表す。

4 (2)「～することができる」は〈can＋動詞の原形〉で表す。
(3)「～はどうですか」は How about ～?。
(4)「～することができない」は〈cannot[can't]＋動詞の原形〉で表す。
(5)「～はどういう意味ですか」は What do[does] ～ mean?。
(6)相手に許可を求めるときは，May I ～? または Can I ～? を使う。May I ～? はていねいな言い方。

5 just, sometimes は，ふつう be 動詞のあと，

一般動詞の前に置く。

WRITING Plus (1) have to と must は，どちらも「～しなければならない」という意味を表すが，否定文は意味が異なるので注意しよう。

(2) must の否定文「～してはいけない」(禁止)や，must，have to ～「～しなければならない」で表す。

ポイント① 義務・禁止を表す文

・「～しなければならない」
〈must＋動詞の原形〉
・「～してはいけない」
〈must not[mustn't]＋動詞の原形〉

ポイント② 許可を求める文

「～てもよろしいですか」
〈May I＋動詞の原形 ～?〉

p.80 ステージ1

Wordsチェック (1)簡単に，やさしく (2)創作(そうさく)する，考案する (3)(返事で)いいえ。 (4)初めて (5) **society** (6) **safety** (7) **language** (8) **visitor**

1 (1) **may be** (2) **am able to**

2 (1) **Sometimes** (2) **So** (3) **example** (4) **stands for**

解説

1 (1) ミス注意！「～かもしれない」は〈may＋動詞の原形〉で表す。is の原形 be を使う。

(2) can「～することができる」は be able to で言いかえられる。主語が I なので be 動詞は am。

2 (2)「だから，それで」は接続詞 so を使って表す。接続詞は，文と文をつなぐ働きをする。

(3)「たとえば」は for example。

(4) ミス注意！「～を表す」は stand for ～。主語が 3 人称単数なので stands とする。

ポイント① 推量を表す文

「～かもしれない」〈may＋動詞の原形〉

ポイント② 可能・能力を表す文

・「～することができる」(現在)
〈be 動詞(am / are / is)＋able to＋動詞の原形〉
・「～することができた」(過去)
〈be 動詞(was / were)＋able to＋動詞の原形〉

p.81 文法のまとめ

1 (1) **must study** (2) **mustn't play** (3) **has to wash** (4) **doesn't have to** (5) **may be listening** (6) **were able to**

解説

1 ミス注意！ (1)(3)「～しなければならない」は，must か have[has] to のどちらかで表す。空所の数からどちらを使うかを判断する。

(1)空所が 2 つなので〈must＋動詞の原形〉。

(3)空所が 3 つなので〈have[has] to＋動詞の原形〉。主語が 3 人称単数なので has を使う。

(4)「～する必要はない」は〈don't[doesn't] have to＋動詞の原形〉。主語が 3 人称単数なので doesn't を使う。

(5) ミス注意！「～しているのかもしれない」は〈may be＋動詞の -ing 形〉で表す。現在進行中のことについての推量なので，動詞が -ing 形になる。be を入れ忘れないように注意。

(6)「～することができた」は過去のことなので，be 動詞の過去形を使って〈was[were] able to＋動詞の原形〉で表す。主語が複数なので were を使う。

p.82 Try! READING

Question (1)① **a glass of** ③ **sat down** (2)② **cookies** ⑥ **thought** (3) **the table next to the old woman** (4)彼女(かのじょ)は長い間，何も言いませんでした。 (5) **Because she, quiet**

Word Box BIG 1 (1)のどが渇(かわ)いた (2)～のとなりの (3)足 (4)～と思う (5) **quiet** (6) **woman** (7) **lonely** (8) **buy**

2 (1) **went into** (2) **at her feet**

解説

Question (1)①「グラス 1 杯(ぱい)の～」は a glass of ～。③「席につく」は sit down。sit の過去形は sat。

(2)②直前に some があるので複数形にする。

⑥ think の過去形は thought。

(3)「年老いた女性のとなりのテーブル」という意味になる。「～のとなりに」は next to ～。

(4) anything は，否定文で「何も(～ない)」という意味。for a long time「長い間」

(5)「なぜメグは『その年老いた女性は寂(さび)しいのだ』と思いましたか」という問い。本文 2～3 行目参照。because(なぜなら～)を使って理由を答える。「彼女がとても静かだったから」

Word Box BIG 2 (1)「～に入る」は go into ～。

go の過去形は went。

(2)「彼女の足元に」は at her feet。feet は foot(足)の複数形。

p.83 Try! READING

Question (1)① **took** ③ **dog's** ⑤ **bit**
(2) **a[the] cookie** (3)④エ ⑦イ
(4) **jumped up** (5) **at** (6)ウ

Word Box BIG **1** (1)かむ (2)人に慣れた
(3) **inside** (4) **even** (5) **said** (6) **replied**

2 (1) **It is** (2) **talked to**

解説

Question (1)① take の過去形は took。
③「そのイヌの口の近くに置いた」
⑤ bite の過去形は bit。
(2)直前の文を参照。
(3)④直後の文を参照。「そのイヌはクッキーをかみませんでした」 過去の否定文なので didn't。
⑦ふだんの行動について「彼(＝そのイヌ)はかみません」なので doesn't を使う。
(4)「跳び上がる」は jump up。
(5) look at 〜で「〜を見る」。
(6)イヌに手をかまれて文句を言ったメグに対する女性の応答。

Word Box BIG **2** (1)天候や寒暖を表す文の主語には it を使う。

p.84〜85 ステージ2

1 LISTENING (1)イ (2)ア

2 (1) **May[Can] I** (2) **able to** (3) **have to**
(4) **may be**

3 (1) **Does, like** (2) **has to**
(3) **can't[cannot] read** (4) **must not**

4 (1) **bought a glass of juice**
(2) **didn't say anything for a long time**

5 (1) **What** (2) **That's right.** (3) **about**
(4)④私たちはここにペットを連れてきてはいけません。 ⑤ペンギンはここで横断しなければなりません。
(5)イ

6 (1)私たちは明日，早く起きる必要はありません。
(2)彼女はアヤのお母さんかもしれません。
(3)あなたは今週，一生懸命に勉強しなければなりません。
(4)私はその質問[問い]に英語で答えることができました。

7 (1) **May I sit here?**
(2) **Aya may come here today.**
(3) **My father is able to read English books.**

解説

1 LISTENING (1)「あなたはここでテニスをしてはいけません」「ああ，ごめんなさい」という対話。
(2)「今日は宿題をする必要はないんだ！」「あら，宿題ないの？ それはいいね」という対話。

> **音声内容**
> (1) *A*: You mustn't play tennis here.
> *B*: Oh, I'm sorry.
> (2) *A*: I don't have to do any homework today!
> *B*: Oh, no homework? That's good.

2 (1)「〜てもいいですか」は May[Can] I 〜?。
(2)「〜することができる」は，can または be able to で表す。is があるので be able to の文。
(3)「〜しなければならない」は，must または have[has] to で表す。空所の数から have to。
(4)「〜しているかもしれない」は〈may be＋動詞の -ing 形〉で表す。

3 (1) **ミス注意!** 主語が3人称単数なので，does を使って疑問文にする。動詞 likes を原形 like にすることを忘れないように。
(2)主語が3人称単数になる。have to → has to。
(3) can の否定文。can → cannot[can't]。
(4) Don't 〜. は「〜してはいけません」と禁止を表す。mustn't[must not]を使って書きかえる。

4 (1) bought は buy(〜を買う)の過去形。「グラス1杯の〜」は a glass of 〜。
(2)「長い間」は for a long time。

5 (1) What do[does] 〜 mean?「〜はどういう意味ですか」
(2) right は「正しい，まちがいない」という意味。
(3) How about this?「これはどうですか」
(4)④ mustn't 〜「〜してはいけない」
⑤ have to 〜「〜しなければならない」
(5)「ペンギンは標識を読むことができません」

6 (1) don't have to 〜「〜する必要はない」
(2) may「〜かもしれない」
(3) must「〜しなければならない」
(4) **ミス注意!** be able to 〜「〜することができる」 be 動詞が was(過去形)なので，「〜することができた」という意味。

7 (1)「～てもよろしいですか」は May I ～?。
(2) ミス注意! 「～かもしれない」は，主語が 3 人称単数でも〈may＋動詞の原形〉で表す。
(3) ミス注意! 語数の指示があるので，「～することができる」を can ではなく be able to で表す。主語が 3 人称単数なので be 動詞は is。

p.86~87 ステージ3

1 LISTENING (1)ア (2)ウ (3)エ
2 (1) **stand for** (2) **Do, have to**
(3) **don't have to** (4) **may be running**
(5) **For example**
3 (1) **What does that sign mean?**
(2) **You must take off your shoes here.**
(3) **They went into a coffee shop.**
(4) **The old woman looked at us.**
4 (1) **do people have to learn many languages**
(2) **nineteen sixty-four**
(3)③ **for the first time** ④ **were able to**
(4) **easily** (5) **1. × 2. ○ 3. ○**
5 (1) **has to** (2) **You mustn't** (3) **is able to**
6 (1) **My brother was very afraid of dogs.**
(2) **May[Can] I sit next to you?**

解説

1 LISTENING (1)「ケン，これはあなたへのおみやげです」 Thank you.「ありがとう」
(2)「あなたの自転車を使ってもよろしいですか」 Sure.「もちろん(いいですよ)」
(3)「この記号はどういう意味ですか」 I have no idea.「わかりません」

> 音声内容
> (1) This is a souvenir for you, Ken. I hope you like it.
> (2) I have to go to the library. May I use your bicycle?
> (3) I don't know this symbol. What does it mean?

2 (1)「～は何を表しますか」は What do[does] ～ stand for?。stand for ～「～を表す」
(2)「～しなければなりませんか」は〈Do[Does]＋主語＋have to ～?〉。
(3)「～する必要はない」は〈don't[doesn't] have to＋動詞の原形〉。
(4) ミス注意! 「～しているかもしれない」は〈may be＋動詞の -ing 形〉で表す。run の -ing 形は n を重ねて running。
(5)「たとえば」は for example。

3 (1)「～はどういう意味ですか」は What do [does] ～ mean?。主語が that sign(3 人称単数)なので does を補う。
(2) ミス注意! 「～しなければならない」は，must または have[has] to で表す。「1 語補う」という指示があるので must を補う。
(3)「～に入る」は go into ～。went は go の過去形。
(4)「～を見る」は look at ～。

4 (1)「人々は多くの言語を学ばなければなりませんか」という文。
(2) ミス注意! 4 ケタの年号 1964 は 19 と 64 に分けて読む。
(3)③「初めて」は for the first time。
④ ミス注意! 「～することができた」は過去の文なので，be able to の過去形 was[were] able to で表す。主語が Visitors(複数)なので were を使う。
(4) easy は「簡単な」という意味の形容詞。「簡単に見つけることができた」という文なので，副詞 easily にする。

5 (1) ミス注意! must(～しなければならない)とほぼ同じ意味を表すのは have[has] to ～。主語が 3 人称単数なので has を使う。
(2) Don't ～.(～してはいけません)とほぼ同じ意味を表すのは You mustn't[must not] ～.。
(3) ミス注意! can(～することができる)とほぼ同じ意味を表すのは be able to。be をそのまま使わないこと。be 動詞は主語によって am / is / are を使い分ける。主語が Emi なので is を使う。

6 (1) ミス注意! 「～を怖(こわ)がる，恐(おそ)れる」は be afraid of ～。過去の文で，主語が My brother なので be 動詞は was を使う。
(2)相手に許可を求めるときは〈May[Can] I＋動詞の原形 ～?〉。「～のとなりに」は next to ～。

Lesson 8

p.88~89 ステージ1

Wordsチェック (1)たとえば (2)小学校
(3) **plan** (4) **move**
1 (1) **What, do** (2) **What, do**
(3) **When, go** (4) **Where, meet**

❷ あなたたちは長野で何をするつもり[予定]ですか。/ 私たちはそこでスキーをするつもり[予定]です。

❸ (1) **is going to visit**
(2) **I'm[I am] going to dance**
(3) **Bob and I are going to see a movie.**

❹ (1) **Is Saki going to clean / she is**
(2) **Are you going to help / I'm not**
(3) **Are these girls going to buy their uniforms? / they are**

❺ (1) **I see** (2) **She's from** (3) **moved to**

❻ (1) **Where did you go last spring?**
(2) **Do you have any plans for this weekend?**

解説

❶ 「何を[いつ，どこで]～するつもり[予定]ですか」は，〈疑問詞＋be 動詞＋主語＋going to＋動詞の原形 ～?〉で表す。
(1)「私たちは沖縄で泳ぐつもりです」→「あなたたちは沖縄で何をするつもりですか」
(2)「メグは今週末，日本語を勉強するつもりです」→「メグは今週末，何をするつもりですか」
(3)「私たちは 6 時に帰宅するつもりです」→「あなたたちはいつ帰宅するつもりですか」
(4)「彼(かれ)らは駅で会うつもりです」→「彼らはどこで会うつもりですか」

❷ be going to ～は，すでに決めてある予定や計画を表す。

❸ 「…は～する予定です」は〈主語＋be 動詞＋going to＋動詞の原形 ～.〉で表す。be 動詞は主語に合わせて am，are，is を使い分ける。
(3) ミス注意 主語は Bob and I(ボブと私)で複数。be 動詞は are を使う。

❹ be going to ～の疑問文は，be 動詞を主語の前に置く。答えの文でも be 動詞を使う。
(3) ミス注意 主語は these girls(この女の子たち)で複数。答えの文は they(彼女(かのじょ)たち)で受ける。

❺ (1) I see.(なるほど)は，相手の話に対してあいづちを打つ表現。この see は，「～に会う，～を見る」ではなく「理解する，わかる」の意味。
(2) ミス注意 「～出身です」は be from ～。She is の短縮形 She's を使う。×She from ～. としないように注意。
(3)「～に引っ越(こ)す」は move to ～。過去の文なので，動詞を過去形 moved にする。

❻ (1)過去の疑問文。〈疑問詞＋did＋主語＋動詞の原形～?〉の形。「この前の～」は last ～。
(2)「～の計画」は plans for ～。「今週末」は this weekend。

ポイント 予定・計画を表す文
・〈be 動詞＋going to＋動詞の原形〉
「～するつもり[予定]です」
・be 動詞は主語に合わせる。
・疑問文では be 動詞を主語の前に置く。

p.90 ステージ1

Wordsチェック (1)場面，場所
(2)現れる，見えてくる (3)日の出(の時刻)
(4)宝石・貴金属類 (5) **camera** (6) **spot**

❶ (1) **will be** (2) **will see** (3) **will cook**
(4) **will study**

❷ (1) **like** (2) **Is, snowing**
(3) **can't[cannot], yet** (4) **in, few**
(5) **of course**

解説

❶ tomorrow は「あした」という意味。「あした～(する)でしょう」という文は〈will＋動詞の原形〉で表す。
(1) ミス注意 is(be 動詞)の原形は be。
(3) ミス注意 will のあとにくる動詞は原形。cooks の s をとるのを忘れないこと。また，will は助動詞で，主語が 3 人称(にんしょう)単数でも形はかわらない。will に s をつけたりしないこと。

❷ (1)「～のような」は like ～。
(2)「今～していますか」は現在進行形の疑問文〈be 動詞(Am / Is / Are)＋主語＋動詞の -ing 形 ～?〉で表す。
(3)「まだ～できない」は can't[cannot] ～ yet。
(4)「～したら」と経過時間[所要時間]を表すときは in を使う。「数週」は a few weeks。a few は「多少の」とあいまいな数を表し，あとに続く名詞は複数形にする。
(5)「もちろん」は of course。

ポイント 未来の予想を表す文
〈will＋動詞の原形〉「～(する)でしょう」

p.91 ステージ1

Wordsチェック (1)違(ちが)い (2)～の間に
(3) **article** (4) **arrive**

❶ (1) **They're arriving at our school soon.**
(2) **Please tell me about the zoo.**

(3) **Ken has a good friend from Canada.**

❷ (1) **Here you** (2) **should read**
(3) **By the way** (4) **between, and**

解 説

❶ (1)「(まもなく)～します」という近い未来は，現在進行形〈be 動詞(am / are / is)＋動詞の -ing 形〉で表すことができる。「～に到着する」は arrive at ～。
(2)「～してください」は〈Please＋動詞 ～.〉で表す。「～について」は about ～。
(3)「(…には)～がいる」は have[has] ～で表す。

❷ (1) Here you are. は，「はい，どうぞ」と相手にものを差し出すときの表現。
(2)「～すべきである」は〈should＋動詞の原形〉で表す。
(3) by the way は，「ところで」と話題をかえるときなどに使う表現。
(4) between ～ and ...「～と…の間に[の]」

ポイント① 近い未来を表す文
〈be 動詞＋動詞の -ing 形〉
「(まもなく)～します」

ポイント② 忠告・助言をする文
〈should＋動詞の原形〉
「～すべきである，～したほうがよい」

p.92 ステージ1

Wordsチェック (1)非常に大きい，巨大な
(2)展示 (3)事態，状況 (4)環境 (5) **fly**
(6) **natural** (7) **village** (8) **drew**

❶ (1) **won't rain** (2) **will not**

❷ (1) **at last** (2) **came true** (3) **many kinds**

❸ (1) **I'm[I am] going to visit China.**
(2) **It will snow[be snowy] tomorrow in Sapporo.**
(3) **We're[We are] arriving at the zoo soon.**

解 説

❶ will を使った文の否定文は，will のあとに not を置く。will not の短縮形は won't。〈won't[will not]＋動詞の原形〉で「～ではないでしょう，～しないでしょう」という未来の予想を表す。

❷ (1)「とうとう」は at last。
(2) **ミス注意!** 「実現する」は come true。過去の文なので動詞を過去形 came にする。
(3) **ミス注意!** 「たくさんの種類の～」は many kinds of ～。many のあとに続く名詞を複数形 kinds にするのを忘れないこと。

❸ (1)すでに決めてある予定は be going to ～を使って表す。
(2) **ミス注意!** 天気の予想などは will を使って表す。天気を表す文の主語は it を使う。
(3) **ミス注意!** 現在の状況をふまえて「まもなく～する」は，現在進行形で表す。「～に到着する」は arrive at ～。at をつけ忘れないこと。

ポイント 未来の予想を表す文(否定文)
〈won't[will not]＋動詞の原形〉
「～ではないでしょう，～しないでしょう」

p.93 文法のまとめ

[1] (1) **We're going** (2) **will be**
(3) **should read**

[2] (1) **It will be rainy and cold tomorrow.**
(2) **Are they going to ski tomorrow?**
(3) **It won't[will not] snow in Niigata.**

解 説

[1] (1) **ミス注意!** 予定・計画は be going to ～で表す。空所の数から，We are の短縮形 We're を使う。
(2) will のあとの動詞は原形。be 動詞の原形は be。
(3)「～すべきである」は〈should＋動詞の原形〉。

[2] (1) **ミス注意!** 「あしたは～でしょう」と予想を述べる文は〈will＋動詞の原形〉で表す。It's は It is の短縮形。×It's will be としないように注意。
(2) They're は They are の短縮形。be going to ～の疑問文は be 動詞を主語の前に置く。
(3) will の否定文は，will not か短縮形の won't を使って表す。

p.94～95 ステージ2

❶ LISTENING ウ

❷ (1) **lots of** (2) **arriving at** (3) **will be**

❸ (1) **The animals won't[will not] be for display.**
(2) **We're[We are] going to visit our grandparents' house this weekend.**

❹ (1) **She moved to Hokkaido last summer.**
(2) **Aya has a good friend from America.**
(3) **The bus will come in a few minutes.**
(4) **What are you going to do there?**

❺ (1) **Do you have any plans for**
(2)私は北海道の[北海道にいる]私の友達を訪ねるつもり[予定]です。

(3)③ **friend's** ⑤ **was**

(4) **She's from Finland.**

(5) **She lives in Hokkaido.**

6 (1) **No, I'm not** (2) **Where did**

7 (1) **You should wait here.**

(2) **It won't[will not] snow today.**

(3) **We're[We are] arriving at the station soon.**

(4) **I'm[I am] going to study English tomorrow.**

解説

1 LISTENING 「あなたは何か夏休みの計画はありますか，ハナ」「はい。私は姉[妹]と富士山を訪れるつもり[予定]です」

音声内容

A: Do you have any plans for the summer vacation, Hana?

B: Yes. I'm going to visit Mt. Fuji with my sister.

2 (1)「たくさんの」は，many / a lot of / lots of で表すことができる。

(2) ミス注意 「～に到着する」は arrive at ～。arrive の -ing 形は，e をとって ing をつける。

(3) snowy は形容詞なので動詞が必要。will のあとに be 動詞の原形 be を続ける。

3 (1) will の否定文は〈won't[will not]＋動詞の原形〉。

(2) ミス注意 「～する予定です」は be going to ～。主語が We なので be 動詞は are を使う。

4 (1)「～に引っ越す」は move to ～。

(2) ミス注意 「(…には)～がいる」は have[has] ～で表す。主語が Aya なので has を使う。

(3) ミス注意 「～したら」と経過時間を表すときは in を使う。in a few minutes「数分したら」

(4)「(何を)する」を表す do を補う。

5 (1) plans for ～「～の予定」

(3)③直後に名詞 name があるので，「～の」を表す形にする。my friend's name「私の友達の名前」

⑤アヤがハンナと出会った場所をたずねられているので，過去の文で答える。is の過去形は was。

(4) ミス注意 「彼女は～出身です」は She is from ～.。3語とあるので短縮形 She's を使う。

(5) ミス注意 「ハンナはどこに住んでいますか」という問い。本文2～4行目参照。主語が3人称単数なので lives とする。

6 (1) Are(be 動詞)で始まる疑問文には，be 動詞を使って答える。「私は博物館[美術館]に行くつもりです」と続けているので，No の答え。

(2)答えの中心は at the park なので，where を使って場所をたずねる文にする。「あなたはどこでケイコを見かけましたか」「私は公園で彼女を見かけました」

7 (1)「～すべきである」は〈should＋動詞の原形〉。

(2) ミス注意 形容詞 snowy(雪の降る)には be が必要だが，snow は「雪が降る」という動詞。×It won't be snow などとしないように注意。

(3)「まもなく～します」は現在進行形で表す。「まもなく」は soon。

(4)「～するつもりです」は be going to ～で表す。「明日」は tomorrow。

p.96～97 ステージ3

1 LISTENING (1)ア (2)ウ (3)ウ

2 (1) **like** (2) **with** (3) **at** (4) **into** (5) **in**

3 (1) **between, and** (2) **at last**

(3) **take, yet** (4) **will come true**

(5) **many kinds of**

4 (1) **My brother should study English hard.**

(2) **Aki is going to go shopping with Bob tomorrow.**

(3) **What will visitors see in the dream zoos?**

5 (1)① **Are** ④ **isn't** (2) **have lots**

(3) **of course** (4) **But it will snow tomorrow.**

(5) **these** (6)これは宝石のようです。

6 (1)あなた(たち)は北海道で何をするつもりですか。

(2)彼女はアメリカの[にいる]友達を訪ねるべきです。

7 (1) **We're[We are] arriving at Tokyo Station in a few minutes.**

(2) **Please tell me about the differences between a temple and a shrine.**

解説

1 LISTENING (1) Are you going to ～? には be 動詞を使って答える。「あなたは今週末メイと映画を見に行くつもり[予定]ですか」「はい，そうです」

(2)「あなたは今日何をするつもり[予定]ですか，ケン」という質問。I'm going to ～.(私は～するつもり[予定]です。)で答える。

(3)「アヤはいつ彼女のおばさんを訪ねるつもり[予定]ですか」という質問。未来を表す時を答える。

音声内容

(1) Are you going to see a movie with Mei this weekend?

(2) What are you going to do today, Ken?

(3) When is Aya going to visit her aunt?

2 (1)「まあ，それはテレビドラマのようですね」

(2)〈take＋もの＋with＋人〉で「(もの)を持っていく」。「アミ，傘を持っていきなさい」

(3) look at ～「～を見る」

(4) get into ～「～の中に入る」

(5) in the 1990s「1990 年代に」

3 (1)「～と…の間に」は between ～ and …。

(2)「とうとう」は at last。

(3)「まだ～できない」can't ～ yet,「写真を撮る」は take photos[pictures]。

(4)「～でしょう」は will ～,「実現する」は come true。

(5)「たくさんの種類の～」は many kinds of ～。

4 (1) **ミス注意!** 「～すべきだ」は〈should＋動詞の原形〉。studies の原形は study。

(2) **ミス注意!** 予定は be going to ～で表す。主語が Aki なので be 動詞は is を使う。to のあとに続く動詞は原形。goes の原形は go。

(3)「夢の動物園では来園者は動物の自然なふるまいを見るでしょう」→「何を見るでしょうか」という文にする。will の疑問文は，will を主語の前に置く。

5 (1)①現在進行形の疑問文〈be 動詞＋主語＋動詞の -ing 形 ～?〉。　④ is not の短縮形は isn't。

(2)「～がある」は have[has]で表す。

(3)「もちろん」は of course。

(4)「明日は～でしょう」という予想は〈will＋動詞の原形〉で表す。

(5)あとに続く名詞が複数形 photos なので，this (この)も複数形 these(これらの)にする。

(6)この like は「～のような」という意味。

6 (1)すでに決まっている予定などをたずねる文。

(2) should は「～すべきである」。

7 (1)「(まもなく)～する」と近い未来を表す現在進行形。in a few minutes「(あと)数分で」

(2) the differences between ～ and …「～と…の違い」

Lesson 9 ～ Further Reading

p.98 ステージ1

Wordsチェック (1)問題　(2)(時間的に)遅く　(3)重大な，深刻な　(4)消える　(5) **climate**　(6) **earth**　(7) **finish**　(8) **choose**

1 (1) **look sad**　(2) **sounds good**　(3) **is melting**

2 (1) **She looked very tired.**

(2) **The story sounds interesting.**

(3) **He may go to Canada.**

p.98 解説

1 (1)人の様子は，見て感じるので〈look＋形容詞〉「～そうに見える」で表す。

(2) **ミス注意!** 「考え」は，耳で聞いて感じるので〈sound＋形容詞〉「～そうに聞こえる，思える」。主語が Bob's idea(単数)なので sounds とする。

(3)「～している」は現在進行形で表す。主語が The ice なので be 動詞は is を使う。

2 (1)〈look＋形容詞〉で「～そうに見える」。

(2)〈sound＋形容詞〉で「～そうに聞こえる，思える」。

(3)「～かもしれない」と推量を述べるときは〈may＋動詞の原形〉で表す。

ポイント 人やものごとの様子を伝える表現

・〈look＋形容詞〉「～そうに見える」

・〈sound＋形容詞〉「～そうに聞こえる，思える」

p.99 ステージ1

Wordsチェック (1)毎日の　(2)上がる　(3) **energy**　(4) **set**　(5) **degree**　(6) **lives**

1 (1) **is**　(2) **are**　(3) **is**　(4) **are**　(5) **are**

2 (1) **at least**　(2) **turn off**　(3) **How can**　(4) **have to**　(5) **There, ways**

p.99 解説

1 主語が単数なら is，複数なら are を使う。

(1)主語は a park(1 つの公園)。

(2)主語は six eggs(6 個の卵)。

(3)主語は an old picture(1 枚の古い写真[絵])。

(4)主語は two cats(2 匹のネコ)。

(5) **ミス注意!** 主語は a lot of students(たくさんの生徒たち)。a がついているから単数だとかんちがいしないように注意。

❷ (1)「少なくとも」は at least。

(2)「～を消す」は turn off ～。

(3)「どのようにして」と手段・方法をたずねるときは how を使う。「～することができる」は〈can＋動詞の原形〉。

(4)「～しなければならない」は〈have to＋動詞の原形〉。

(5)ミス注意！「方法」は way。「たくさんの方法」なので，複数形 ways にする。

ポイント 「(…に)～があります，います」
〈There is[are]＋名詞(＋場所を表す語句).〉
名詞(主語)が単数なら is，複数なら are を使う。

p.100 ステージ1

Wordsチェック (1)通り (2)総計 (3) **burn**
(4) **agree**

❶ (1) **Is there** (2) **there aren't** (3) **many**

❷ (1) **much** (2) **hand** (3) **should reduce**
(4) **It shows**

解説

❶ (1)主語が a camera(1台のカメラ)なので Is there ～? とする。

(2) Are there ～? には，Yes, there are. または No, there aren't. で答える

(3)「いくつ」と数をたずねるときは How many を使う。

❷ (1)ミス注意！ trash(ごみ)は数えられない名詞。「たくさんの」は，数えられる名詞なら many，数えられない名詞なら much で表す。a lot of はどちらにも使える。

(2)「これに対して」は on the other hand。

(3)「～すべきである」は〈should＋動詞の原形〉。

(4)ミス注意！「～を示す」は show で表す。主語が It(＝this map)なので shows とする。

ポイント 「(…に)～がありますか，いますか」
〈Is[Are] there＋名詞(＋場所を表す語句)?〉
there と is[are]を使って答える。

p.101 文法のまとめ

1 (1) **There are two cats on the chair.**
(2) **Are there any students in the gym?**
(3) **How many letters are there on the desk?**

2 (1) **That problem sounds very serious.**
(2) **Your sister looks sleepy.**

《解説》

1 (1)ミス注意！ 主語が複数 two cats(2匹のネコ)になるので，There are ～. の文になる。名詞を複数形 cats にするのを忘れないこと。

(2)ミス注意！ some(何人かの)は，ふつう疑問文では any にする。

(3)ミス注意！ 数は How many を使ってたずねる。あとに続ける名詞は複数形 letters を使うことに注意。

2 (1)「～に思える」は〈sound＋形容詞〉。
(2)「～そうに見える」は〈look＋形容詞〉。

p.102 ステージ1

❶ (1) **Which, or**
(2) **Which do you like, tennis or soccer? / I like tennis.**
(3) **Which do you like, math or English? / I like English.**

❷ (1) **Look at** (2) **What's** (3) **Who**

解説

❶ ミス注意！「AとBでは(どちらが～か)」と選ぶものを示すときは，A or B で表す。A and B としないように注意。

❷ (1)「～して(ください)」は，動詞の原形で文を始める。「～を見る」は look at ～。

(2)ミス注意！「～は何ですか」は What is ～?。空所が1つなので，短縮形 What's を使う。

(3)「～はだれですか」は Who is ～? で表す。

ポイント「あなたはAとBではどちらが好きですか」
Which do you like, A or B?
AかBかを答える。

p.103 Try! READING

Question (1) **One night**
(2) **came out of her house** (3) **big**
(4) **for** (5)⑤ **got** ⑥ **fell**
(6) **She had a small dipper.**

Word Box BIG 1 (1)金の (2)ひどい
(3)ひしゃく (4)日照り (5)小川 (6)乾く
(7) **ago** (8) **river** (9) **well** (10) **grass**

2 (1) **dried out** (2) **died of**

解説

Question (1)「ある夜」は one night。「ある日」は one day。

(2) come out of ～で「～から出てくる」。came は come の過去形。

(3) small「小さい」⇔ big「大きい」
(4) look for ～「～を探す」
(5)過去の話なので過去形にする。
(6)ミス注意!「その小さな少女は何を持っていましたか」という問い。本文2行目に with a small dipper とある。with は「～を持って」の意味。答えの文では，動詞 have を過去形 had にすることにも注意。

Word Box BIG **2** (1)ミス注意!「干上がる」は dry out。dry の過去形は y を i にかえて ed をつける。
(2)「～で死ぬ」は die of ～。die の過去形は d だけをつける。

p.104～105 Try! READING

Question (1)① brought ③ said
(2) the dipper
(3)④ I am going to die
⑥ gave the dipper back to
(4)それを自分で[あなた自身で]飲みなさい。
(5) At the same time
(6) It became golden.

Word Box BIG **1** (1) woke (2) got
(3) thought (4) poured (5) gave
(6) became (7) brought (8) handed
(9) said (10) came (11) asked
(12) swallowed (13) offered (14) appeared
(15) ran (16) rose

2 (1) feet (2) will (3) you'd (4) won't

3 (1)いずれにせよ (2)～になる (3)目を覚ます
(4)差し出す (5) same (6) enough
(7) finally (8) silver

4 (1) woke up (2) got excited
(3) better have (4) came in (5) asked for

5 (1) was full of fresh vegetables
(2) There was an old well in the garden.
(3) The little dog looked pitiful.
(4) gave some water to the dog
(5) gave the book back to him

解説

Question (1)過去の文なので過去形にする。
(2)前文に「少女はひしゃくを家に持ち帰った」とある。
(3)④「いずれにせよ私は死にます」という文。〈be going to＋動詞の原形〉で未来を表す。⑥「彼女はひしゃくを少女に返しました」という文。give ～ back to …「～を…に返す」
(4) You'd better ～.「～しなさい」
(6)ミス注意!「銀のひしゃくは何色になりましたか」という問い。本文の最終行を参照。答えの文では，動詞 become を過去形 became にすることにも注意。

Word Box BIG **4** (1)「目を覚ます」は wake up。wake の過去形は woke。
(2)「わくわくする」は get excited。get の過去形は got。
(3)「～しなさい」は You'd better ～.，「ひと口飲む」は have a sip。
(4)「入ってくる」は come in。come の過去形は came。
(5)「～を求める」は ask for ～。

5 (1)「～でいっぱいである」は be full of ～。
(2)「…に～がありました」は，There is[are] ～. の過去形 There was[were] ～. で表す。
(3)「～そうに見える」は〈look＋形容詞〉。
(4)「～を…に与える」は give ～ to …。gave は give の過去形。
(5)「～を…に返す」は give ～ back to …。

p.106～107 Try! READING

Question (1)どうしてあなたはずっと窓から外を見ているのですか。
(2)② for ⑤ What
(3) But no mail will come
(4) Did, send, me (5) wrote
(6) I am glad that you are my best friend
(7) Frog did.

Word Box BIG **1** (1) said (2) sent (3) sat
(4) hurried (5) found (6) wrote (7) ran
(8) put

2 (1) sitting (2) must

3 (1)空の (2)カタツムリ (3)うれしい (4)急ぐ
(5)何か (6)封筒 (7) window (8) paper
(9) feel (10) still

4 (1) came along (2) What, matter
(3) have to (4) some more (5) got

5 (1) found a piece of paper
(2) ran out of his house
(3) Please take this letter to Aya's house.
(4) We waited for a long time.

(5) **He was very pleased to get**

解説

Question (1)現在進行形の疑問文。look out of ～は「～から外を見る」，all the time は「ずっと」。

(2)② wait for ～「～を待つ」 ⑤「あなたはその手紙に何を書きましたか」

(3)「しかし郵便物は一通も来ないでしょう」

(4)直前の文 I sent a letter to you. に対する応答。「あなたは私に手紙を送ったのですか」

(5) write(～を書く)の過去形は wrote。

(6)「私は～であることをうれしく思う」は I am glad that ～.。

(7)「だれがガマくんに手紙を送りましたか」という問い。Who sent ～? と過去の疑問文なので，〈主語＋did.〉の形で答える。

Word Box BIG **4** (1)「やって来る」come along。come の過去形は came。

(2)「どうしたの」は What is the matter (with you)?。

(3)「～しなければならない」は have to ～。

(4)「もうしばらく」は some more。

(5)「～に到着(とうちゃく)する」は get to ～。get の過去形は got。

5 (1)「1 枚の～」は a piece of ～。

(2)「～から走り出る」は run out of ～。ran は run の過去形。

(3)「～を…に持っていく」は take ～ to …。

(4)「長い間」は for a long time。

(5)「～してうれしい」は be pleased to ～。

p.108～109 ステージ2

1 LISTENING イ

2 (1) **looking for** (2) **got to**

(3) **sounds, scary** (4) **asked for**

3 (1) **There is a book on the desk.**

(2) **The sea level is going up near here.**

4 (1) **She looked very excited.**

(2) **There are two hospitals in our city.**

(3) **Toad was sitting on the bench.**

5 (1) **You look sleepy**

(2) **What environmental problem did you choose?**

(3)地球温暖化(という環境(かんきょう)問題)

(4) **You're right!** (5) **changing**

(6) **Late last night.**

6 (1) **Because** (2) **What did** (3) **Which, or**

7 (1) **Our school is near the park.**

(2) **There is a cap on the bed.**

(3) **There are four people[members] in my family.**

解説

1 LISTENING 「テーブルの下にネコが何匹(びき)いますか」「2 匹(ひき)います」という対話。

> **音声内容**
> A：How many cats are there under the table?
> B：There are two.

2 (1)「～を探す」は look for ～。現在進行形の文なので，look に ing をつける。

(2)「～に到着する」は get to ～。get の過去形は got。

(3) **ミス注意** 「～そうに聞こえる」は〈sound＋形容詞〉。主語が That なので sounds とする。

(4)「～を求める」は ask for ～。

3 (1) **ミス注意** 主語が単数(a book)になるので，are を is にかえる。複数形 books の s をとるのを忘れないこと。

(2)現在進行形は〈be 動詞＋動詞の -ing 形〉。

4 (1)「～のように見える」は〈look＋形容詞〉。過去の文なので，look に ed をつける。

(2)主語が複数(two hospitals)なので，be 動詞は are を使う。

(3) **ミス注意** 「～していた」は過去進行形〈was[were]＋動詞の -ing 形〉で表す。sit の -ing 形は，t を重ねて sitting。

5 (1)〈look＋形容詞〉「～に見える」を使う。

(2)「あなたはどんな環境問題を選びましたか」

(3) It は直前の Global warming をさす。

(5) **ミス注意** 現在進行形の文。change の -ing 形は，e をとって ing をつける。

6 (1) Why ～?(なぜ～か)と理由をたずねる文には，Because(なぜなら)を使って答える。

(2) I wrote about ～.(私は～について書きました)と答えているので，「あなたはその手紙に何を書きましたか」とたずねる。

(3) Which do you like, A or B?「あなたは A と B ではどちらが好きですか」

7 (1) **ミス注意** our school のような特定のものについて「～は…にある」と言うときは，There is[are] ～. で表さない。

(2) a cap(単数)なので There is ～. で表す。

(3)「私の家族には４人の人がいます」という文にする。four people(複数)なので There are ～. で表す。

p.110～111 ステージ3

1 LISTENING (1)ウ (2)イ (3)ウ

2 (1) Turn off (2) looks, tired

(3) waiting for (4) may disappear

(5) piece, to

3 (1) My bag is full of books.

(2) There was a cat under my feet.

(3) There isn't much room for landfills

4 (1) am going to (2) have to

(3) There are, in

5 (1) doesn't produce so much trash

(2) a lot of

(3)シンガポールの通りにはたくさんのごみ箱がありますか。

(4) Yes, there are. (5)ウ

(6) No, there aren't.

6 (1) How many apples are there in the box?

(2) When did Mei finish her homework?

7 (1) Which do you like, summer or winter?

(2) That sounds nice[good / great].

解説

1 LISTENING (1)「この近くにおすし屋さんはありますか」という質問。Is there ～? には，Yes, there is. / No, there isn't. で答える。

(2)「あなたの部[クラブ]には男子はいますか」という質問。Are there ～? には，Yes, there are. / No, there aren't. で答える。

(3)「この部屋(へや)には絵[写真]が何枚ありますか」という質問。数を答える。

音声内容
(1) Is there a sushi restaurant near here?
(2) Are there any boys in your club?
(3) How many pictures are there in this room?

2 (1)「～を消す」は turn off ～。

(2) ミス注意!「～に見える」は〈look＋形容詞〉。主語が Meg(3人称(にんしょう)単数)なので looks とする。

(3) ミス注意!「～していた」は過去進行形〈was [were]＋動詞の -ing 形〉で表す。「～を待つ」は wait for ～。

(4)「～かもしれない」は〈may＋動詞の原形〉。

(5)「～を…に与(あた)える」は give ～ to …,「1枚の紙」は a piece of paper。

3 (1) be full of ～で「～でいっぱいである」。「私のかばんは本でいっぱいです」

(2)〈There was[were]＋名詞＋場所を表す語句.〉で「…に～がありました，いました」を表す。「私の足元(あしもと)にネコがいました」

(3)〈There isn't[aren't]＋名詞＋場所を表す語句.〉で「…には～がありません，いません」を表す。「シンガポールにはごみ埋(う)め立て地のための空き場所があまりありません」

4 (1) ミス注意! will は「～するつもりです」と予定を表す。be going to がほぼ同じ意味。be は主語に応じて使い分ける。

(2) must は「～しなければならない」と必要・義務を表す。have to がほぼ同じ意味。

(3)「私の家族は６人の人を持っている」つまり「私の家族には６人の人がいる」ということ。There are ～. を使って表す。

5 (1)「シンガポールはそんなにたくさんのごみは生み出しません」

(3)〈Are[Is] there＋名詞＋場所を表す語句？〉「…には～がありますか，いますか」

(4) Are there ～? には，Yes, there are. / No, there aren't. で答える。

(5)直後の clean は「きれいな，清潔な」という意味の形容詞。〈look＋形容詞〉で「～に見える」。

(6)「日本の通りにはたくさんのごみ箱がありますか」という問い。本文５行目参照。

6 (1) ミス注意!「箱の中にリンゴが７個あります」→「箱の中にリンゴはいくつありますか」数は How many でたずねる。あとに続ける名詞は複数形 apples を使うことに注意。

(2) ミス注意!「メイは昨夜遅(おそ)くに宿題を終えました」→「メイはいつ宿題を終えましたか」。「いつ」は when。過去の疑問文なので did を使う。動詞は原形 finish を使うことにも注意。

7 (1)「A と B ではどちらが好きですか」は Which do you like, A or B? で表す。

(2)相手の発言に対して，「それは～そうに聞こえる，思える」は〈That sounds＋形容詞.〉で表す。

定期テスト対策 得点アップ! 予想問題

p.122～123 〈 第1回 Springboard 4 ～ Lesson 1

1 LISTENING ①日本 ②ラケット ③ピアノ

2 (1) want to

(2) a little

(3) love playing

(4) really exciting

3 (1) Jim and I are from Okinawa.

(2) I don't[do not] eat curry and rice.

(3) Do you play basketball in the gym?

(4) What time do you go to bed?

4 (1)① am ③ Do ④ to

(2) Please call me Kenta.

(3)私の大好きな教科は体育です。

5 (1) I can play the guitar.

(2) Who is your favorite baseball player?

(3) Sushi is very popular in Australia.

(4) I like English, but I don't [do not] like math.

6 (1) Thank you.

(2) Where do you live?

(3) When is your birthday?

解説

1 LISTENING 「こんにちは，皆(みな)さん。私は佐藤(さとう)マリです。私は日本出身です。私はテニスが好きです。新しいラケットを持っています。私は音楽も好きです。毎日ピアノを弾(ひ)きます」

音声内容
Hello, everyone. I'm Sato Mari. I'm from Japan. I like tennis. I have a new racket. I like music, too. I play the piano every day.

2 (1)「私は～になりたいです」は I want to be ～. で表す。
(2)「少し」は a little。
(3)「～することが大好きである」は love ～ing。
(4)「本当に～」は really ～。

3 (1) ミス注意! 主語の Jim and I は複数を表すので，am は are にする。
(2)一般(いっぱん)動詞の否定文は，〈主語＋don't[do not]＋動詞 ～.〉で表す。
(3)一般動詞の疑問文は，〈Do＋主語＋動詞 ～?〉。
(4)「あなたは 10時に寝(ね)ます」→「あなたは何時に寝ますか」。「何時に」と時刻をたずねるときは，what time を文の最初に置く。

4 (1)① I am ～.「私は～です」
③ ミス注意! 一般動詞(like)があるので do を使う。Do you like ～? で「あなたは～が好きですか」。Are you ～? は「あなたは～ですか」を表す。
④ I want to ～.「私は～したいです」
(2) Please call me ～.「(私を)～と呼んでね」
(3) My favorite subject is ～.「私の大好きな[お気に入りの]教科は～です」

5 (1)「～することができる」は〈can＋動詞〉。
(2)「～はだれですか」は Who is ～? で表す。
(3)「人気がある」は popular。
(4)「しかし，ところが」は but を使う。

6 (1)「ありがとう」は Thank you.。

(2) where(どこに)を文の最初に置き，一般動詞の疑問文〈do you＋動詞〉を続ける。

(3)「～はいつですか」は When is ～? で表す。

p.124～125 第2回 Lesson 2

1 LISTENING (1)イ (2)ウ (3)イ

2 (1) love them

(2) Can, keep[have]

(3) listen, every

(4) is always

3 (1) play, well

(2) with Ken

(3) don't, any

(4) an interesting

4 (1)私は翼(つばさ)のようにじょうずな選手になりたいです。

(2) Who is

(3) Captain Tsubasa

(4) do

(5)日本のマンガ本

(6) stories

5 (1) Look at those boys.

(2) Is she an English teacher?

(3) They watch TV after dinner.

(4) We are[We're] on the baseball team.

6 You don't[do not] like cats, right?

解説

1 LISTENING (1) I can ～.「私は～することができます」に対する相づち。can を使う。

(2) How about you?「あなたはどうですか」

(3) Really?「本当？」

音声内容

(1) *A*：I can ski well.
B：(You can?)

(2) *A*：I like English. (How about you?)
B：Me, too. It's interesting.

(3) *A*：I'm good at cooking. I often cook for my family.
B：(Really?)

2 (1) ミス注意！「それら」は主語ではないので they ではなく them を使う。

(2)「あなたは～することができますか」は Can you ～?。「～を飼う」は keep。

(3)「(音楽など)を聞く」は listen to ～,「毎日」は every day。

(4) ミス注意！ 頻度(ひんど)を表す always(いつも)は，be 動詞の場合は直後に置く。

3 (1) ミス注意！「あなたはじょうずなサッカー選手です」→「あなたはじょうずにサッカーをします」。good(じょうずな)は名詞の前に置いて使う。「じょうずに」は well。

(2)「ケンと私はよく体育館に行きます」→「私はよくケンといっしょに体育館に行きます」。「～といっしょに」は with で表す。

(3)「私には兄弟は1人もいません」 I have no ～.＝I don't have any ～.

(4) ミス注意！「この本はおもしろいです」→「これはおもしろい本です」。interesting は母音(ぼいん)で始まるので，a ではなく an を使う。

4 (1) ミス注意！ I want to be ～. は「私は～になりたいです」。この文の like は動詞「～が好きである」ではなく，「～のような[に]」という意味。

(2)ボブが「彼は～の主人公です」と答えている。「翼とはだれですか」とたずねる文。

(3)代名詞の It は，人ではなくものをさす。直前の文を参照。

(4)一般動詞の疑問文。do を主語の前に置く。

(5) them は，人をさす場合とものをさす場合がある。ここでは，直前の文の Japanese comic books をさしている。

(6) ミス注意！ 直後に are があるので複数形にする。story の複数形は，y を i にかえて es をつける。

5 (1) ミス注意！「～を見る」は look at ～。「あの少年たち」とあるので，「あの」は that の複数形 those を使う。名詞も boys と複数形にする。

(2) ミス注意！「彼女(かのじょ)は～ですか」は Is she ～?。「英語の先生」は English teacher。English は母音(ぼいん)で始まるので，a ではなく an を使う。

(3)「テレビを見る」は watch TV，「～のあとに」は after ～。

(4)「～部に入っている」は be on the ～ team。

6 「～ですよね」と確認したり，念を押したりするときは，～, right? を文の最後につける。

p.126～127 第3回 Lesson 3

1 LISTENING (1)ア

(2) English

(3)カナダ

2 (1) uses an

(2) but their

(3) runs , lot

(4) for example

3 (1) Does Aya have a new bicycle?

(2) My grandma doesn't [does not] grow any flowers in her garden.

(3) My mother goes shopping every weekend.

(4) How old is Hiromi's brother?

4 (1)① comes ③ watches

(2) with me

(3)彼は朝早く練習するのは好きではありません。

(4) can't[cannot] get up

5 (1) He studies English hard for his dream.

(2) Tom often plays tennis with his family.

(3) I don't[do not] know much about those boys.

6 Are you a member of the soccer team?

解説

1 LISTENING エマ「ケン，あなたには姉妹(しまい)がいる？」

ケン「うん，姉[妹]が1人いるよ。彼女の名前はミキ。カナダで英語を勉強しているんだ」

エマ「へえ，そうなんだ。彼女はそこでの生活を楽しんでいる？」

ケン「ああ，楽しんでいるよ」

音声内容

Emma : Do you have any sisters, Ken?

Ken : Yes, I have a sister. Her name is Miki. She studies English in Canada.

Emma : Oh, I see. Does she enjoy her life there?

Ken : Yes, she enjoys it.

2 (1) ミス注意！ 主語の He は3人称(にんしょう)単数なので，use の語尾(ごび)に s をつける。old は母音で始まるので，a ではなく an を使う。

(2)「確かではありませんが，～」は I'm not sure,

but ～. で表す。「彼(かれ)らの」は their。

(3)主語の My grandpa は 3 人称単数なので，run の語尾に s をつける。「たくさんの～」は a lot of ～。

(4)「たとえば」は for example。

3 (1)ミス注意! 主語が 3 人称単数の疑問文は，〈Does＋主語＋動詞の原形 ～?〉で表す。has の原形は have。

(2)ミス注意! 主語が 3 人称単数の否定文は，〈主語＋doesn't[does not]＋動詞の原形 ～.〉で表す。some は否定文では any を使う。

(3)主語が 3 人称単数になる。go を goes にする。

(4) 20 years old は「20 歳(さい)」という意味。「～は何歳ですか」は How old is ～?。

4 (1)主語が 3 人称単数 He なので，① come → comes，③ watch → watches にする。

(2)ミス注意! 「～といっしょに」は with ～。with のあとなので，「私」は I ではなく me を使う。

(3) doesn't とあるので否定文。like ～ing は「～するのが好きである」, early in the morning は「朝早く」という意味。

(4)「～することができない」は〈can't[cannot]＋動詞〉で表す。「起きる」は get up。

5 (1)主語が 3 人称単数 He なので，study(勉強する)は studies にする。「～のために」は for ～。「自分の夢」は主語の He に合わせて his dream(彼の夢)と表す。

(2)ミス注意! 頻度(ひんど)を表す often(よく)は，一般動詞の直前に置く。

(3)「～についてあまり知らない」は，don't [doesn't] know much about ～で表す。

6 「～のメンバー」は a member of ～。

p.128～129 第4回 Lesson 4 ～ Reading 1 ①

1 LISTENING (1)ウ (2)エ

2 (1) After all

(2) afraid of

(3) catch, cold

(4) acts, like

(5) run away

3 (1) stories (2) us

(3) slept (4) had (5) were

4 (1) went

(2) a lot of

(3)③ didn't, any

⑤ wasn't so

(4)私たちは多くの人々といっしょに日本の音楽に合わせて踊(おど)りました。

5 (1) Listen to this English song.

(2) Ken studied English last night.

(3) Aya came to our house this morning.

(4) My father and I were in Hokkaido during the winter vacation.

6 It was a good game.

解 説

1 LISTENING Did ～? には, did を使って答える。

(1)「トムは夏休みを楽しみましたか」という質問。トムは「はい。家族と沖縄に行きました」と言っている。

(2)「ジェーンは昨夜，理科を勉強しましたか」という質問。ジェーンは「いいえ。けさ，それを勉強しました」と言っている。

♪ 音声内容

(1) *A :* Hi, Tom. Did you enjoy your summer vacation?
B : Yes. I went to Okinawa with my family.
Question : Did Tom enjoy his summer vacation?

(2) *A :* Jane, did you study science last night?
B : No. I studied it this morning.
Question : Did Jane study science last night?

2 (1)「やはり」は after all。
(2)「～が怖(こわ)い，～を恐(おそ)れる」は be afraid of ～。
(3)「かぜをひく」は catch a cold。
(4) ミス注意! 「ふるまう」は act。主語が３人称(にんしょう)単数なので，act の語尾(ごび)に s をつける。「～のように」は like ～。
(5)「逃(に)げ出す」は run away。

3 (1) these は「これらの」。story を複数形 stories にする。
(2) we(私たちは)は主語の場合に使う形。to のあとなので us(目的格)にする。
(3) ミス注意! built は build(～を組み立てる)の過去形なので，過去の文。sleep(眠(ねむ)る)も過去形 slept にする。
(4)文末に過去を表す語句 last night(昨夜)があるので，have の過去形 had にする。
(5) ミス注意! 主語は Aya and I(アヤと私)で複数。文末に yesterday(昨日)があるので，be 動詞の過去形 were にする。

4 (1)本文がすべて過去形で書かれている。過去のできごとについて書いた日記。go の過去形は went。
(2)「たくさんの～」は a lot of ～。
(3)③「～しませんでした」という一般(いっぱん)動詞の過去の否定文は，didn't を動詞の前に置く。否定文で「少しも，１つも」は any で表す。
⑤ ミス注意! 「～ではありませんでした」という be 動詞の過去の否定文は，was[were]のあとに not を置く。主語が「盆踊(ぼんおど)り」なので was を使う。was not とすると so「そんなに」が入らないので，短縮形 wasn't を使う。
(4) dance to ～「～に合わせて踊る」

5 (1)「～しなさい」という命令文なので，動詞の原形で文を始める。「～を聞く」は listen to ～。
(2) ミス注意! study(勉強する)の過去形は，y を i にかえて ed をつける。
(3)「けさ」は this morning。come(来る)の過去形は came。
(4)「～にいる」は〈be in＋場所〉で表す。「いました」という過去の文で，主語が複数なので be 動詞は were を使う。「冬休みの間」は during the winter vacation。

6 「それは～だった」は It was ～. で表す。

p.130～131 第5回 Lesson 4 ～ Reading 1 ②

1 LISTENING (1)ウ (2)エ

2 (1) Didn't, know
(2) went back
(3) were, beautiful
(4) How about

3 (1) Aya didn't[did not] eat any apples.
(2) Did they walk to the riverbank?
(3) Why was Mei very busy yesterday?

4 (1)私たちは昨夜，テントを組み立ててその中で眠りました[寝(ね)ました]。
(2)② this morning
③ After lunch
⑤ kind of
(3) Water shot out about every 90 minutes.

(4) He saw buffaloes.

5 (1) The movie wasn't[was not] interesting.

(2) He didn't[did not] watch a soccer game yesterday.

(3) How was your summer vacation?

(4) What did you eat at the restaurant?

6 Long time no see!

解説

1 LISTENING Was ～?にはwasを使って答える。

(1)「サッカーの試合はわくわくさせるものでしたか」という質問。2人とも「わくわくした」と言っている。

(2)「サムは夏休みの間，アメリカにいましたか」という質問。サムは「いいえ。私はカナダにいました。おじの家に滞在しました」と言っている。

音声内容

(1) *A* : Hi, Mary. Did you watch the soccer game yesterday? It was exciting.
B : Yes. It was a really exciting game.
Question : Was the soccer game exciting?

(2) *A* : Sam, were you in America during the summer vacation?
B : No. I was in Canada. I stayed at my uncle's house.
Question : Was Sam in America during his summer vacation?

2 (1)「…は～しなかったのですか」は〈Didn't＋主語＋動詞の原形 ～?〉で表す。

(2)「～へ帰る」は go back to ～。go の過去形は went。

(3) be 動詞の過去の文。主語が複数形なので，were を使う。

(4)「～はどうですか」は How about ～? で表す。

3 (1) ミス注意！ ate は eat(～を食べる)の過去形。一般動詞の過去の否定文は，〈主語＋ didn't [did not]＋動詞の原形 ～.〉で表す。some は否定文では any にする。

(2) walked は walk(歩く)の過去形。一般動詞の過去の疑問文は，〈Did＋主語＋動詞の原形 ～?〉。

(3)疑問詞 why(なぜ，どうして)は文頭に置く。be 動詞の疑問文は，主語の前に be 動詞を置く。

4 (1) built は build，slept は sleep(眠る，寝る)の過去形。build a tent は「テントを組み立てる」，last night は「昨夜」という意味。

(2)②「けさ」は this morning。

③「～のあとに」は after ～。

⑤「ちょっと～」は kind of ～。

(3)「水はおよそ 90 分ごとに噴き出しました」shoot out で「噴き出す」。shot は shoot の過去形。

(4)「ボブはテントの近くで何を見ましたか」という問い。see の過去形 saw を使って答える。本文 2 行目参照。

5 (1) be 動詞の過去の否定文。was のあとに not を置く。

(2)一般動詞の過去の否定文〈主語＋didn't[did not]＋動詞の原形 ～.〉。

(3)「どんなふうで」と様子[状態]や感想をたずねるときは how を使う。

(4)「何を～しましたか」は〈What did＋主語＋動詞の原形 ～?〉。

6 「久しぶり！」は Long time no see! という決まり文句。

p.132～133 第6回 Lesson 5

1 LISTENING (1) **Yes, he is.**
(2) **No, they aren't[they're not].**
(3) **He is sleeping.**

2 (1) **brings, from** (2) **are doing**
(3) **can, only** (4) **sounds interesting**

3 (1) **We are[We're] cleaning the room now.**
(2) **Does Emma buy her lunch at a shop?**
(3) **Where is the boy standing?**
(4) **What are those girls doing?**

4 (1) **ten forty-five** (2) **sitting, right**
(3) **Are you having** (4) **for**
(5) **あの生徒は軽食を食べています。**

5 (1) **My sister is writing a letter in her room.**
(2) **Is Ken running in the park?**
(3) **Aya and Bob aren't[are not] playing tennis.**

6 **I live near the library.**

解説

1 LISTENING 現在進行形の疑問文〈be動詞(Am / Is / Are)＋主語＋動詞の -ing形 ～?〉にはbe動詞を使って答える。
(1)「タクは本を読んでいますか」
(2)「ヒロとユナは卓球をしていますか」
(3)「ヒロの父親は何をしていますか」

音声内容
(1) Is Taku reading a book?
(2) Are Hiro and Yuna playing table tennis?
(3) What is Hiro's father doing?

2 (1)ミス注意 「～から…を持ってくる」はbring ... from ～。主語が3人称単数なのでbringsとする。
(2)「～しています」は現在進行形〈be動詞＋動詞の -ing形〉で表す。主語が複数なので，be動詞はareを使う。「～をする」はdo。
(3)ミス注意 「…しか～できない」は，onlyを使って「(唯一)…だけ～できる」と表す。否定文にはしない。
(4)「～に聞こえる」は〈sound＋形容詞〉で表す。

3 (1)現在進行形は〈be動詞＋動詞の -ing形〉。主語が複数なので，be動詞はareを使う。
(2) 3人称単数が主語の疑問文なので，〈Does＋主語＋動詞の原形 ～?〉で表す。
(3)「窓のそばに」→「その少年はどこに立っていますか」。whereを文の最初に置き，現在進行形の疑問文を続ける。
(4)「ベンチでおしゃべりをしている」→「あの少女たちは何をしていますか」。進行中の動作をたずねるときは，do(～をする)の -ing形を使う。

4 (1)ミス注意 時刻は〈時(10)＋分(45)〉の順に数字を並べる。forty-fiveのつづりに注意する。
(2)ミス注意 sit(すわる)の -ing形は，tを重ねてingをつける。「～ですよね」と念を押すときは，～, right? を文の最後につける。
(3)直前の文を参照。
(4)「30分間」はfor(～の間)を使う。
(5)現在進行形の文。

5 (1)ミス注意 write(～を書く)の -ing形は，eをとってingをつける。「自分の部屋で」は，主語が「私の姉」なのでin her room(彼女の部屋で)と表す。
(2)ミス注意 現在進行形の疑問文。run(走る)の -ing形は，nを重ねてingをつける。
(3)現在進行形の否定文。be動詞のあとにnotを置く。

6 ミス注意 「私は～に住んでいます」は〈I live＋場所を表す語句.〉で表す。liveは，ふつう進行形にはしない。

p.134～135 第7回 Lesson 6 ～ Useful Expressions

1 LISTENING (1) **It is Anne's.**
(2) **It's Anne's brother's.**

2 (1) **bought, for** (2) **ate[had], lot**
(3) **How often** (4) **five times**

3 (1) **That is a very colorful gate.**
(2) **Mei didn't[did not] upload any new pictures.**
(3) **What did Bob order?**
(4) **Who liked the spring rolls?**

4 (1)①ウ ②イ
(2) **Which do you want to order?**
(3) **do** (4)マンゴー・プリンと杏仁豆腐

5 (1) **Whose boxes are these?**
(2) **What does this sign say?**
(3) **Which movie do you recommend?**
(4) **Who wants to read this book?**

6 **Would you like a cup of tea?**

解説

1 LISTENING (1)「このピアノはアンのですか，それとも彼女のお兄さん[弟]のですか」 アンはIt's mine.(それは私のものです)と言っている。
(2)「あれはだれのトランペットですか」 アンはIt's my brother's.(それは私の兄[弟]のものです)と言っている。

音声内容
Haruto : Whose piano is this, Anne?
Anne : It's mine.
Haruto : Is that trumpet yours, too?
Anne : No. It's my brother's. He is a member of the brass band.

Question 1 : Is this piano Anne's or her brother's?
Question 2 : Whose trumpet is that?

2 (1)「～に…を買う」は buy ... for ～。buy の過去形は bought。
(2)「食べました」は eat の過去形 ate，または have の過去形 had で表す。「たくさん」は a lot。
(3)「どのくらいよく」と頻度(ひんど)をたずねるときは How often ～? で表す。
(4)「～回[度]」は～ times。

3 (1)ミス注意「あの門はとてもカラフルです」→「あれはとてもカラフルな門です」。very colorful gate の前には a が必要。
(2)ミス注意 一般(いっぱん)動詞の過去の否定文〈主語＋didn't[did not]＋動詞の原形 ～.〉。否定文では，some ではなく any を使う。
(3)「杏仁豆腐」→「ボブは何を注文しましたか」。what(何を)を文の最初に置き，一般動詞の過去の疑問文〈did＋主語＋動詞の原形〉を続ける。
(4)主語の Aya をたずねるので，who(だれが)を主語にして〈Who＋一般動詞の過去形 ～?〉とする。

4 (1)①「～の時間(です)」は time for ～で表す。
②主語が複数なので are を使う。
(2)「あなた(たち)はどちらを注文したいですか」
(3)直前の Who wants mango pudding? に対する答え。動詞 want を do に代えて答える。
(4) both は「両方」という意味。

5 (1)ミス注意「だれの～ですか」は〈Whose＋名詞 ～?〉で表す。box の複数形は boxes。
(2)「～と書いてある」は say で表す。
(3)「どの～」は〈which＋名詞〉，「～を勧(すす)める」は recommend。
(4)ミス注意「だれがこの本を読みたがっていますか」と表す。who を主語にして，〈Who＋一般動詞(現在)～?〉とする。who は 3 人称単数として扱(あつか)うので，wants とすることに注意。

6 「～はいかがですか」と人にものを勧めるときは Would you like ～? で表す。「カップ 1 杯(ぱい)の～」は a cup of ～。

p.136～137 第8回 Lesson 7 ～ Reading 2 ①

1 LISTENING (1)イ (2)エ

2 (1) **jumped up** (2) **May[Can] I**
(3) **stands for** (4) **first time**

3 (1) **very much[a lot]** (2) **has to**
(3) **You mustn't** (4) **able to**

4 (1)① **What does** ② **Can, guess**
(2) **don't know**
(3)④(お)湯 ⑤わかりました。
(4) **knows**

5 (1) **My father may be very busy.**
(2) **She has to practice the piano every day.**
(3) **You don't have to take off your shoes here.**

6 **I was just kidding.**

解 説

1 LISTENING (1)「あなたの定規を使ってもいいですか」と許可を求めている。イ Sure.「もちろん(いいですよ)」
(2)「私は今日，夕食を料理しなければなりませんか」 エ No, you don't have to.「いいえ，その必要はありません」

音声内容
(1) May I use your ruler?
(2) Do I have to cook dinner today?

2 (1)「跳(と)び上がる」は jump up。jump は ed をつけて過去形にする。
(2)「～てもよろしいですか」は May[Can] I ～?。
(3)ミス注意「～を表す」は stand for ～。主語が 3 人称単数なので stands とする。
(4)「初めて」は for the first time。

3 (1) love＝like ～ very much「～が大好きである」
(2)ミス注意 must＝have[has] to ～「～しなければならない」。主語が 3 人称単数なので has を使う。
(3) Don't ～.＝You mustn't[must not] ～.「～してはいけない」
(4) can＝be able to ～「～することができる」

4 (1)①主語は 3 人称単数。does を使う。
②「推測する」は guess。
(2) I have no idea.＝I don't know.「わかりません」
(4)主語の Everyone は 3 人称単数扱(あつか)い。

5 (1)「～かもしれない」は〈may＋動詞の原形〉。be 動詞の原形は be。
(2)語数指定から，「～しなければならない」は must ではなく have[has] to ～を使う。主語が 3 人称単数なので has。

(3)「～する必要はない」は，don't have to ～で表す。「～を脱ぐ」は take off ～。

6 kid は「冗談を言う」という意味。-ing 形は d を重ねて ing をつける。

p.138～139 第9回 Lesson 7 ～ Reading 2 ②

1 LISTENING (1) May I use your bicycle?
(2) You mustn't play soccer here.
(3) Does he have to clean the room?

2 (1) Is it (2) take off (3) many kinds
(4) Everyone knows

3 (1) Aya bought a glass of juice.
(2) My mother may be taking a bath.
(3) Are you able to swim well?
(4) He sat down at the table next to me.

4 (1)① have to ④ must go
(2)ペンギンは標識を読むことができないから。
(3)③ほんの冗談だよ。
⑤あなたの言うとおりです。

5 (1) May[Can] I use your computer?
(2) My father is able to ski.
(3) You mustn't speak Japanese here.
(4) You must answer this question in English.

6 (1) Let me see.
(2) What does this word mean?

解説

1 LISTENING (1) May I ～? は許可を求める表現。「あなたの自転車を使ってもいいですか」
(2) You mustn't ～. は禁止を表す。「ここでサッカーをしてはいけません」
(3) have to ～は必要を表す。「彼はその部屋を掃除しなければなりませんか」

音声内容
(1) May I use your bicycle?
(2) You mustn't play soccer here.
(3) Does he have to clean the room?

2 (1)寒暖を表すときの主語には it を使う。「それは」とは訳さない。
(2)「～を脱ぐ」は take off ～。
(3) ミス注意!「多くの種類の～」は many kinds of ～。kind(種類)は複数形。
(4) ミス注意! everyone(だれでも)は3人称単数扱い。動詞は knows とする。

3 (1)「グラス1杯の～」は a glass of ～。ふつう冷たい飲みものには glass を，温かい飲みものには cup(カップ)を使う。
(2)「～しているかもしれない」は may be ～ing，「ふろに入る」は take a bath で表す。
(3)「～することができる」は〈be able to＋動詞の原形〉。疑問文は be 動詞を主語の前に置く。
(4)「席につく」は sit down，「～のとなりの」は next to ～。sat は sit の過去形。

4 (1) ミス注意!「～しなければならない」は，must か have[has] to ～で表す。どちらもあとに動詞の原形を続ける。空所の数からどちらを使うかを判断する。
(2)直後の文を参照。

5 (1)「～てもいいですか」と許可を求めるときは，May[Can] I ～? で表す。
(2)語数指定から，「～することができる」は can ではなく be able to ～を使う。
(3)語数指定から，「～してはいけません」は Don't ～. ではなく You mustn't ～. を使う。
(4)語数指定から，「～しなければならない」は have[has] to ～ではなく，must を使う。

6 (2)「～はどういう意味ですか」は What does ～ mean? で表す。

p.140～141 第10回 Lesson 8

1 LISTENING (1)イ (2)ア (3)ア (4)エ

2 (1) come true (2) at last
(3) between, and (4) a few

3 (1) My father will be busy tomorrow.
(2) Please look at these photos.
(3) Does Aya have any plans for this weekend?
(4) What are they going to do in Shibuya?

4 (1)① with ③ of (2) many
(3)④ Is, snowing ⑤ will snow
(4) I want to take photos of snow scenes.

5 (1) Aya is arriving at our house soon.
(2) Are you going to clean your room?
(3) I'm[I am] going to buy a new computer tomorrow.
(4) You should study English in America.

6 It will be cloudy in Hiroshima.

解説

1 LISTENING 「さて，明日の天気を見てみましょう。沖縄は，午前中は曇りで午後は雨が降るでしょう。福岡は，1日中雨が降るでしょう。大阪は，午前中が雨で午後は晴れるでしょう。東京と仙台は，1日中晴れるでしょう。札幌は，1日中雪が降るでしょう」

音声内容

Now, let's look at tomorrow's weather.
In Okinawa, it will be cloudy in the morning and rainy in the afternoon.
In Fukuoka, it will be rainy all day.
In Osaka, it will be rainy in the morning and sunny in the afternoon.
In Tokyo and Sendai, it will be sunny all day.
In Sapporo, it will be snowy all day.

2 (1)「実現する」は come true。
(2)「とうとう，ついに」は at last。
(3)「～と…の間に[の]」は between ～ and …。
(4)「数週間」は for a few weeks。a few は「多少の」とあいまいな数を表す。

3 (1) tomorrow は「あした」。未来の予想は〈will＋動詞の原形〉で表す。be 動詞の原形は be。
(2) ミス注意 this(この)の複数形は these(これらの)。あとに続く名詞は複数形 photos にする。
(3) ミス注意 3人称単数が主語の疑問文なので，〈Does＋主語＋動詞の原形 ～?〉で表す。has の原形は have。some は疑問文では any にする。
(4)「映画を見る」→「彼[彼女]らは渋谷で何をするつもりですか」。

4 (1)①〈take＋もの＋with＋人〉で「(もの)を持っていく」。
③ of course「もちろん」
(2) lots of(たくさんの)は，many または a lot of で表すことができる。
(3)④現在進行形の疑問文〈be 動詞＋主語＋動詞の -ing 形 ～?〉。it は天候を表す文の主語。snow には，「雪が降る」(動詞)と「雪」(名詞)の意味がある。
⑤明日の予想なので〈will＋動詞の原形〉で表す。
(4)「～したい」は want to ～，「～の写真を撮る」は take photos of ～で表す。

5 (1) ミス注意 「(まもなく)～します」という近い未来は，現在進行形〈be 動詞＋動詞の -ing 形〉で表すことができる。「～に着く」は arrive at ～。arrive の -ing 形は e をとって ing をつける。
(2)(3)すでに決めた予定・計画を表すときは〈be 動詞＋going to＋動詞の原形〉を使う。(2)の疑問文では be 動詞を主語の前に置く。
(4)「～すべきである，～したほうがよい」と忠告・助言をするときは〈should＋動詞の原形〉で表す。

6 天気の予想などは will を使って表す。天気を表す文の主語には it を使う。

p.142～144 第11回 Lesson 9 ～ Further Reading

1 LISTENING (1) **Yes, there is.**
(2) **No, there aren't.**
(3) **There are three.**

2 (1) **looks, sad** (2) **full of**
(3) **won't, enough** (4) **all, time**

3 (1) **A little girl fell asleep on the grass.**
(2) **Ken was sitting on his front porch.**
(3) **How many libraries are there in this city?**
(4) **A week has seven days.**

4 (1)① **must** ⑥ **much**
(2) **lives** (3) **イ**
(4) **たくさんの方法があります。** (5) **For**
(6) **冬にエアコンを20度に設定している。**

5 (1) **He found a piece of paper.**
(2) **They should reduce the amount of their trash.**
(3) **What time did you get to the station?**

6 (1) **its** (2) **On the other hand**
(3) **there isn't much room for landfills**
(4)④ **just like** ⑤ **Recycling, important**

7 (1) **There was a little[small] dog in the park.**
(2) **What are you looking for?**
(3) **No one sent a letter to me.**
(4) **I finished my math homework late last night.**

8 (1) **That sounds very serious.**
(2) **What is[What's] the matter?**

解説

1 LISTENING (1)「いすの上にネコがいますか」という質問。Is there ～? には，Yes, there is. / No, there isn't. で答える。

(2)「部屋(へや)の中に女の子がいますか」という質問。Are there ～? には，Yes, there are. / No, there aren't. で答える。

(3)「テーブルの上にリンゴがいくつありますか」という質問。〈There are＋数.〉で答える。

♪ 音声内容
(1) Is there a cat on the chair?
(2) Are there any girls in the room?
(3) How many apples are there on the table?

2 (1) ミス注意! 「～のように見える」は〈look＋形容詞〉。主語が3人称(にんしょう)単数なので looks とする。

(2)「～でいっぱいである」は be full of ～。

(3)「～ではないでしょう」という予想は，〈won't [will not]＋動詞の原形〉で表す。「～に十分である」は be enough for ～。

(4)「ずっと」は all the time。

3 (1) fall の過去形は fell。fall asleep「眠(ねむ)りに落ちる」

(2) ミス注意! 過去進行形は〈was[were]＋動詞の -ing 形〉。sat は sit の過去形。sit の -ing 形は，t を重ねて sitting。

(3)数は〈How many＋名詞の複数形 ～?〉を使ってたずねる。How many ～ are there in …?「…には～がいくつありますか」

(4) ミス注意! 「1週間には7日あります」→「1週間は7日を持っています」と考える。主語 a week は3人称単数なので has を使う。

4 (1)① have[has] to ～＝must「～しなければならない」

⑥ ミス注意! energy(エネルギー)は数えられない名詞。a lot of(たくさんの)は，数えられる名詞にも，数えられない名詞にも使う。many(たくさんの)は数えられる名詞に，much(たくさんの)は数えられない名詞に使う。

(2)直前に our(私たちの)があるので，life(生活)を複数形 lives にする。

(3)直後の文を参照。「どのようにして」と方法をたずねるときは how を使う。

(4) way「道，方法，やり方」

(5) for example「たとえば」

(6)本文3～6行目参照。

5 (1)「1枚の～」は a piece of ～。found は find の過去形。

(2)「～すべきである」は〈should＋動詞の原形〉。

(3) what time(何時に)を文の最初に置く。「～に到着(とうちゃく)する」は get to ～。

6 (1)「それ[日本 / シンガポール]の(ごみ)」ということだから，it の所有格 its にする。

(2) on the other hand「これに対して，他方では」

(3)「ごみ埋(う)め立て地用の空き場所はあまりありません」という意味の文にする。room for ～「～のための空き場所，余地」

(4)④「ちょうど～のように」は just like ～。

⑤「再利用」は recycling,「重要な」は important。

7 (1)「…に～がいました，ありました」は〈There was[were]＋名詞＋場所を表す語句.〉で表す。

(2) What で始まる現在進行形の疑問文にする。「～を探す」は look for ～。

(3) ミス注意! 「だれも～ない」は no one で表す。no one が否定を表すので，否定文にしない。「(人)に(もの)を送る」は〈send＋もの＋to＋人〉。send の過去形は sent。

(4)「昨夜遅(おそ)く」は late last night。

8 (1) ミス注意! 「それは」と相手が述べたことをさすときは，ふつう that を使う。「～に聞こえる[思える]」は〈sound＋形容詞〉。主語が That なので sounds とする。

(2)相手を気づかう表現。matter は「問題」という意味。